中国法制史考证续编

第二册

杨一凡 主编

律注文献丛考

张伯元 著

社会科学文献出版社
SOCIAL SCIENCES ACADEMIC PRESS (CHINA)

图书在版编目（CIP）数据

律注文献丛考／张伯元著. 一北京：社会科学文献出版
社，2009.8
　（中国法制史考证续编；第二册）
　ISBN 978-7-5097-0821-7

　Ⅰ. 律… Ⅱ. 张… Ⅲ.①法律解释-研究-中国-古代
②法学-研究-中国-古代　Ⅳ. D929.2

　中国版本图书馆 CIP 数据核字（2009）第 104747 号

自　序

有法律必定有律注。

律注，指的是古代法典的注及疏，它是我国古代法律解释学、古代律学的重要组成部分。

古代统治者对律注的编纂相当重视。以唐律"律疏"为例，永徽之初，唐高宗就下了诏书，组织了以长孙无忌为首的19人的写作班子参撰"律疏"。诏书中说："律学未有定疏，每年所举明法，遂无凭准。"从统治者的角度看，编撰"律疏"除了让司法官员正确把握律意外，还为科举考试提供了读律范本，有助于选拔人才。明太祖制定《大明律》，在《大明律·公式》"讲读律令"条目下，要求百司官吏熟读讲明律意，如果不晓律意就要受到罚俸、笞刑或降级的处罚。还规定只要是能熟读讲解、通晓律意的人，如果犯过失或连累致罪，可以免罪一次。

秦的《法律答问》，汉的"汉律说"，晋张斐的注律表，唐律的"疏议"和《唐律释文》及《律附音义》，明清律的"集解"都是传存于世的律注资料，研究古代律学和法制的历史不能不对它们予以关注。

以往我们比较多的关注律令和判例，这无疑是必要的，但是对律令和判例的深入理解，少不了对律注的研究。比如说，明代解释法律的书很多，但始终没有产生像唐律那样整齐划一的"疏议"，为什么？张楷的《律条疏议》是一部写作严谨的明律解释书，但是并未得到官方的认可，只能算是一部私人的律学著作。其中除了政治原因外，主要的还是因为在法律的解释上存在分歧，各自以为正，众口难调。究竟在理解律意上有哪些分歧意见，对明代律例的实际运作产生怎样的影响，就很值得研究。

又比如，嘉靖年间，《大明律释义》的作者应槚曾竭力主张编写明律的解释书，他说"……纂集成书，待圣心裁定之后，颁示天下，使政出划一，官有定守。开卷而意义了然，虽有玩法之臣不敢随意讲解、任情引用，庶几轻重出入各当其情，而小民无知者亦得晓知其义，易避而不敢犯矣。"他为编写法律解释书如此焦思竭虑，是什么原因？因为他录囚江南九州一府，亲眼目睹了司法官员缪戾舛错、冤情不断的社会现状，有深切的实际体验。在他的"疏稿"中有具体的例证说明这一点。当然出现这种"天下大势如人衰病已极"的状况，其原因不只是法律解释书是否编写的问题，但毫无疑问法律解释书的编写对腐败的司法能起到一定的抑制作用。其中，法律解释与实际案例的对照分析，正是应槚提出的一个值得探讨的课题。

许多法律解释书长期被尘封着，如今要打开书箧，拂去它的积尘，又有什么现实意义？我经常受到这样的诘问。的确，我们生活在现实世界里，总得要研究点有用的东西，柴米油盐酱醋茶，加上精神食粮，一样都不能少。提问者的出发点是十分美好的。问题是是否有用、是否有现实意义理当在调查研究之后才能得出。我们不能奢望，古人为我们留下的精神财富全是精华，其中也必然夹杂糟粕，鱼目混珠，泥沙俱下，关键在于我们的识见和取舍。即使是精华的东西，也还有一个消化的问题，如果囫囵吞枣，食古不化，效果适得其反，劳而无功。

《律注文献丛考》全书 22 篇，大致分为五个部分：一、秦汉时期的律注文献考证；二、魏晋、唐代律注文献考证；三、明代律注文献考证；四、刑法书目及清代律注文献考证；五、有关律令及法律用语的考证。

我读书很有限，存世的律注文献又不能尽读，选择考证的对象往往任凭自己的好恶。不仅如此，而且考证的写作角度和评述方法都是随文行事，难免有琐碎丛杂之弊，诚请博雅指教。

2007 年 10 月

于华院小区求己斋

目　　录

一 《法律答问》与"秦律说"

云梦睡虎地秦墓竹简中的《法律答问》（以下简称《答问》）是我国法律解释学史上的开山之作。《答问》对秦律某些条文、术语以及律文的律意做出解释，为后代的法律解释提供了丰富而宝贵的经验，为我国法律解释学史的发展奠定了坚实基础。

《答问》计简210支，内容共187条。在竹简整理小组的说明中称：由于竹简已经散乱，整理时就按《法经》的《盗》、《贼》、《囚》、《捕》、《杂》、《具》六篇的次第排列，简文中可能是秦律律文的文句用双引号标出。而且，整理者认为：《答问》决不会是私人对法律的任意解释，在当时应具有法律效力。

睡虎地秦墓墓主喜在秦始皇时期曾任安陆令史、安陆御史、鄢令史等职务，在鄢还亲自审理过案件。喜是一个从事法律工作的官吏，职位不高，却专事实务。他生前抄录或请人抄录的法律文件都是为了实际应用。的确，无论是所选录的法律条文、法律解释，还是办案实例、司法检验，都具有很高的实用价值。从实用的角度出发，《答问》可看作是对秦律所作的司法实践的解释。①

（一）"秦律说"及其特点

李学勤先生认为《答问》类似于汉代的"律说"，所以他提出也可以把《答问》看成"秦律说"。这一提法从法律解释的角度看，是合适的。《答问》自有其为法律解释所做出的开山之功。

1. 法律术语的解析

法律术语的解释在《答问》中占有相当大的比重，可见当时对法律解释的重视程度。自第 186 简至第 210 简都是术语解释。将术语解释放在答问的最后，很显然这是竹简整理小组按"六法"顺序排列之后，剩下的术语在较难明确归目的情况下所作的变通办法。除这 25 枚简纯粹是解释法律术语的之外，排列在"六法"内的各条答问中，也对涉及的法律术语作了解释。经粗略统计，《答问》中作了解释的术语共有 71 条条目。一般在所要解释的术语之前冠以"何谓"一词，提示解答。

---

① 秦墓竹简整理小组在"说明"中称：秦自商鞅变法，实行"权制独断于君"。竹简整理者在"说明"中说："（秦）主张由国君制订统一政令和设置官吏统一解释法令。"此句原文出于《商君书·修权》。原文为："人主失守则危，君臣释法任私必乱，故立法明分而不以私害法则治。权制断于君则威，民信其赏则事功成，［不］信其刑则奸无端。"这是针对治国的手段——立"法"、守"信"和用"权"所作的论述，反映了商鞅及其后学者的法家思想。这里说的"权制（独）断于君"有两点值得斟酌：一是即使实指商鞅变法时期所制的律，那也是旧律；尽管秦昭王之后也同样由君王制订统一政令，但这是新律（融合部分旧律），不同于商鞅时期制订的律。二是原句中虽然有"君臣释法任私必乱"一句，但是"释，犹去也"，释法是放弃法制的意思，与解释法律无关。"（独）断"指的是律的制订，也不包括法律解释在内，不能把独断的"断"理解为解释，说"设置官吏统一解释法令"是任意增加了"释"和"断"的内涵。不能断然说秦称王以后的立法机关即当时的官方承担了这项旧律的解释任务。

当然，我们所说的法律术语其含义是宽泛的；因为从严格意义上来说有些语词并不属于法律术语。例如第 176 简"何谓夏？欲去秦属是谓夏。"夏，是华夏民族的称呼。第 200 简"何谓旅人？寄及客是谓旅人。"外来做客、寄居外乡的人统称旅人。其中较多的则是难以理解的古词和含有特定意义的法律词语，例如第 193 简中的"集人"、第 192 简中的"爨人"。据此，有人认为这一类古词的法律本文，是更早时期制定的。这类古词不作解释，后人就不易明白。

又如，第 76 简中的"牧"、第 82 简中的"提"都包含有确定的法义。"何谓牧？欲贼杀主，未杀而得为牧。"其实，"牧"通谋，是一种企图，是一种尚未实现的阴谋。"拔人发，大何如为提？知以上为提。"说的是斗殴中拔掉了他人的头发，被拔掉头发的人有知觉以上就叫做"提"。看来将这类术语的法义解释清楚对判罪量刑尺度的掌握是十分关键的。

由此可见，法律文本中的术语是必须解释清楚的，即使是一般的日常用语，它们用在法律文本中，其解释也同样重要，以至于对古代法律文本中沿用下来的法律术语和一般语词的解释，从法律的延续性以及把握它的发展变化来说，也不可或缺。

秦律对法律术语解释的高度重视，表明秦人充分认识到法律文本及其表述的重要性；解释语词又能与一般用语的解释相区别，确切反映它们特定的法律含义，从中可以看出秦代人对法律律意的理解是深刻的，其运用且得心应手。它不仅对我国汉语语汇学有重要影响，而且，纵观我国两千年法律解释学的历史发展，《答问》对汉代乃至整个封建时代法律解释的影响则更显广泛而且深入。

2. 准确解析律意

秦律的立法原则可以从《答问》对律意的解释中大致了解到。《答问》的作者是谁，目前还无法考知；分析《答问》的内容也无法确定作答者的身份。一般认为它"决不会是私人对法律的任意解释"，也就是将《答问》的内容看作官方立法机关所做的解释。法律解释与司法实践密不可分，更多的时候它融会在审查判决的实际操作中。今人做学问，好用自己设定的概念来束缚自己。比如法律解释就有正式的、非正式的，有权解释、无权解释，有官方的、私人的等等，而且把它们绝对化，非此即彼，作茧自缚。汉朝私人解释法律现象是普遍存在的，回看秦朝、秦国又何以非官方解释不可呢？私人对法律的解释也不会全是任意的；优胜劣汰是条普遍规律，郑氏汉律章句的独存就是明证。明清的"集解附例"则是从私人注律发展为官方认可的法律解释著作。《吕氏春秋》是官方的还是私人的著作？二者兼而有之，严格区分是困难的。《答问》大致也存在这种情况。《韩非子·难三》"法者编著之图籍，设之于官府，而布之于百姓者也。"《商君书·定分》中说国家的法令"以室藏之"，一藏于天子殿中，一藏于禁室中，"有敢剟定法令，损益一字以上，罪死不赦。"而且有天下吏民欲知法令，皆问郡县法官。法官与吏和民构成互相牵掣的关系。《答问》可能就是吏民问法的记录，一问一答，有问必答。从目前见到的《答问》并无系统的组织结构来看，也许就是针对实际的具体问题来做出解答而造成的。法官有解释法律的权力，但不能对法律有丝毫改动；法官解释有其权威性，但又不是国家明令颁布的文件。

值得我们注意的是：《答问》的另一个侧重点在于作答者分析律意的深刻程度。

《答问》第20简：“律曰‘与盗同法’。又曰‘与同罪’。此二物其同居、典、伍当坐之。云‘与同罪’、云‘反其罪’者，弗当坐。人奴妾盗其主之父母，为盗主，且不为？同居者为盗主，不同居不为盗主。”这里明确点出“与盗同法”、“与同罪”是秦律本文，指明犯罪人的连坐对象，判定连坐对象的要件是是否同居（同典、同伍），以及犯诬告罪而反坐的犯罪人的“同居”者不应连坐等都做出明确界定。很显然，它比商鞅时期的法律规定严密了许多。《史记》卷六八《商君列传》云：“卒定变法之令。令民为什伍，而相牧司连坐。”我们可以从比较中看到“连坐”一法的发展轨迹。

又，第22简“‘盗及诸它罪，同居所当坐。’何谓‘同居’？户为‘同居’。坐隶，隶不坐户谓也。”不仅对“同居”要做出明确界定，而且必须区分连坐者的不同身份：主人犯罪，奴隶应连坐；奴隶犯罪，主人则不连坐。奴隶时代的烙印很深刻地体现在法律条文中，法律解释准确地揭示出这种人与人之间的关系。

3. 不同解释的共存

在法律解释中将两种或两种以上的不同解释并列共存于官方的法律文件中，在今天，一般说来是不可能的，因为要维护法律解释的权威和统一。但是，在《答问》中就不是这样。如：第122简问“甲有完城旦罪，未断，今甲疠，问甲何以论？”甲犯有应出完城旦的罪，还没有判决，甲患了麻风病，该怎么处断？在回答中列出了两种不同的理解：一是说“当迁疠所处之”，该将他迁徙到麻风病隔离区居住；另一说是“当迁迁所定杀”，该将他迁徙到麻风病隔离区去淹死。这样两种不同的解释同时并存。此二说的矛盾焦点在于对患了麻风病的犯人是否能定杀的问题。《答问》列出二说，未作结论。为什么？我们推测这是时代发展的缘故。在第121简中有律文称"厉者有罪，定杀"一条，既然如此，甲有完城旦罪，又患有麻风病，"当迁迁所定杀"，将他迁徙到麻风病隔离区去淹死，合乎律意。但是随着时间的推移，对厉者有罪的"罪"应有所区分，对麻风病患者的医治也变得有了可能，这样一来，根据具体情况，将犯轻罪的麻风病病人迁徙到麻风病隔离区居住（包括医治）就变得合乎情理得多。但是也不能排除后一说，因为那是先前法律所规定了的。应该看到这是法律的进步，是对人自身价值认识上的进步。

再说，第121简解释"定杀"一语，列出了两种不同的理解：一是说"生定杀水中之谓也"，意思是活着的时候就把他（犯罪的麻风病人）投入水中淹死；一是说"生埋"，活埋的意思。但是作答者对"生埋"的说法作了否定，认为这种说法与律意不合。这表明秦人对"淹杀"与"生埋"作了区别；也可能在先前曾经发生过"生杀"的事，或者说这二者都不曾区分过。但是从法律上来说，"淹杀"与"生埋"是应该做出明确的区别的。能注意到这种细微的律意区分是法律解释严密性的体现。

在法律解释中将两种或两种以上的不同解释并列共存于法律文件中，是不是也可以看作为《答问》非官方法律文件的佐证之一？正如上文所说：法官解释有权威性，有一定的法律效力，但又不是国家明令颁布的文件。

4. 区分特殊与一般

在《答问》第25简中称："公祠未阕，盗其具，当赀以下耐为隶臣。"公室祭祀还没有完毕，就将供品盗了去，即使是应赀罚以下的罪也都应耐为隶臣。在解释这一条时，列出了三种情况：一种是盗了完整的一份供品，虽价值不满一钱，应耐为隶臣；第二种情况是虽然超过一钱，但是盗的不是完整的一份供品，则按一般法律论处；第三种情况说在公室祭祀的地方盗的不是供品，也只能按一般法律论处。对这一款的解释有两个要件必须同时具备：一是供品，二是完整的一份或以上。为了表示对敬神的虔诚，立法者制订了严厉的法律，但是不作一概而论，具体情况具体分析。当然用今人的眼光看其中有漏洞，有不合情理处，但是在秦人看这里明确区分了特殊与一般，最合理不过了。

5. 包容行政法规的解释

秦时的许多行政法规的解释都包含在司法实践的法律解释中。上面我们作为语词解释的第 186 简："巷相直为院，宇相直不为院。"区分院墙可能是出于房屋纠纷，只是《答问》上没有说明。第 176 简："臣邦人不安其主长而欲去夏者，勿许。"准许或不准许离开秦国（即"去夏"），这是不是要律做出规定呢？在当时的特定政治背景之下是有此必要的；但是即使如此，《答问》上也认为没有再作说明的必要。在前面我们已经简略地说明了秦律所具有的综合性特点，第 179 简："诸侯客来者，以火炎其衡轭。"诸侯国有来客，为什么要用火去熏车前的横木呢？因为从诸侯国来，马身上生有寄生虫，寄生虫会附着在车前的横木上，所以要用火熏。这应该说是属于行政事务方面的内容，其间是不是有什么触犯刑律的内容不得而知，鉴于此，我们这样认为：在秦时对违犯行政法规行为的处断也包括在司法及司法解释的范畴之内。其实，秦人压根儿就没有将行政事务与刑事法律分开过，法律概念的内涵较现代庞杂，这与当时的社会生产力低下、社会关系简单有关。

此外，我们对照《秦律十八种》、《秦律杂抄》中有关度量衡方面的内容，有关对管理实务官吏失职的处理情况，对这一点的理解就更加清楚了。

（二）司法实践中的法律解释

正如上文所说的那样，《答问》中法律解释的主要内容是司法实践中的私家解释。它既是对以往司法实践经验的概括和总结，同时又是对现实生活中法律适用的实践指导，具有极其深广的现实意义。在答问中有不少地方采用了判案成例作比照的办法来作答，这正体现了司法实践中法律解释的操作性特点。从《答问》的内容来说，主要涉及以下几个方面。

1. 明确刑罚适用

《答问》第 1 简 "害别徼而盗，加罪之。" 对 "加罪" 作了解释，捕盗者在背地里作盗犯罪，为此处以重刑。根据行盗人数和所盗财物的多少，处以 "斩左止"、"黥以为城旦"、"黥劓以为城旦" 等不同的刑罚；但对于为什么要加罪处刑呢？则未作说明。这里无须对立法的依据作出说明，而只要指明怎样的罪名需要加罪、如何加法。在这一款中处断明白，分别不同情节作出不同的刑罚处断；这些不同的刑罚与后代的 "刑等" 相类似。"五人盗，赃一钱以上，斩左止，又黥以为城旦；不盈五人，盗过六百六十钱，黥劓以为城旦；不盈六百六十到二百二十钱，黥为城旦；不盈二百二十以下到一钱，迁之。求盗比此。" 分成四种情况，其刑处要件是行盗人数和赃物价值；五人是一条界线，六百六十钱、二百二十钱又是一条界线。说的是 "害盗别徼而盗"，实际上 "求盗比此" 一语就点明了对所有捕盗者犯盗窃罪罪处的刑罚适用。

又如：第 119 简有关 "诬告" 罪的法律解释："完城旦，以黥城旦诬人，何论？当黥。甲贼伤人，吏论以为斗伤人，吏当论不当？当谇。”前者是对他人的诬害，理应受到反坐，后者则是“吏”执法者将杀伤人错判成斗殴伤人罪，重罪轻判，“吏”要不要处罪？应当斥责，用现代的话说就是要予以行政警告。这样就区分了当事人的不同身份，当事人的身份不同法律适用也有所不同。《答问》将这样两条放在一起，为的是要司法者分清诬告与错判的不同性质，处断当然也就不同。

2. 以罪名为判罪的依据

春秋时期，楚国、晋国、郑国都有立法活动。在郑国，围绕公布成文法“铸刑鼎”，还曾展开过一场大辩论。直到战国初魏文侯国相李悝，在吸收其他各国立法经验的基础上制订了《法经》，真正完成了由“刑名”向“罪名”分类的转化。

从古代法制的发展而言，至周秦，判罪量刑的依据已从犯罪行为向罪名的确定转化。《答问》所揭示的判断依据主要的正是罪名而不是罪行。例如《答问》第14、15、16简中对丈夫盗钱，其妻藏匿的行为所定的罪有“盗”（盗窃罪）、“守赃”（守赃罪）等。又如《答问》第33、34简中司法官吏处断不当的有“失刑罪”（用刑不当罪）、“不直”（处断不公罪）等。而且，秦律中的罪名与刑名又往往同一。例如第117、118、119、120简是有关诬告罪的条款，第117简上说：“当耐司寇而以耐隶臣诬人，何论？当耐为隶臣。”应判处耐司寇的人，以应耐隶臣的罪名诬告他人，如何处断？诬告者应耐为隶臣。第118简上说：“当耐为隶臣以耐司寇诬人，何论？当耐为隶臣，又系城旦六岁。”应判处耐隶臣的人，以应耐司寇的罪名诬告他人，如何处断？诬告者应耐为隶臣并为城旦六年。从中可以看出秦律的量刑尺度，以较自己为重的罪诬告他人，从重处理；相反的情况，以较自己为轻的罪诬告他人，亦从重处理再加刑。在这里"耐司寇"、"耐隶臣"都是刑名，也用作罪名；至于这些人为什么犯罪，有哪些具体的犯罪行为，在这里都没有说。又如，第183简"甲诬乙通一钱黥城旦罪，问甲同居、典、老当论不论？不当。"行贿一钱判处黥城旦，与诬告者同伍的人是否要连坐？不应连坐。这里也用罪名（刑名）作了确定；而不是只说行贿一钱；数量与罪名（刑名）同时出现，就更见明确了。

3. 犯罪动机的论定

在《答问》中常见"端"字，表示故意的意思。秦律已经明确犯罪动机为量罪判刑的依据之一。例如第43简："甲告乙盗牛若贼伤人，今乙不盗牛、不伤人，问甲何论？端为，为诬人；不端，为告不审。"甲控告乙，情况不实，对甲要不要处理？解释是这样的：如果是故意的，作诬告论处；不是故意的，作为控告情况不实处理。此拟案的当事人是普通百姓，而对于执法者的"吏"来说又是怎样呢？第33、34简中就针对"吏"违反了司法程序而出现误判的情节，司法解释是这样的："吏为失刑罪；或端为，为不直。"一般的误判是一种过失，以用刑不当论罪；如果是故意的，则以不公论罪。至于具体的刑罚处断尚不清楚，这可能与所误判的案件性质包括罪行的轻重有直接关联；在量刑上是会发生困难的。在第38、39简中在提到控告不实的犯罪时，对故意不实控告者的处罚就存在着分歧；好在《答问》将这种分歧作为司法解释写了下来，使我们对这个问题能看得更清楚一点。原文是这样的："（告人）盗百，即端盗加十钱，问告者何论？当赀一盾。赀一盾应律。虽然，廷行事以不审论，赀二甲。"此款说的虽是普通百姓之间的故意不实控告，但对"吏"来说法理是同一的。控告者故意私加十钱，按秦律律文应处罚一盾；但是在以往的实际办案中则处罚二甲。有没有定论？没有。这个解释权好像是给了司法者了。

《答问》有时又用"欲"、"不欲"来表明当事人的行为动机或犯罪意识。如第30、31简对橇门的盗窃行为就处理得比较严，只要是橇开了门的，不管是否以盗窃为目的，"抉之且欲有盗"、"抉之非欲盗也"，都要处以赎黥的刑罚；即使不是去行窃，门也没有橇开，也还要罚以赀二甲。在法律解释中区分犯罪人主观上的故意和过失，是秦律刑罚适用原则之一。它既给司法有灵活掌握的量刑范围，又要求将动机与罪证相结合做出明确的相应处断。

（三）法律解释的方法

《答问》在作法律解释的时候采用了哪些行之有效的方法？主要的有下面五种。

1. 问答

《答问》全部采用了问答的形式。例子无须再举。

问答形式的采用有针对性强、与司法实践结合得紧的特点。例如第80简按法律明文规定："斗决人耳，耐。"但是，在实际生活中斗殴伤人有各种情况，比较难断决的如斗殴撕裂的不是耳朵戴珥的部位，问如何论处？回答很肯定，条文上没有区分耳朵的部位，只说撕裂耳朵，因此"决裂男若女耳，皆当耐"。不管撕裂的是男子的还是女子的耳朵，都应处以耐刑。第81、82、83简等又提出斗殴伤人的不同情况，如斗殴时拔须、拔发、咬人鼻子、咬人耳朵、咬人手指、咬人嘴唇等该怎么处理，《答问》的作者都一一作了解答。很具体，很实用。

相反，法律解释若靠几个人关起门来闭门造车，自作解人，主观释疑，信笔论定，恐怕效果不会太好，难免误导司法。虽然说采用答问还是不采用答问这是一个方法问题、是一个形式问题，但是从实际效果来说采用问答形式更切近实际，更易于为人们所接受。即使是到了今天我们的体会也是这样。可见秦人在作法律解释的时候找到了一个切合人们思维实际的好方法。当然，这与春秋战国时期写作文体的多样化不无关系。

2. 成例比照

用"廷行事"表示成例比照。也就是说，相类的案件在以前曾有发生并已有处断结论，现在判决此同类的案子可据此比照。这是审判程序范围内的方法问题，但用在法律解释中则为解释提供了切实的凭据，显然有判罪合情理、有增强说服力的作用。在《答问》中出现"廷行事"的有第 38、42、56、59、60、66、142、148、149、150、151、152、162 等简。

以上 13 枚简大致可分这样几种情况：

（1）明确结论，言下之意可照此办理。如第 56、66、149、150 四简，或说成例按某罪论处，或说明成例的刑处对象和刑罚。

（2）用成例作具体说明。如第 148 简因债务强行扣押人质的，和双方同意质押的，都作"赀二甲"的处罚，用成例解释说："廷行事强质人者论，予者不论；和受质者，予者□论。"按成例，强行扣押人质的应论罪，而自愿给人作人质的则不论罪；双方同意作押，自愿去给人做人质的也要论罪。照律本文都作"赀二甲"的处罚，但在成例中则对负债方自愿去给人做人质的则不论罪。不仅作了具体的说明，而且用成例加以补充。

（3）以成例作为定罪量刑的依据。如第 152 简对仓库管理不善的处罚是按鼠洞的多少和大小来量定的，成例已有明确规定。又如第59、60两简就是两条"廷行事"，没有设问也没有引律，直接将成例列出，显然有可"照此办理"的意思，发挥与律同样的作用。

（4）用作参考。第38简对盗窃一百钱，控告他的人故意加了十钱，对控告者如何论处？《答问》解释说："当赀一盾，赀一盾合律。虽然，廷行事以不审论，赀二甲。"两种论处，一依"律"，一为成例，没有结论。

由此可见，在《答问》中的"廷行事"可以作为律的补充，与律具有同样的法律效力。这与西方不同，在罗马法系中成例一般不具有法律效力。

3. 举例

律文一般说来都比较概括、原则，给一般读律者乃至司法者理解律意带来困难。为此，《答问》的作者有时采用了假设、举例的方法对律条进行解释，明白晓畅，通俗易懂。如第57、58简是对不能察觉伪造文书者的处罚。举例说："今咸阳发伪传，弗知，即复封传它县，它县亦传其县次，到关而得。今当独咸阳坐以赀，且它县当尽赀？咸阳及它县弗知者当皆赀。"假定说从咸阳开看通行证，是伪造的却没有察觉，一直传递下去，到关口才被查出，那么受罚的只是咸阳，还是其他的县都要受罚？判断是：咸阳与其他开看而未能察觉的县都应受罚。这是举例，也不一定发生过；但是用它来具体说明"发伪书，弗知"这五个字就十分清楚了，以点概面，举一反三，对准确无误地理解律意大有帮助。

又如第69、70、80、96、97、125、126、127、128等简也都采用了假设、举例的方法作了具体的说明。值得注意的是，

《答问》所举出的例子，具有典型意义。第 125、126 两简在举例解释了"处隐官"之后指出"它罪比群盗者皆如此"，可以据此类推。从这一例可见：《答问》所举出的例子不仅仅是为了说明，而且等同于"廷行事"，可作参照类推，俨然是律的一部分了。

4. 比较

将同类性质的犯罪行为放在一起作解释有助于对律意的理解，《答问》有时采用比较方法，特别是从同类性质犯罪行为的比较中做出准确的刑罚适用。例如第 93、96、97、103、142、164、166、186、196、201 等简根据具体情况从不同的角度作了比较，有的是同类比较，有的是相互对比，也有的是对同一范畴不同情况的罗列说明，统而言之"比较"。第 93 简中的"不直"和"纵囚"都是审判不公的表现，放在一起加以分析，增强了区分度，论断鲜明。第 103 简"公室告"与"非公室告"，第 166 简对"已官"与"未官"的区分，起到对比的作用，利于司法官员更好地掌握量刑尺度。第 164 简是对逃避徭役的论定：一为"逋事"罪，一为"乏徭"罪，区别是逃避在报到前还是报到后；其间的差别是细微的，但是就是这样的细微差别秦人也毫不含糊。

5. 附带说明

为维护法律解释的权威和统一，在法律解释中将两种或两种以上的不同解释并列共存于官方的法律文件中，在今天一般说来是不可能的。但是，在《答问》中就不是这样。在《答问》第 8、44、121、122、168、174、196 等简中都附有另一说，用"或曰"表示。如：第 122 简问"甲有完城旦罪，未断，今甲厉，问甲何以论？"甲犯有应出完城旦的罪，还没有判决，甲患了麻风病，该怎么处断？在回答中列出了两种不同的理解，一是说"当迁厉所处之"，该将他迁徙到麻风病隔离区居住；另一说是"当迁迁所定杀"该将他迁徙到麻风病隔离区去淹死。这样两种不同的解释同时并存。此二说的矛盾焦点在于对患了麻风病的犯人是否能定杀的问题。《答问》列出二说，未作结论。为什么？我们推测这是时代发展的缘故。又如在上文"准确解析律意"一小节中提到的第 121 简对"定杀"一语的解释，列出了两种不同的说法，一是说"生定杀水中之谓也"，意思是活着的时候就把他（犯罪的麻风病人）投入水中淹死；一是说"生埋"，活埋的意思。但是作答者对"生埋"的说法作了否定，认为这种说法与律意不合。这表明秦人对"淹杀"与"生埋"作了区别；也可能在先前曾经发生过"生杀"的事，或者说这二者都不曾区分过。但是从法律上来说"淹杀"与"生埋"是应该做出明确的区别的。能注意到这种细微的律意区分是一种进步。

这里再说一说第 174 简的情况：它所提出的问题是说隶臣死后，隶臣妻将其子从家中分出，意在让其子逃避隶臣身份。该女子应如何论处？一种主张黥为隶妾，一种主张应处以完刑。在这一款的末尾认定"完之当也"，结论是处以完刑。按照《答问》的一般写法，不必将不同的意见列出；这里特地列出，然后再下结论，是个特例。其原因恐怕在于刑处过程中有过激烈的争论，意见相左，各不相让。为了一统法制，清平司法，所以先将不同意见列出，然后再下结论。或许正是实际"答问"的记录留下痕迹。当然这是我们的推测。

正因为如此，无论如何我们对《答问》中的附带说明是应该引起足够重视的，因为它能够毫无掩盖地将不同的处断意见公开出来，而且并不担心这样做会引起混乱，为什么？是不是

《答问》的汇总和编写仅仅是作为司法部门的参考，它并不向社会公开？是不是《答问》的编写是私人所为而顾忌不多？

（四）《法律答问》所揭示的秦律特点

下面，有必要首先对《答问》210 枚简、190 条问答内容做出说明。

1. 中华法系的最大特点是诸法合体，民刑不分。秦律亦然

秦律，作为我国从奴隶制向封建制转化的春秋战国时期法律制度的一种，更具有这一特点。在《答问》中有关"捕盗"、"斗殴"、"臧（藏）律"等刑事方面的内容不少，但是其中对有关民事方面的法律规范或规章制度的解释也占有相当比重。例如第 166 至第 171 等简就是有关"婚姻"方面的法律解释，第 148 至第 158 等简则是有关"户役"、"仓库"方面的法律解释，还有诸如"借贷"、"工程"方面的内容等。有意思的是第 186 简对"院"围墙都做出了界定："巷相直为院，宇相直不为院。"在今天看来不属于法律的术语，在当时则很有界定的必要。第 179 简规定对来客车上横木要用火熏，这可以看作是环保方面的法规。如果我们再看一看《秦律十八种》和《秦律杂抄》所罗列的律目：田律、厩苑律、仓律、金布律、关市、工律、工人程、均工、徭律、司空……和除吏律、游士律、除弟子律、中劳律、臧（藏）律等，虽然不是《秦律》的全部，但也已经能够反映出与当初《法经》六法（尽管已经失传）有很大不同；秦律中民事方面的法律规范或规章制度退一步说也是对《法经》"杂律"的极大丰富，表明法律对时势激烈变动的适应。以至于到了"杂律"无法包容的时候，汉律中的"兴律"、"厩律"、

“户律”也就必然地要剥离开来，这是法律自身发展的必然，在秦律中已见端倪。请注意：这里我们用了“民刑不分”这个词组，用它替代了以往“以刑为主”的提法，主要出于秦律尚未全部得见，孰主孰次不能贸然下断语。

2. 秦时的特权已由法定

在《答问》的解释中对某些特定对象有些优待政策及至特权。如：第 107、108、109、110、111、112 等简提到的“葆子”，“葆子”是指仕子，《汉仪注》上说：“吏二千石以上，视事满三年，得任同产若子一人为郎。”在第 109、110 简中规定：葆子案件尚未判决而诬告他人“其罪当刑隶臣，勿刑，行其耐，又系城旦六岁”。对葆子免去肉刑，而改处耐城旦。在第 113 简中特地对“赎”刑做出解释的时候，对“臣邦真戎君长”即少数民族的头领也有优待的政策。这些优待政策的规定如果说还有它存在的理由的话，那么对“吏”、对“大夫”不一视同仁作同“伍”之人看待，就不是一般的优待了。第 155 简“吏从事于官府，当坐伍人不当？不当”。官史在官府服役，同伍的人有罪，“吏”不加连坐。第 156 简“大夫寡，当伍及人不当？不当”。明确规定“大夫”不与一般百姓合编为“伍”。第 185 简对宗室子孙还有减刑的规定。这些已经超出了优待的范围，而是一种特权的享有；当然这种特权的生成是与当时的等级制度联系在一起的。第 162 简在解释“履锦履”的时候虽然只是对什么是“锦履”的问题加以说明，但是这种区分丝织鞋的本身就是以区分不同身份为出发点的。统治者在法律上享有特权是中华法系的另一特点。这一点在秦律中已经有所体现。

3. 发挥法律的奖励教化功能

以往我们注意得较多的是法律的惩罚警示功能，认为封建统治者为了维护自己的统治采用法律手段来镇压劳动人民，达到巩固统治的目的。从根本上来说，这么认为并不为错，但是，我们也应看到封建统治者也利用并发挥了法律的奖励教化功能。

例如《答问》第125、126简对"捕亡"中能自己捕获或亲友代为捕获的可以凭此免罪。第130简规定捕获了犯耐刑的罪以上的罪犯，捕拿者可以将罪犯所带的钱占为己有。第134、135、136、137、138、139、140、141等简对捕告中的功过都作了明确的规定，达到导民从善的目的。正如秦简中所说："凡法律令者，以教导民，去其淫僻，除其恶俗，而使之之于为善也。"①第102款简值得注意，说的是"免老"（六十岁以上的老人）控告不孝的事，问"谒杀，当三环之不？"要求处死，是否需要经过"三宥"的程序？法律解释说：不需要，"亟执勿失"，要立即逮捕，不要让他逃跑了。这个"孝"字出现在法律的文本中，其意义非同小可，影响深远。

4. 秦律给司法解释留有了余地

在司法实践中我们往往为罪行的量化问题所困扰，出于良好的愿望，总希望任何罪行都能够公布出个"量"来，依据数量的多少，确定罪名的轻重。其实，这种愿望虽好但与实际犯罪行为的结果往往产生矛盾；实际生活纷繁复杂，千变万化，无论有多么严密的尺度，也无法穷尽生活中的错综变化，更何况有一些犯罪情节无法量化。《答问》中虽然有不少确定的"量"，如用660钱来作为财货的多少，用6尺作为是否成年的标尺。第88简斗殴伤人的伤口大小有"大方一寸、深半寸"等的尺度界限，依据伤口的面积和深度做出轻重不同的处断。第152简中用3个

---

① 睡虎地秦墓竹简整理小组整理：《睡虎地秦墓竹简》：《语书》，文物出版社，1987，第15页。

小鼠洞抵 1 个大鼠洞，要求重视仓库的管理。但是，更多的是"量"的不确定。如第 163 简征发徭役不按时报到的"笞伍十；未卒岁而得，笞当加不当？当"。不应征报到的应笞打 50 下，未满一年被抓住了，要不要笞打呢？要。既然要笞打，打多少呢？没有解释。用今天的话来说叫给司法解释留有了余地。

（五）结语

　　法律条文的解释权掌握在执法者（行政长官）手里，但事实上"刑宪之司，执行殊异"。正因为这个原因，为律文作"答问"、作"注"、作"疏"成为必然。《答问》的产生也成为历史的必然。有人主张称《答问》为"秦律说"，与汉《律说》相应。从法律解释学的发展一面而言，有其历史的合理性。的确，我们理应充分肯定《答问》在法律解释初创阶段所发挥的奠基作用。汉代的《律说》或《汉律》章句是在秦律解释基础上的发展，不过，至今都已不可得见。汉代的法律解释是有过一段繁盛的时期的，百家争鸣，各自立说，但尔后又能归于一尊。"后人生意，各为章句。叔孙宣、郭令卿、马融、郑玄诸儒章句十多余家，家数十万言……天子于是下诏，但用郑氏章句，不得杂用余家。"[①] 郑玄所作的汉律章句早已散失，但是郑玄注律对唐代"律疏"体例的形成的影响是直接的，它对我国法律解释学的发展起了承上启下的作用。

　　《唐律》是我国现存的最早最完备的封建法典。"疏议"是官方对律文所作的解释，"爰造《律疏》，大明典式。"经皇帝批

---

① 《晋书》卷三○《刑法志》。

准颁行，与律同样具有法律效力。"疏议"中的设问和答疑共有178 处。答问除解决律文中的疑难问题外，更重要的是给司法部门断案以周详的指导。这种"答问"形式的采用与《答问》一脉相承。尽管《律疏》的编撰者并没有看到过秦时的"答问"，但是《汉律》章句、张斐《晋律》注的影响是直接的，他们注律有没有采用"答问"形式也不可知；即使说《唐律》"疏议"中采用的答问形式是唐人的独创，也正好说明这种形式符合法律解释的需要，合乎人们读律解律的思维习惯。在二千多年前秦人就采用了这种答问形式来作法律解释应该说是一个伟大的创举。

二 古代判例考略

判例，表示某一判决作为审理同类案件的前例。不过，判例在我国古代并非一定作这样的前例用，判例既可以是判例法所指的判例，又可以泛指日常司法实践中的无数案例；古代的案例还有拟判和实判的不同。对这些概念不加区别，会给问题的讨论造成混乱，因此，为避免不必要的麻烦，我们首先得界定好判例的义域。依据现代法学术语的解释，界定本文讨论的古代判例仍为某一判决作为审理同类案件的前例。

据此，对我国古代判例的历史状况作一点考察，历史地看待中国古代判例的生存、发展及其影响应该说是有必要的，因为它有助于我们对中国注释律学发展历史的深入认识。

在我国古代有没有采用过判例法呢？答案应该是肯定的。只是它与现代法律观念下的判例法有所不同。我们不可能严格地用现代法律中的判例法定义、原则、规则去衡量中国古代判例的实际运用。

（一）古代判例概况

在我国漫长的历史长河中，封建法制以制定法为主，这是众所周知的事实，也已成为法学界的共识。法学界一般都认同中国法制史是一部以制定法为主的历史，却对是否存在、如何运用判例以及判例随时代而变化发展的历史都未引起足够的重视。因此，中国古代究竟有无判例法，其司法功能如何，说法不一。民国时期的居正说："自晋命贾充等改定旧律为刑名法例，于是法之外有例之名。稽诸古意，例即《王制》所谓比也。"① 他认为：中国向来是判例法国家，甚似英美法律制度。这一说法是不完全正确的。贾充改定的"法例"虽然未有片纸遗世，但是从名例与它的关系及其变化过程看，"法例"只是法律的适用、解释及一般效力的通则。法例不是判例。至于民国时期的法例则又与之不同，是案例的异名。居正托古立制，固然有他的良苦用心，但不能不顾历史的真实，牵强附会。

　　在古代法律文献中被理解为成案的法律术语习惯上有廷行事、比、决事比、故事等，此外被看成判例的还有邦成、法例、断例乃至春秋断狱、折狱指南等等，但是它们究竟是否就是成案意义上的判例，这还需要加以深入的考察和论证。

1. "殷罚"故事

　　《尚书·康诰》上说："外事，汝陈时臬司师，兹殷罚有伦。"《正义》云："既卫居殷墟，又周承于殷，后刑书相因，故兼用其有理者。谓当时刑书，或无正条而殷有故事可兼用，若今律无条求故事之比也，臬为准限之义，故为法也。"《康诰》又曰："汝陈时臬事罚，蔽殷彝。"句注云："陈是法事，其刑罚断狱用殷家常法，谓典刑故事"。蔽，同弊，裁断。这里记载的是周公旦用摄政王名义对康叔所作的训诫。要求康叔向官吏宣示法

---

① 居正：《最高法院法例要旨》序，1944，大东书局版。

律准则，要求采用殷商时的判案以裁断。按孔颖达《正义》的解释是指殷之典刑故事，也就是在没有正条的情况下可以兼用殷商时的判例断案。也可以说它是西周采用判例断案的记录。

究竟有没有"殷罚"故事？在迁殷之前盘庚对民众的训诫中说："惟喜康共，非汝有咎比于罚。"（《尚书·盘庚中》）这里就有表示比照同类罪过作为先例处理的意思。出土西周青铜器中是否有可以作为成案用的例子？若有，正可以作为西周判例方法的实际证据。《曶鼎》、《卫禾铭》、《格伯簋》等，其内容或诉讼，或交易，或租赁……何以要将它们铸成铭文？作为凭据此其一，可以为其他类似的事件作比照此其二。《格伯簋》上说："格伯受良马乘于倗生，厥贮卅田，则析……用典格伯田。"格伯用良马交换了倗生的三十亩土地之后，还写了析券，双方各执其一。既然有了析券，析券足以为凭，何以还要铸成铭文？我们看到这里用了"用典格伯田"一句，它恐怕就不仅仅起了以此铭为凭的作用，而且也包含有以后碰上同样性质的交易，可以照此办理的意思。那么，是不是可以把它看作成案？

2. 邦成

《周礼》卷三四《秋官·大司寇》上说："凡庶民狱讼，以邦成弊之"，郑玄注云："邦成，八成也。"八成，指古代对危害统治者政权的八种判罪成例。有邦灼、邦贼、邦谍、犯邦令、挢邦令、为邦盗、为邦朋、为邦诬等。郑玄注又云："郑司农云，邦成，谓若今时决事比也。"郑众以此比作东汉时的决事比。弊，裁断也；义同《左传》卷四七《昭公十四年》上"弊狱〔蔽罪〕邢侯"之弊〔蔽〕。

对此，贾公彦疏云："此八者皆是旧法成事品式，若今律其有断事，皆依旧事断之，其无条取比类以决之，故云决事比也。"所谓今律，当指《唐律》。沈家本认为在《唐律》中并无此文，但是他又推度"或当时令中有此文。唐令已亡。诸书所引亦不能全也。"①

3. 廷行事

在睡虎地秦简《法律答问》中有"廷行事"一语。所谓"廷行事"，就是判案成例。在《法律答问》中"廷行事"一语共出现有13处之多：第38、42、56、59、60、66、142、148、149、150、151、152、162简。在睡虎地秦简《法律答问》的说明文字中就这样指出：将判案成例"作为依据，反映出执法者根据以往判处的成例审理案件，当时已成为一种制度"。由此看来，我国秦代兼用了判例法。

睡虎地秦简中还有98支《封诊式》简，其中有各类案例，但我们暂时还不能把它看作"旧法成事品式"，不能视作判例；因为没有足够的根据可以证明《封诊式》中实例是作为审判依据的成例用的。只是联系《法律答问》13处"廷行事"看，《封诊式》中除司法文书格式要求的内容之外，"其中包括了各类案例，以供有关官吏学习，并在处理案件时参照执行"。是参照执行，而不是参考。而且，在《封诊式》的案例中用甲、乙取代了当事人的人名，在原案基础上作了必要的改动，显然，它扩大了原案适用范围，具有普遍适用的性质。从这一点看来，这就是它用作为判例范式的表征。

汉代的"廷行事"，也称"行事"。《汉书》卷八四《翟方进传》云："行事以赎论"，师古注云："行事有阙失，罪合赎。"这样解释不正确。王先谦在补注中引刘敞的话说："汉时人言

---

① （清）沈家本撰：《历代刑法考》第3册，《汉律摭遗》卷二二，中华书局，1985，第1767页。

'行事'、'成事'，皆已行、已成事也。""下文所谓自设不坐之比是也。"明确是作为审理同类案件的前例。王念孙在《读书杂志·行事》中也这样认为："行事者，言已行之事，旧例成法也。"

4. 比、决事比、故事

比，比方，比附。《尚书·吕刑》云："上下比罪"，孔传曰："上下比方其罪。"是古代判案中所采用的类推适用。

比，例也。这个"比"字在作"例"义解的时候，又有两种解释，一作条例讲，一作事例、故事讲。在这里我们说的是后者。《礼记》卷一三《王制》："疑狱，氾与众共之。众疑，赦之，必察小大之比以成之。"郑玄注："小大犹轻重。已行故事曰比。"比，即成案。表明先秦时期判例法的存在。《史记》卷九六《张丞相列传》："及以比定律令。"句瓒注曰："谓以比故取类，以定法律与条令也。"有以类比附之义，但不是指成案比照。《汉书》卷二四《食货志》："自是后有腹非之法比"，师古注曰："比，则例也。"《汉书》卷二三《刑法志》师古又注曰："比，以例相比况也。"据此可证，在汉代腹非之法自张汤始，其后有以此故事比照者。表明汉代判例法的存在及其实际施行。

江陵张家山汉墓出土的《奏谳书》227 简，包含春秋至西汉时期的案例 20 余件。总的说来它是议罪案例的汇编，但其中也引有个别成案的例子。例如引述有春秋时柳下季为鲁君治佐丁的案例就是。《奏谳书》中很典型的一个例子是第 3 例：发生在高祖十年七月的胡状、丞熹所谳一案。在这个案子中，记述了临淄狱史阑送女子南去了关中，后又假装生病而回往临淄，过关时被查出，遭拘捕。在议谳中引了这样一个案例："人婢清助赵邯郸城，已即亡，从兄赵地，以亡之诸侯论。"比况后，"吏议：阑与清同类，当以从诸侯来诱论。"由此可见，这是当时"旧法成事品式"的已成案例，在此用作"比"。张家山汉简整理小组认为："《奏谳书》这类案例汇编也可能与比有一定联系。"这样的估计是有依据的。应该说这是判例法应用在司法实践中的实例，最具说服力。

《汉书》卷八三《朱博传》记载，朱博认为出身于武吏的司法官员不通法律，担心他们断狱出差错，就招来正监典法掾史共同编撰"前世决事吏议难知者数十事"。用此类成例来断案，"为平处其轻重，十中八九"。这是一则用先例审案，并取得极好效果的典型材料。

《汉书》卷二三《刑法志》上说："（及至孝武即位）死罪决事比万三千四百七十二事"，可谓浩繁之至。任何事物都有个度，超过了度，其结果往往适得其反。如此浩繁的成例，反而会给司法带来混乱，以致"奸吏因缘为市，所欲活则傅生议，所欲陷则予死比，议者咸冤伤之"。此一时期"决事比"的弊端可以说是被发挥到了淋漓尽致的地步了。又比如《后汉书》卷四四《张敏传》上记载："建初中，有人侮辱人父者，而其子杀之，肃宗贳其死刑而降宥之。自后因以为比。是时遂定其议，以为轻侮法。"轻侮法的采用是"比"司法操作的实例。不过，"轻侮之比，寝以繁滋，至有四五百科，转相顾望，弥复增甚，难以垂之万载"。（同上）转相比附，无定法可依，又暴露出了它的不足之点。

如何纠正这种弊端？并无良法。如《后汉书》卷二八《桓谭传》记载："又见法令决事，轻重不齐，或一事殊法，同罪异论，奸吏得因缘为市，所欲活则出生议，所欲陷则与死比，是刑开二门也"，面对司法腐败的现状，桓谭上疏提出了"校定科比"的主张，他说："今可通义理明习法律者，校定科比，一其法度，班下郡国，蠲除故条"，李贤注云："科谓事条，比谓类例"，主张采用判例的同类比附办法来纠正时弊。

东汉有《法比都目》一书，这是怎样的一部书？《后汉书》卷二九《鲍昱传》注引《东观记》云："时司徒辞（一作例）讼久者至十数（一作数十）年，比例轻重，非其事类，错杂难知。昱奏定《辞讼》七卷、《决事都目》八卷，以齐同法令，息遏人讼也"。《晋书》卷二〇《刑法志》上也说："决事集为令甲三百余篇，及司徒鲍公撰《嫁娶辞讼决》为《法比都目》。凡九百六篇，世有增损，集类为篇，结事为章，一章之中，或事过数十，事类虽同，轻重乖异……若此之比，错糅无常"，《法比都目》一书是否为法定的判例汇编，有否法律效力？从针对比例轻重失调出发而作，以及是"奏定"了的，据此推测，极有可能答案是肯定的。然而，在宋林钺所辑的《汉隽》中有"法比篇"，此"法比"与《法比都目》一书书名很相近，"法比篇"中选取了33条词条，逐一注明出处并作简要解释。由此看来它只是一部法律术语的解释书，具有词书性质。

《太平御览》引《风俗通义》佚文有鲍昱决事比3条。《决事比》，书名，见《后汉书》卷四六《陈忠传》："……及宠免后遂寝。而苛法稍繁，人不堪之。忠略依宠意，奏上二十三条，为《决事比》，以省请谳之敝。"从书名看，可能是先年判例的汇编。不过仅23条，有应时急用之嫌。或"第就当时法之苛者言之耳"。此外，《清史稿》卷四四二《薛允升传》记载有《汉律决事比》四卷。①

---

① 《清史稿》第41册，第12428页。据传，在民国二十四年（1935年），薛允升《汉律决事比》稿本为当时的东方文化事业委员会所得。后不知所终。

晋贾充制《故事》三十卷，与律令并行（《晋书》卷三〇《刑法志》）。在《隋书》卷三三《经籍志》上提到命贾充修订律令时称故事为"品式章程"。《隋书》卷三三《经籍志》著录有《晋故事》四十三卷、《晋建武故事》一卷、①《晋咸和、咸康故事》四卷（晋孔愉撰）。可惜这些书都已佚失，具体内容无可得知。

5. 春秋决狱

西汉董仲舒所著《春秋决狱》232 事。《汉书》本传上则说："仲舒所著，皆明经本之意，及上疏条教，凡百二十三篇。而说《春秋》事得失，'闻举'、'清明'、'竹林'之属，复数十篇，十余万言，皆传于后世。"很可惜，今大多已佚失了。经前人辑佚所得若干，如《太平御览》卷六四〇载：

　　《董仲舒决狱》：甲夫乙将船，会海风盛，船没逆流死亡，不得葬。四月，甲母丙即嫁甲，欲皆何论？或曰："甲夫死未葬，法无许嫁，以私为人妻，当弃市。"议曰："臣以为《春秋》之义，言夫人归于齐，言夫死无男，有更嫁之道也。妇人无专制擅恣之行。听从为顺，嫁之者归也。甲又尊长所嫁，无淫衍之心，非私为人妻也。明于决事，皆无罪名，不当坐。"

从设问中可知，《汉律》中有"私为人妻，当弃市"一条。但是，沈家本认为：上面这个"案例"不适用于此条，"汉法：夫死必葬，而后许更嫁。若夫亡而死生未定者，不将终身不得嫁乎。此乃法之常。若遇此等情形，自不当一律论也"。①

显然春秋时期还没有像汉代那样对妇女有那么重的束缚。董仲舒所举判案是西汉发生的事，而用《春秋》之义以及春秋时期的处断办法来处理它，尽管处断宽大，也同样是不合时宜的。封建时代上升时期与它的初期在对待妇女的问题上已经有了很大的变化，这种变化是时代的产物，谁也无法逆转。

董仲舒在《春秋繁露·精华》中说："以贱伤贵者，逆节也，故鸣鼓而攻之，朱丝而胁之，为其不义也。此亦《春秋》之不畏强御也。"董仲舒《春秋决狱》必本其事而原其志，也就是在考察犯罪事实的同时还要推究他的犯罪动机，"《春秋》之义，原心定罪"。当然，这种推究是以君权神授为主宰、《春秋》之义为衡量标准的。影响所及直至东汉，《后汉书》卷四八《应劭传》中说，应劭也著有《春秋断狱》一书。②

在这里还要指出的是，现在学术界一般都将春秋决狱看成是以经义决狱的代名词。其实，在董仲舒之前，以春秋故事决狱的事就已存在，但只是春秋故事，并不注重经义，见《奏谳书》案例19、20所用史䲡、柳下惠的史事就是。由此可见，董氏以经义决狱是在用春秋故事决狱基础上发展而来的。

6. 法例

贾充制《晋律》二十篇，篇中有"法例"一目。《晋书》卷三〇《刑法志》上说："（贾充等）就汉九章，增十一篇（一作"十"），仍其族类正其体号，改旧律为刑名、法例……"《梁律》、《北周律》、《北魏律》亦列有"法例"。但是，它是秦及

---

① 《汉律摭遗》卷八。沈氏所谓的常法在《汉律摭遗》中未单独列出，不知何故。
② 《春秋决狱》的辑佚资料还可见《太平御览》卷六四〇、《通典》卷六九《六帖》二、六等。

汉魏时期"具法"、"名例"律目中的一部分，是法律适用和解释的一般效力的通则，与判例无涉。

在唐代法制文献中也有《法例》之书，《旧唐书》卷五〇《刑法志》上记载："先是详刑少卿赵仁本撰《法例》三卷，引以断狱，时议亦为折衷。"所谓折衷，也就是说用法例断案还是公正合理的。其后，高宗却认为"法例"繁琐不便，既然已经有了律令格式，"条章备举，轨躅昭然"，就不必再作"例"，致使"触绪多疑"，至此，便废而不用。这里的"例"、"法例"指的是除律令格式之外的一种法律形式，这种法律形式的最大缺点是繁琐，头绪多，分歧大。不过，这种"法例"形式在以前也用过，只是不适合今天，高宗就这样说："计此因循，非适今日"。尽管《法例》一书已佚，但从以上史载可以看到，在唐高宗之前曾一度兼用了判例法。如果我们结合前述"殷罚"故事中的孔颖达注和"邦成"①中所引贾公彦的疏来考察高宗之前判例法的实际应用，应该说是客观的存在。另外，崔知悌等也著有同一书名的《法例》三卷，见《旧唐书》卷四六《经籍志》。此书详情也不可知。

《宋史》卷二〇四《艺文志》上著录有"张履冰《法例六赃图》二卷"。既然与六赃图相联系在一起，此"法例"显然是与名例同义，不指判例。

近代也有将"法例"当作判例用的，那是在民国时期，如当时的《最高法院判例要旨》、《大理院判决例全书》中判决例都被看作为法例，在当时的法律文件中列有"法例"一章。虽然没有正式把判决例收入法典，实际上这一类判例的汇编手册对

---

① 分别见本文第（一）节的第1、2部分内容。

司法实践已产生了不小的影响。本文开头提到的居正所言法例就是"法之外有例之名"，"即《王制》所谓比"，这一解释，可与唐《法例》相通，但与贾充所制的"法例"不是同一概念。

7. 断例

宋代有"断例"一名，此名与判例同义。北宋时有《熙宁法寺断例》、《元丰断例》、《崇宁断例》等。《宋史》卷一九九《刑法志》上记载了南宋时期采用断例的情况：

> 高宗播迁，断例散逸，建炎以前，凡所施行，类出人吏省记。……绍兴元年，书成，号《绍兴敕令格式》，而吏胥省记者亦复引用。监察御史刘一止言："法令具在，吏犹得以为奸，今一切用其所省记，欺蔽何所不至。"十一月，乃诏左右司、敕令所刊定省记之文颁之。

从记载中可以知道，在北宋时期断例的运用是普遍的，因战乱而散失，南宋之初不得不让文书吏员回忆记录下来以供引用。当然也有人不赞成这样做。

绍兴四年（1130 年）刊定了《见行断例》，此外还有《特旨断例》。刑部有言："国朝以来，断例皆散失，今所用多是建炎以来近例。乞将见行断例并臣僚缴进元符断例裒集为一。若特旨断例则别为一书。"绍兴九年由何彦猷编集《刑名断例》。绍兴二十六年刑部又整理出崇宁、绍兴刑名疑难断例 320 条等。① 乾道二年（1166 年）刑部方滋上《乾道新编特旨断例》七十

---

① （南宋）王应麟撰：《玉海》卷六七。

卷。① 据《宋史》卷一九九《刑法志》记载，乾道八年虽然颁布了《乾道敕令格式》，但是，"当是时，法令虽具，然吏一切以例从事，法当然而无例，则事皆泥而不行，甚至隐例以坏法，贿赂既行，乃为具例"。在这一时期普遍以例断狱，以致奸吏因无例而破法、隐例坏法的事也不断出现。

淳熙初下诏废除了《乾道刑名断例》。

元代，在《大元通制》中有断例 717 条，在《至正条格》中有断例 1059 条。《元典章》所收案例也不少。据《新元史》卷六九《刑法志》记载，仁宗即位后就命臣"择开国以来法制事例汇集折衷以示所司，其大纲有三：一曰诏制、二曰条格、三曰断例"，"断例则因事立法，断一事而为一例者也。"将断例作为法制的有机组成部分。在《大元通制条例纲目后序》中还列出了断例的具体纲目："断例之目，曰卫禁，曰职制，曰户婚，曰厩库，曰擅兴，曰贼盗，曰斗讼，曰诈伪，曰杂律，曰捕亡，曰断狱，一循古律篇题之次第而类辑，古律之必当从，虽欲违之而莫能违也。岂非暗用而明不用，名废而实不废乎？"不过，当时的断例并不是指审判同类案件的前例，近人黄时鉴在《通制条格》的点校说明中明确指出："《大元通制》的主体内容，断例相当于律，条格相当于令并包括格式，诏制相当于敕。"也有人不这么认为，说元代的断例是"皇帝或司法官员处断案件的成例，属于刑事方面的法规"。②

元代"断例"可见《元典章》。举例如下：

---

① （元）马端临撰：《文献通考》卷一七六。又见《宋会要》。《宋史》卷一九九《刑法志》上写作《乾道刑名断例》。

② 钱大群主编：《中国法制史教程》第 279 页。所引一句前后不相应，究竟是成例还是法规不明确。

大德五年十二月，盗贼断例：诸盗未发而自首者原其罪，能捕同伴者乃依例给赏，其于事主有所损伤及准首再犯，在不首原之例。（《元典章》卷四九，刑部卷之一一，《诸盗一·强窃盗·强窃盗贼通例》）

大德五年，盗贼断例：诸共盗者并赃论罪，仍以造意之人为首，随从者各减一等。二罪俱发，从其重者论之。（同上）

然而，在司法实践中借鉴"旧例"的事还是普遍存在的。例如《元典章》卷一四，史部卷之八，《公规二·行移·执政官外任不书名》条下：至元七年十月，礼部检旧例：尊贤贵德，怀孟路总管杨少中曾任参政，系前执政，申部文解，合止署姓不书名。又比如《元典章》卷五三，刑部卷之一五，《诉讼·告事·状外不生余事》条下：至元八年九月，部检旧例：诉讼人皆不得于本争事外别求余事，撷拾见对人及本勘官吏。若实有干己，候木宗事结绝，别行陈告。

另外，元代的诏条，及各部"议得"的案子，经过整理，逐步发展为"条例"的形式固定下来，即《大元条例纲目》中所谓"编录诏条及省部议拟通行之例"以辅《通制》，也就是明清时期的条例，据以断案量刑的法律条文。

8. 拟案

这里所说的拟案并不是指古代科举策士在"明法"科下所作的拟判文字，而是指律注文献中的假设性案例。这些假设性案例是否属于判例，或者说它是否有实判的依据，理当有考察的必要。

先看《唐律疏议》。在《唐律》的疏议中，有假设案例 26

处，其中名例 9 处，厩库 1 处，贼盗 4 处，斗讼 10 处，诈伪 1
处，捕亡 1 处。在名例的 9 处中主要也是针对贼盗、斗讼的刑事
而设。如"斗讼·斗殴误杀旁人"一则：

> （疏议曰）假如甲与乙共殴丙，其甲误殴乙致死，减二
> 等；伤，减二等。或僵仆压乙杀、伤，减戏杀、伤二等。杀
> 乙，从戏杀减二等，总减四等，合徒二年。
> ……又问：假如数人同谋杀甲，夜中匆遽，乃误杀乙，
> 合得何罪？
> 答曰……况复本谋害甲，元作杀心，虽误杀乙，原情非
> 斗者。若其杀甲，是谋杀人，今既误杀乙，合科故杀罪。

假设性案例采用的是虚拟当事人甲、乙、丙等，其目的主要
是疏解律意，形象具体。主要是针对刑事案例的；与睡虎地秦简
《法律答问》中的假设性案例酷似，如《法律答问》第 115
号简：

> 甲告乙贼伤人，问乙贼杀人，非伤也，甲当购，购几
> 何？当购二两。

购，奖赏。甲因告发得实而受到奖赏。这则也是拟案，也用
甲乙虚拟当事人。当然，并不是只要用了甲乙来代替当事人就是
拟案，比如在《封诊式》中也用了甲乙，但它不是出于虚拟，
而正如我们在上面第 3 节中所说"它又有作为判例范式的可
能"。
采用假设案例作法律解释手段是中华法系的一个传统，直至

明清乃至民国时期，这个传统在明清律例的注释和民国时期的法律解释文本中同样存在。

9. 附例

明例，一般不指判例，而是指条例，如《问刑条例》之类。但是，问刑条例的提议乃至制定，则是由大臣据司法实际的需要而题奏的，而且常常有实在的案例为根据。以弘治《问刑条例》为例，其注明日期的条款共 18 条，如下：

第 52 条弘治元年四月初二钦定（补 652 页）

第 69 条弘治三年二月二十七日钦定（上册 429 页）

第 86 条成化十八年闰八月二十九日钦定（上册 452 页）

第 116 条成化十年九月十八日钦定（下册 416 页）

第 144 条弘治十一年十一月内钦定

第 147 条成化十年七月十三日钦定（待查）

第 150 条弘治十一年二月十五日钦定

第 155 条成化十四年十一月初四日钦定（上册 721 页）

第 159 条弘治四年十一月内钦定（待查）

第 160 条弘治十二年九月初一日钦定

第 176 条成化十五年九月初四日钦定（下册 14 页）

第 177 条正统二年四月初九日钦定

第 185 条弘治三年二月二十三日钦定（上册 801 页）

第 193 条正统八年七月十一日钦定

第 196 条成化十五年十月二十二日钦定（上册 315 页）

第 261 条弘治五年十月二十六日钦定（下册 286 页）

第 262 条成化八年六月十六日钦定（下册 291 页）

第 264 条成化二十一年闰四月二十九日钦定（补 269 页）（上列页码均见《皇明条法事类纂》）

　　以上 18 条条例的制定都是有现实的案例为基础的，我们从《皇明条法事类纂》中大多可以找到案例的原档。由此可见，明代条例不是凭空编撰出来的，而是以一些相对重要的、同类性质的实判为基础，加以整理、概括之后，经一定的立法程序才确立下来的。

　　此外，我们还可以从《皇明条法事类纂》中看到它归类而概括、修纂成条例的原本面貌。例如《皇明条法事类纂》卷之三三"刑部类·常人盗仓库钱粮"就有同类性质的案例 11 条，其原题如下：

　　（1）京营洗改文册增添官军姓名盗支官粮追赃完日比照边仓库例充军守哨职官奏请例（成化五年四月十三日题）

　　（2）四川会川等卫偷挖白铜发落（成化五年四月十九日题）

　　（3）盗掘银矿枷号充军（成化六年五月十七日题）

　　（4）河南盗矿豪民及哨了摆站军民不发远方例（成化六年　月　日题）

　　（5）偷采银矿枷号再犯充军例（成化八年十一月二十七日题）

　　（6）堂子洼偷寻银石者问拟重刑其委巡视官员人等禁约不严亦罪外加罪例（成化十一年四月十二日题）

　　（7）禁约西山一带掘山取石例（成化十四年七月二十五日题）

　　（8）凤阳应禁山场地土若有伐木取土开窑烧山及皇城耕种牧放安歇作践者正犯处死家丁发边远充军例（成化十五年九月初四日题）

　　（9）常人盗监守官粮等项发落（成化十九年十月二十三日题）

（10）〔缺题〕（弘治四年十月初十题）

（11）运粮官军将米掺和沙土等物照侵盗边粮事例（弘治五年十月初七日题）

其中，第3、7、9三条在正德年间胡琼所纂《大明律解附例》中得到采用。

第3例见《大明律解附例》卷一八《刑律》："盗掘银矿、铝、锡、水银等项矿沙，但系山洞捉获，曾经持杖拒捕者，不论人之多寡、矿之轻重，及聚至三十人以上，分矿至三十斤以上者，俱不分初犯、再犯，问发边卫充军。若不及数，又不拒捕，初犯枷号三个月发落，再犯免其枷号，亦发边卫充军。其私家收藏、道路背负者，止理见获，照常发落，不许巡捕人员逼令展转攀指；违者，参究治罪。"

第7例见《大明律解附例》卷五《户律》："西山一带密迩京师地方内外官豪势要之家，私自开窑凿山卖石、立厂烧灰者，问罪枷号一个月，发边卫充军。干碍内外官员，参奏提问。"

第9例见《大明律解附例》卷一八《刑律》："犯该监守常人盗仓库钱粮等物者，不分革前革后，俱照窃盗并论次数一体科断。"

在《皇明条法事类纂》整理之前，陆柬在他的《读律管见》"名例·职官有犯"中有这样一段"引例"文字，说："《管见》曰：一应'行止有亏'所包者广，往往失于出入。如在外问犯赌博者，多坐'行止有亏'；卑幼殴尊长者，却止科其罪，不论行止。余见京师法司问赌博，官吏、监生人等皆还职役。先年校尉杨学殴兄，引'行止有亏'例，调卫充军。即此二事可例其余矣。"这是用先例来指出在外司法中的失误，认为发生于京师的先例可以作为审理同类案件时的法律依据。这是个生动的例证，很有参考价值。当然这是陆束的个人意见。

清代《大清律例》中所附条例也是同样情况。条例的制定往往是由布政使等职官题奏，经刑部会议、奏准而定。是按一定的立法顺序作出的。不过职官的题奏都是有"案"可据，有必要才提出来的。这有案可据的"案"就是所属地方上发生的典型案例，或称事例。

在《大清律例通考》一书中，吴坛注有"谨按"一栏，注明了各条例的来由；例的废止或新颁都是出于客观情况的改变。例如：《大清律例通考》卷二〇《兵律·关津》"私出外境及违禁下海"条的已删例文下有这样一段说明：

> 一、私自贩卖硫黄五十斤、焰硝一百斤以上者，俱问罪，硝黄入官。卖与外国及边海贼寇者……两邻知而不举者，各治以罪。

> 谨按：此条系明律旧律。乾隆五年馆修，以条内贩卖如何治罪之处，例未声明。又，卖与外国海寇者，照私将军器出境因而走泄事情例，罪止斩候，与本条下所载"商鱼船夹带硝黄接济外洋，以通贼论斩"之例不符。再，内地私贩硝黄已有新例，应将"合成火药卖与盐徒"一段并入新例，移于收藏应禁军器条例内。此条删。

此条删的原因有三条，说得很充分，而且都有实际的案例为依据。从此，这条历时240多年的明例被废止了。

在清代的实际司法中以律例为据是审拟官司时必须遵守的原则。一般说不用成案。在《大清律例通考》卷三六《刑律·断狱》"断罪引律令"条下的第四条例文中指出："除正律、正例而外，凡属成案，未经通行著为定例，一概严禁，毋得混行牵引，致罪有出入。如督抚办理案件，果有与旧案相合可援为例者，许于本内声明，刑部详加查核，附请著为定例。"这条例文在乾隆三年著为定例，乾隆五年馆修入律。在后文谈到清代刑案的汇编集《刑案汇览》时称，其作用主要是弥补律例的不足，解决司法中的疑难。虽然在实际司法中有所参考、补充律例不足的作用，但是终有清一代300年它未能成为定制。其原因也已说清楚了，那就是担心司法官员"混行牵引，致罪有出入"。

10. 贴法

这是一个较陌生的术语。它出现在明抄本《大明刑书金鉴》（以下简称《金鉴》）中。[①] 所有"贴法"用的是假设法，均具拟案性质。贴法中的行为人的名字用赵甲、钱乙、孙丙等代替，犯罪行为也是假定的，但是处断则根据相应的律文严肃作出；以此作为司法官员对照参用。举"户律·收留迷失子女"中一例（共七则，此为第三则）如下：

　　一、如咸宁侯婢三春因污主衣恐主打骂逃走。赵甲家收藏，卖与人为婢，一等律，杖八十、徒二年；三春依被卖之人在逃，减赵甲一等律，杖七十、徒一年半。

拟案的性质是明显的。但分别各种不同情况，在定性量刑方面则是相当细致的。其目的也就在这里：明确量化，给司法官员以参照。

---

① 《大明刑书金鉴》为明抄本，著者不明。今中国国家图书馆、上海图书馆各藏四册、一册。经考证，此本抄于万历年间。见本书《明代司法解释的指导书——〈大明刑书金鉴〉》一节。

这样的拟判"贴法"在其之前的陈永辑本《法学衷集》中就已有过。其标题为"律颐断法",未用"贴法"之名,共102则。采用的是问答式。如第2则:

> 一、得遗弃小儿,从姓抚养。长成后,亲父母老孤无子,知告认,归养赡给付何人?
>
> 答曰:遗者,移也。弃者,撇也。遗弃者不顾生死以绝其恩也。今他人抚养成人,却乃告认;则不与之,仍问冒认良人为子之罪。断给所养父母。

这则拟判有似《春秋决狱》故事,也极有可能是改写《春秋决狱》故事而成。可见董氏思想对司法的影响实在不可小觑。以及在其后的《大明律例注释招拟折狱指南》中也同样引录了"律颐断法",只是加了"新增"二字,并作有拣择。相对《法学衷集》来说时间较晚,但是从对司法实际的作用而言,它的影响持续存在。

11. 招拟、招议

招拟是以注释的形式出现在律注文献中的。在《大明律直引》①中,采用的是直接拟案释律之法。如"吏律一·职制"中的"举用有过官吏"条下:

> 一、赵甲依官、吏曾经断罪罢职、役不叙,朦胧保举者律,钱乙依匿过者律,各杖一百,罢职役不叙。俱有《大诰》减等,各杖九十,纳米等项完日,俱罢职役。

---

① 《大明律直引》八卷,二册,辑者不详。今存嘉靖五年(1526年)刊本。见刘海年、杨一凡主编《中国珍稀法律典籍集成》乙编第1册,科学出版社,1994。

又如在"官员赴任过限"条下：

一、赵甲依已除官员赴任无故过限者，一日笞一十，每十日加一等，七十一日罪止律，杖八十。钱乙依代官已到，旧官无故十日之外不离任所者，减赴任过限罪二等律，杖六十。俱有《大诰》减等，赵甲杖七十，钱乙笞五十。俱官，纳米等项，完日还职。

以上是随机抽样照录二则释律之拟案。与之相应的在《大明律例注释招拟折狱指南》① 中也有相类的拟案。将"吏律一·职制"中的"举用有过官吏"、"官员赴任过限"条的注释招拟照录如下：

○或问：赵甲依官、吏曾经罪罢职役、朦胧保举。钱乙依匿过得举之人，何如问拟？○答曰：一审得赵甲不合举用有过官吏，罔上违制，钱乙匿过谋举与甲问罪。○一、议得：赵甲、钱乙各杖一百，罢职不叙。俱有《大诰》减等，各杖九十，纳米等项完日，罢职役。

○或问：赵甲依官员赴任无故违限，钱乙以代官已到，旧官无故十日之外不离任所，各问何如？○答曰：一审得赵甲不合故违凭限，遇变中途，可升。钱乙无故不还职役，拟赴任过限罪减。○一、议得：赵甲依赴任无故违限，一日笞

① 《大明律例注释招拟折狱指南》十二册。中国国家图书馆、中国社会科学院法学研究所图书馆藏有该书明刊本。在此书序文中说："是以本堂编辑《琐言》《管见》以明义，做为假如以设问，参以审语，定以招拟，以等其罪名，折狱指南。庶乎披卷之余而圣天子画一之法颁行之惠，无智愚有门也。敬而梓之，以便观律者之门路也。若曰舍孔孟而事申韩，则吾岂敢哉？"

一十，每十日加一等，至七十日之上罪止，杖八十。钱乙以旧官无故不离任所律，减赴任过限罪二等，杖六十。俱有《大诰》减等，赵甲杖七十，钱乙笞五十。俱官，各纳米完日，仍还原职。

很明显，二者内容全同，句式、罪行及判断均相同；只是后者较前者具体一些，所谓具体，其实也只是将原有内容改作问答式，并分段作成拟判而已。

明有《比部招议》一书。台湾存明抄本。此书记录了明天顺元年至正德七年间刑部问案、取招、议奏及奉旨处理的 5 则大案。原天一阁存《比部招议》明刻本二卷，三册。从有关书目的著录上看，台本与天一阁本不同，或许是同一书名的两种书。此类书只能说是问案卷宗，与今天所说的档案相类同，不能视作成例。但是，从其内容说，它又包括了案件的事实、处理和裁断，且有写作招议的规范要求，比一般的案狱故事更具有现实的参考作用。正因为如此，招议类的文件既非个人的写作行为，又非一般案例的存档，它有一定（级别）保密性的内部文件性质。如明后期的大案如《刘东山招由》、《武定侯郭勋招供》（今均存藏于天一阁藏书楼）等均属这种情况。不过，作为"招议"，则还在"招供"的基础上有所审议，乃至定谳。

招议文本有严格的格式要求，详见"招议之式"。在明代的"招议之式"中除了如我们今天所说的招供材料的写作要求外，还有"议罪"先后顺序、引用律文以及处断方面如"照出纸价赎罪"等的格式要求。如对"议罪"的先后顺序、引用律文就作了如下规定："议罪，先凌迟，次斩、绞，次流、徒、杖、笞，从重入轻，各循次第，不必以招首之人为先矣。其律条各别而罪相同者并拟之，赃贯相同者亦并言之，不可重述。引用律文，可摘字不可添字，可减句不可倒句。若律文未备，该贯用别条或本条者，各以律贯引，不在添字倒句之限。"

由此可见，"招议之式"详尽周到，条贯谨严。对由此而形成的"招议"文本，既是司法档案，又是其后司法判断和司法文书格式的借鉴。此类招式见于《读律琐言》、《读律私笺》等书的附录。

12. 明《大诰》

明太祖朱元璋在洪武十八至二十年间发布《御制大诰》、《御制大诰续编》、《御制大诰三编》及《大诰武臣》等法律文件。

对此主要有两种说法，一种认为它是"例"，一种则认为它不是例，只是进行法制宣传的材料。明《大诰》四编包括案例、峻令和明太祖的"训戒"三方面的内容。其中所记案例156则，占四编《大诰》的三分之二。

朱元璋在《御制大诰三编》的序中指出："奸顽敢有不钦遵者，凡有所犯，比《诰》所禁者治之。"此外，在《大明会典》卷一七八《抄札》中有记云："二十八年奏准：抄札遣发《律》与《大诰》该载者宜从法司遵守。"《大诰》是在特定的历史时期所出现的一种特别刑法，它具有法律效力。

尽管朱元璋要求法司采用比照《大诰》的办法打击贪吏和奸民，但是它毕竟与常法不合；重典治政、律外用刑能逞凶一时而不能持久。即使说《大诰》中案例被比照、引用，有遵循先例之意，但它毕竟是个特例，在特殊的时期所采用的特殊手段而已，不能与常法同日而语。

13. 判例汇编

唐代有张鷟的《龙筋凤髓判》、白居易的"甲乙判"等。此外在王维的集子、《文苑英华》中也都保存有若干判例资料。但是，它们大半是为适应唐代科举策试所作。唐代科举又将书判的写作列为官吏考选的科目之一，考官据经典命题，虚拟案情，由应试者作"判"，从书判中"取其文理优长"者。

宋代的判例汇编集主要有《名公书判清明集》。书中收录的是朱熹、真德秀、吴潜、陈铧、赵汝腾、史弥坚、刘克庄、宋慈等28人所作的案牍判例。此书编者是崇安人幔亭曾孙，其真实姓名不详。此书约编于宋理宗景定二年（1261年）。此书为后人提供了丰富而完好的司法判例档案，它真实反映了当时商业货币经济繁荣、民事纠纷纷繁的现实状况，同时又是法例实施、适用刑罚的具体记录。下举《宋本名公书判清明集》"户婚门"中刘克庄所作的一例，标题是"女婿不应中分妻家财产"：

> 在法：父母已亡，儿女分产，女合得男之半，遗腹之男亦男也。周丙身后财产，合作三分，遗腹子得二分，细乙娘得一分，如此分析方合法意。李应龙为人子婿，妻家见有孤子，更不顾条法，不恤幼孤，辄将妻父膏腴田产与其族人，妄作妻父妻母标拨。天下岂有女婿中分妻家财产之理哉！县尉所引张乖崖三分与婿故事，即见行条令得男之半之意也。（以下略）

之所以引录这则判例，关键在于刘克庄在判案中采用了

"成案"，用成例作为审判的依据。他引以比照的先例是"张乖崖三分与婿故事"，此成例见《折狱龟鉴》卷八所附。①

不过，这则成案在应劭的《风俗通义》的佚文中已有其大概，可见后代受其影响之深。但无论如何刘克庄在判案中比照张咏旧事，其作用与引证律文同样重要。它是"遵循先例"原则的具体实施。刘克庄与张咏相距已有250多年；可见南宋时期地方官员断案并不回避兼用成例比附之法。但并不能因此而认为《清明集》就是用于成案比附的判例集，或者肯定它就是判例法的实证。这样，我们就有可能犯以偏盖全的错误。《清明集》为私人所编，是案例汇编性质的集子，我们借用刘克庄的话说，它只是有感于当时刑狱的腐败，编著案例，"姑存之以示子孙"②而已。尽管在明版《清明集》张四维的"叙"中引盛时选的话说"读律者必知此，庶几谳拟不谬"，但也只能说是有助于谳狱，可作为司法的参考罢了；其书既有宋刻，又有明刊、清刊的增刻本，一刻再刻，目的也仅止于此。

至于五代的《疑狱集》，宋代的《折狱龟鉴》、《棠阴比事》等书大多是案狱故事的编集，注重治狱经验和故事性的动人，从审判的角度看则更少成案比照的意义。

明清时期有李清的《折狱新语》、张肯堂的《䜤辞》、李渔的《资治新书》、蒯德模的《吴中判牍》、樊增祥的《樊山判牍》等。此外，特别要提到的是清代的刑案编集《刑案汇览》、《续增刑案汇览》、《刑案汇览续编》以及《新增刑案汇览》等。

① 又见《宋史》卷二九三《张咏传》。《宋史》本传上载："有民家子与姊婿讼家财。婿言妻父临终，此子裁三岁，故见命掌赀产；且有遗书，令异日以十之三与子，余七与婿。咏览之，索酒酹地，曰：'汝妻父，智人也，以子幼故托汝。苟以七与子，则子死汝手矣。'亟命以七给其子，余三给婿，人皆服其明断。"
② 《后村先生大全集》卷一九二、一九三的跋语。

　　沈家本在光绪二十五年（1899 年），拟编《刑案汇览三编》。然因时变，终未付梓。在其序文中说："《汇览》一书，固所以寻绎前人之成说以为要归，参考旧日之案情以为依据者也。"判例的汇编，无疑有利于执法官员深入理解律意，把握好定性量刑的尺度；有利于执法官员以前人判例为借鉴，从查阅、对照中取得经验乃至依据。无论是否官方编定，它所具有的司法解释实际价值是客观存在的。

（二）古代判例发微

　　经上述的收罗、整理和初步考察，可以将我国古代的判例形式分作如下四类：其一，判例法所用之成案，如《奏谳书》案例 3 所引"婢清亡之诸侯"案。其二，用作司法参考的一般判例，如宋《名公书判清明集》。其三，在实际判案基础上按需要略加改作的拟判，如上文所引"招拟"、"招议"。还有一种是不能看作判例的应试性、文学性拟判，如白居易的"甲乙判"等。

　　从总体上说，我国自古至明代之初都程度不同地采用过判例断案的方法。其间以先秦、秦汉时期和南宋时期为最突出。在初步了解我国古代判例生成、变化和发展历史的基础上，我们有以下几点认识：

1. 古代判例是中华法系的法源之一

　　以往，中华法系的法源问题研究者都以制定法为其一，封建帝王的诏敕为其二，并未把古判例当作法源看。其原因是学者的思维定势所使然。其实，从法学形态学的角度而言，古代判例作为中华法系的法源之一是合乎法学自身发展规律的。

　　纵观我国古代法制发展的历史进程，在制定法之前，判例就已经作为成例在用。上篇中所引述的"殷罚"故事、邦成就目前所见史料而言它们就早出于制定法形成之前，乃至于廷行事、决事比、比、故事、断例等的司法操作都无不证明判例作为法律渊源的事实存在。这是符合人们从感性到理性的认识规律的，我国古代文化中强烈的经验传统在这些地方也同样得到体现；如果说，我国法制史的开篇就出现了相对抽象的制定法倒反而叫人难以理解了。

毫无疑问，古代判例也是中华法系的法源之一；它贯穿于中国古代法制历史的始终，但在各个不同历史时期它的表现形式及其作用又呈现出各自不同的特点。

2. 古代判例在实际司法中与制定法同时运用，但是制定法始终占有主导地位

古代判例在实际司法中与制定法同时运用，但是制定法始终占有主导地位。在我国封建时代的后期，判例仅起着司法解释的作用，其作用主要是参考，而不是比照。

在睡虎地秦简《法律答问》的说明文字中指出：将判案成例"作为依据，反映出执法者根据以往判处的成例审理案件，当时已成为一种制度"。照此说法，我国秦代就兼用了判例法。在《法律答问》中出现"廷行事"13 则就是明证。13 则"廷行事"的情况可概括为以下四种情况：

（1）明确结论，言下之意可照此办理。如第 56 简："盗封啬夫何论？廷行事以伪写印。"指明假冒啬夫封印罪按成例当伪造官印论。又如第 66 简："求盗追捕罪人，罪人格杀求盗。问杀人者为贼杀人，且斗杀？斗杀人，廷行事为贼。"当前的犯罪为斗杀人，而成例的判处则为贼（害）杀人。确定犯罪性质稍有不同，但亦可行。再如第 149、150 简中说"廷行事赀一甲。"

说明处罚数量，言下之意可照此办理。

（2）用成例作具体说明。如第 148 简因债务强行扣押人质的，和双方同意质押的，都作"赀二甲"的处罚，用成例作解释说："廷行事强质人者论，予者不论；和受质者，予者□论。"按成例，强行扣押人质的应论罪，而自愿给人作人质的则不论罪；双方同意作押，自愿去给人作人质的也要论罪。照律本文都作"赀二甲"的处罚，但在成例中则对负债方自愿去给人作人质的则不论罪。不仅作了具体的说明，而且用成例加以补充。

（3）以成例作为定罪量刑的依据。如第 152 简对仓库管理不善的处罚是按鼠洞的多少和大小来量定的，成例已有明确规定。又如第 59、60 简就是两条"廷行事"，没有设问也没有引律，直接将成例列出，显然有可"照此办理"的意思，发挥与律同样的作用。

（4）用作参考。第 39 简对盗窃一百钱，控告他的人故意加了十钱，对控告者如何论处？《法律答问》解释说："当赀一盾，赀一盾合律。虽然，廷行事以不审论，赀二甲。"两种论处，一依"律"，一为成例，未下结论。

尽管如此，在《法律答问》中大量引用的则是律文，是对律文的解释，"廷行事"也只是作为律文解释的一部分；律是实际司法的主要依据，在《法律答问》中的"廷行事"是律的补充，与律具有同样的法律效力。

刘颂上书惠帝强调律文的权威性要求断法的画一，他说："又律法断罪，皆得以法律令正文；若无正文，依附名例断之；其正文、名例所不及，皆不论。"刘颂严肃法制的主张是有针对西晋灭亡以后所出现的法制衰败现状而言的。以至于在议罪之时，即使合于经传，合于"前比故事"，也"不得任情以破成法"。其后卫展也提出对不合情理的故事要进行考察、剔除的积极主张；这些晋故事之所以不合理是因为有些诏书已经过时。

明成化十五年发现坊刻本《会定现行律》108 条，此书"流传四方，未免误新进之士。"收缴毁版之后，按刑部尚书王恕的意见：自后断罪，悉依《大明律》及奏准见行事例。成化十六年给事中孙博上疏称：令法司大臣刊布累朝奏准条例，辅翼律令。当时的现行事例与奏准条例其实是一回事。它们是其后制定弘治问刑条例的基础。弘治问刑条例制定之后，在嘉靖七年"刑部尚书胡世宁请编断狱新例"，提出这样的意见，表明当时断狱很看重"例"，随着时势的发展，又有新编"断狱新例"的必要了。结果未得同意，"上命止依律文及弘治十三年钦定条例科断，不必更定"。①

在明正德年间又发生了这样一件事：

宦者刘瑾私制《见行事例》，这部现行事例以六部为序，是"创例编集"。媚刘者屈铨奏请颁行，未得允准；后由王云凤再请，"乃武宗亦竟诏下廷议，廷臣虽明知其不可而竟议行，但欲姑缓其事"。② 还未来得及刊布，刘瑾逆迹败露，于正德五年八月伏诛，所谓《见行事例》就此废弃。《明武宗实录》卷六六上说："创为新例，罪无轻重，类决杖永远戍边，或枷号发遣，枷数日辄死，数年死者殆数千人。"此例是成案还是条例至今已无法确定，但无论如何它说明了在立法、司法权问题上的争夺。也多少表明在"创例编集"是否必要的问题上，始终存在着两种不同的意见。

即使是明清时期由刑部官员编辑的案例汇编，即如卷帙浩繁

---

① （明）徐学聚撰：《国朝典汇》卷一八一《律令》。
② （清）夏燮撰：《明通鉴》，中华书局，1980，第 1611 页。

的《刑案汇览》及其续编，其编纂的目的也主要是折狱参考，而不是比照。在《刑案汇览》的鲍书芸序中说："天下刑名汇于刑部，凡直省题达各案，刑部详加核议，苟有可疑，必援彼证此，称物而类比之，剖析毫厘。律例之用，于是乎尽情与法皆两得矣。"在此书的《凡例》中明确指出："成案俱系例无专条援引、比附加减定拟之案。"对于成案的实用价值在于："例有未尽及情罪之未携者，则必稽之于案。前事为后事之师也。""遇有疑狱可资参证。"（《刑案汇览续编》庞钟璐序）由此可见，清代刑案的汇编集，其作用主要是弥补律例的不足，解决司法中的疑难。尽管当时的刑部侍郎薛允升亲自指导了《刑案汇览续编》的编辑，但是《汇览》及其续集始终未成为钦定的或者说是官方的法律文本。道光十四年（1834）许琏与熊璧臣"有《刑部比照加减成案》之刻"，刻致用丛书，也只是以"哀敬折狱"为宗旨。①

3. 古代判例严格遵循律例法意，定性量刑与律例相一致

古代判例严格遵循律例法意，定性量刑与律例相一致。但是，我国古代所采用的判例是不严格的判例法。

元苏天爵在《乞续编通制》一文中就说到，续编《通制》除了要避免前后的参差抵牾，而且"要在详书情犯，显言法意，通融不滞于一偏，明白可行于久远"。这里"详书情犯"的意思就不可能是指诏敕，也不仅是指条格，主要恐怕指的就是断例。

古代判例一般不明确须由某级官府制定，也未见中枢政府下令编纂或组织印发。并不如法理学上所说的那样，引用的判例必须是上级或由其认可的下级司法机关作出的不违背法律的判例。

---

① （清）许琏：《折狱龟鉴叙》。

从这个意义上说我国古代所采用的判例是不严格的判例法。

以明代为例。明初的刘基在他的《书苏伯修御史断狱记后》中说，当时的司法有这样一种风气，遇上疑难大案，往往就得去请教老成更事之人，他们的回答是："断狱必视成案，苟无其隙不得而更焉。"为此刘基大发感慨，反诘道："苟若是，乌用是审覆者为哉？"他肯定了苏公不拘成案，平反冤狱的功德。其他姑且不论，就从反面来理解这件事，表明当时拘于成案断狱是很普遍的现象。又如倪岳《会议》中也说到："其于审录之际，仍要留心详审，勿拘成案。……近该法司问拟，又皆拘执前例，或连引情轻人犯，俱问枷号充军，远近称冤。"说明当时法司参照先例审案不是个别事例，以致于在条例中要作出规范。

万历间的《大明律集解附例》卷二八"辨明冤枉"条下附有《新颁条例》称："今后每年照这例行，毋得拘泥成案，以辜朝廷好生之意。钦此。"这里的成案是指旧案、积案？须斟酌。

目前我们所能见到的判例汇编集都不是中枢政府下令编纂的，它们不可能作为法律文件颁发。除上文所提到的案例汇编的众多集子之外，还有：《例案》、《律例说帖》、《驳案新编》、《成案备考》、《西曹秋审汇案》、《详稿汇抄》、《嘉庆年各省案例请示》等。

4. 明清时期的条例是由历年成案发展而来

在上篇第 9 节附例中罗列出明弘治问刑条例中注明年月者，在这里略举一例，说明成案与条例的关系：

上篇第 9 节提到明弘治《问刑条例》的第 185 条，是有关仓库管理的条文。条文引有弘治三年二月二十三日的钦定事例。此事例的原题奏见《皇明条法事类纂》卷三二"刑部类"第 24款，原题奏如下：

一件，钦恤事。弘治三年二月内，贵州道发审犯人陈进贤系洪州旧堡仓场攒典，有犯该监守自盗斩罪，照例发落。该大理寺官奏，节奉圣旨：边境钱粮，民间上纳艰难。陈进贤盗粮千石以上、草万束以上，便斩首枭令，家属照例监追。这事情都察院还出榜于各边晓喻。钦此。钦遵回报到道，具呈都察院。陈进贤斩首枭令外，将紧关招罪出给榜文缘由。该右都御史屠等题，节该奉圣旨：是。今后各边有盗粮过四百石、草八百束、钱帛值银二百两的，不分文武职官吏典、斗库人等，都照陈进贤例，斩首示众。不及前数但该充军的，子孙永远该充军。钦此。遵行。

对照之后，我们发现：在弘治《问刑条例》中文字简约了，人名、地名也都隐去了，上升为条例，具有概括性，有普遍意义。而且，量刑也相对轻了一些。

再说，大多数的条例没有标明题奏或奏准日期，然而，它们也都是有所据的，依托于司法实践中的判例，他们将同类性质的司法判例汇集在一起，形成了"例"。今天我们看到的抄本《皇明条法事类纂》就是这样一份原始档案，让我们看到"例"，即明代问刑条例的来龙去脉。其历史价值也就在这里。再举《问刑条例·兵律·关津》"私出外境违禁下海"中的一例，此条条文是这样的：

各边将官并管军头目，及军民人等私出境外，钓豹、捕鹿、砍木、掘鼠等项，并把守之人知情故纵，该管里老、官旗、军吏扶同隐蔽者，除真犯死罪外，其余俱调发烟瘴地面，民人、里老为民，军丁充军，官旗军吏带俸食粮差操。

在《皇明条法事类纂》，其中一条是成化十七年五月二十五日都察院戴某所题，标题是"禁约军民私出境外并管军头目私役出境及把守之人纵放该管官旗人等扶同隐蔽例"。① 此条题奏全文约 1200 字。今摘其一部分，以见所依据的案例实况：

> ……近者河曲县民胡管粮私出外境采草，被虏拘执，伺虏往出抢掠，方得脱身逃回。除将本犯问罪监候外，窃料缘边军民为虏所执如胡管粮者不知将几，家属既不敢陈告，该管老头目又且相容隐。倘有桀黠不逞者，为虏所得，知匈奴之于卫律，赵元昊之于张六，用其谋计，扰我疆场，其为边患可胜言哉？……今后军民人等，但有私出境外，钓豹、捕鹿，及管军头目私役军人出境，砍木、掘鼠等项，事发俱问拟如律，奏请定夺。其把守之人知情故纵，及该管里老、军官、旗吏容隐不举扶同报官者，依律问拟，里老发烟瘴地面为民，军官、旗吏发烟瘴卫所带俸差操，其领军守备等官并都指挥有犯者，俱究问明白，监候奏闻区处。有能捕获告官者，就于犯人名下追银五两给与充赏。

将同类性质的历年题奏归并到一起，从中概括、提炼出具有普遍意义的条文来；这样做，条例的法律适用势必更符合实际。也正因为有这样的"例"，以致产生"以例破律"的忧虑。

清代条例的产生除沿用明例，或修改明例而成的外，与明代

---

① 《皇明条法事类纂》上册，收入《中国珍稀法律典籍集成》乙编，科学出版社，1994，第 720 页。

问刑条例的拟定过程是一样的。这些拟定过程可以参考《大清律例通考》一书。

5. 拟案为我国古代法典所采用，是法律解释的手段之一

在上篇中我们提到，采用假使案例作法律解释手段是中华法系的一个传统，直至明清乃至民国时期，这个传统在明清律例的注释和民国时期法律解释的文本中同样存在。如《大明律集解附例》"诬告"条下：

> 笞议得：赵甲所犯，若告钱乙将伊骂辱，得实。钱乙合坐以骂人律，笞一百。今虚依诬告人笞罪者加诬告罪二等律，笞三十；减等，笞二十，的决宁家。
>
> 杖议得：（从略）
>
> 死罪未决议得：（从略）
>
> 死罪已决议得：（从略）
>
> 反诬犯人议得：（从略）

以上所引皆具拟案性质，但具法律效力。作为半官方刻本的《大明律集解附例》将此类拟案列入，其用意无疑也是用作司法实践的参照。

民国时期还有采用拟案解释法律文本的，如《中华民国大理院解释例全文》一书中的"例"就是案例，有成例的记述，但也有隐去真实姓名而成拟判形式。

研究古代判例不能单纯用现代英美法系中的判例法来衡量，不能用它的判例原则作为我国古代判例的衡量判定原则，而应从中国古代的律学发展的实际出发，研究我国古代判例的特点、作用及其价值。

社会生活纷繁复杂、五花八门，所出现的各类案件也同样有它的复杂性和多样性，采用先前的判例，即使是很典型的案例，与以后发生的案件也总存有差别，有所不同，不同案例的比照是会很容易出现偏差的；何况社会不会停止不前，特别是现代社会的发展十分迅猛，新生案例可以说是层出不穷，无可逆料，那就更无比照可言。当然，英国判例法的存在和采用，自有它存在的理由和做法，很大程度上说，它是一种传统，是传统的英美法律文化所使然。

在英美法系中的判例法必须遵守"遵循先例"原则，判例被确认为对下级法院在审理同类案件时的法律依据，有法律的约束力。但是，在世界大多数国家里，判例并不能作为判案的依据。我国现行法律亦是。从司法实践中我们会发现判例法的采用存在问题，且又有它的长处，所以，近年来法学界也并不一味排斥判例法。探讨我国古代的判例法，从历史的武库中去认识乃至发掘传统法律文化中的有益成分是有意义的。①

---

① 最近，国家法官学校、人大法学院编辑出版了《中国审判案例要览》（1998 年刑事审判案例卷）、《中国审判案例要览》（1998 年民事审判案例卷）、《中国审判案例要览》（1998 年经济审判暨行政审判案例卷）三种判例汇编集。

三　问答式律注考析

日本学者堀毅在他的《秦汉法制史论考》"睡虎地秦墓竹简概要"一节中提到：秦简《法律答问》采用了问答形式，由此引出了法律解释上的微妙部分。这微妙部分是什么？著者特地加了注。在注里说日本法制史学会第 32 次总会讨论了《法律答问》和《春秋决狱》以及《唐律疏议》问答文的关系。① 看来日本学者很关注这个"问答文"的问题，问答文的关系引如下图。

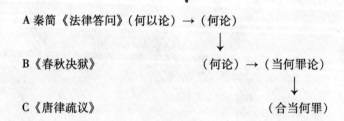

图1　《法律答问》、《春秋决狱》及《唐律疏议》问答文关系

由此得出结论："据此，就提高了历来受到怀疑的《春秋决

①〔日〕堀毅：《秦汉法制史论考》，法律出版社，1988，第9页。

狱》的史料价值"（按："决狱"被译作"治狱"）。日本法制史学会第32次总会讨论的详细情况还不清楚，先据所说的史料价值作一点考析，待见到有关会议材料以后再作补充或修正。据列图所示，试译其意如下：

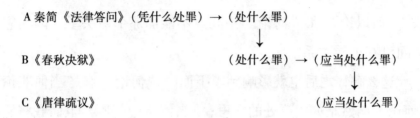

图2　问答文关系图试译

从列图看来，著者从上述三部书的比较中发掘出前后的继承、发展关系。也就是说在法律解释的逻辑上是深化了，在作法律解释的认识和技术上是提高了。是这样吗？

（一）问答文关系图试译之后

历史在发展，人的思维随之发展；作为统治工具的法律及其解释也随之有所发展乃至完善，这完全是合乎情理的事。

根据文意，我将秦简《法律答问》中的"何以论"和"何论"解释为"凭什么处罪"和"处什么罪"。其实，这样的解释并不反映《法律答问》的原意。《法律答问》第181支简（下文中的各支简序数据文物出版社1990年版《睡虎地秦墓竹简》第93页至第144页的释文编次）"邦亡来通钱过万，已复，后来盗而得，何以论之？以通钱。"此条中的"何以论之"是按什么论

处的意思，《睡虎地秦墓竹简》上意译作"应如何论处"。第
172 支简"同母异父相与奸，何论？弃市。"此条中的"何论"
也是应如何论处的意思。"何以论"和"何论"其实是同义的。

"何以论"中"何以"是介宾结构中宾语前置，"何论"是
疑问句中疑问代词前置的情况，都可以作如何论处解释。这么看
来，"何以论"和"何论"中间就不能加那个箭头了，因为它们
中间没有进层关系。

这么解释之后也就影响到了下面的"何论"和"当何罪论"。
"何论"当然是如何论处的意思；"当何罪论"呢？上面我将它译
作"应当处什么罪"，不又是同一个意思吗？对"当……论"的
解释用不着到《春秋决狱》中去找，在《法律答问》中就可以明
白见到。《法律答问》有"当论而端（故意）弗论"（第 93 支
简）、"当以告不审论"（第 96、97 支简）、"吏当论不当"（第
119 支简）等，句中"当"字作应当解，"当……论"就是"应
当处……罪"的意思；只是它没有用在疑问句中，没有与疑问代
词"何"搭配。这样一种语言现象可供语言学家研究。①

在《春秋决狱》中出现有"当何论"、"当何罪"等说法，
它的解释也只能是"应当处什么罪"。照这么说，《春秋决狱》
中"何论"和"当何罪论"之间也不能加那个箭头了，因为它
们中间也没有进层关系。至于《唐律疏议》中的"合当何罪"，
其义自见，就更不用说了。

由此可见，以上所列出的图是一种同义反复，不能说明什么

---

① 在汉语中"当"有相称、应当、正在等多个义项，而在古代汉语中"当"还可以作
"处其罪"讲。在《法律答问》中"当"不用于疑问句中，是不是因为"当"已经包含
有"处其罪"的意思（表肯定），就不能再用在疑问句中了。以后能用在疑问句中，这
是一种变化着的语言现象。

问题。笔者"试译其意"所列的图也只能说是一种曲解，不足信从。

（二）《春秋决狱》不起承上启下的作用

我想，出现上面同义反复现象的原因可能是译文上出了毛病。著者的愿意可能是从"犯什么罪"、"处什么刑"到"为什么处这个刑"这样的思路出发来考察上面这三部书的；或者反过来说是读了这三部书产生了这样的思路。当然这只是按一般思维习惯所作的推测。

下面我们不妨按此推测来看一看它们在"法律解释上的微妙部分"。这样，我不得不把上面的图作一下修正：

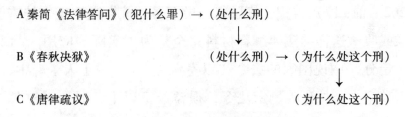

A 秦简《法律答问》（犯什么罪）→（处什么刑）

B《春秋决狱》　　　　　　　（处什么刑）→（为什么处这个刑）

C《唐律疏议》　　　　　　　　　　　　　（为什么处这个刑）

图 3　问答文关系图试译修正

因为在原著中作者强调了《春秋决狱》的史料价值问题，我想列这样一张图的主要意图恐怕也就在于肯定《春秋决狱》的影响，肯定它在法律解释学发展史上所起到的承上启下的重要作用。是这样吗？

毫无疑问，将这样三部书放在一起讨论是因为它们都采用了问答式，都与律注或说与法律解释有关。但是这只是一种形式，形式是由内容决定的。离开了内容来谈形式，那就有出现背离实在而走向虚妄的可能，对法律解释的历史研究徒劳无益。秦简《法律答问》与《春秋决狱》的写作背景、目的、特点、制作方式乃至它们的法律适用都有很大不同。从法律解释的发展看，它们之间没有承上启下的"微妙"关系可言。

秦简《法律答问》是我国法律解释学史上的开山之作，其律文可能制订在商鞅时期，而律文的解释则在秦称王之后。① 以笔者考察，《法律答问》中所依据的律大致就是秦昭王至秦始皇时期所制的律。这段时期大约有七八十年的时间。当时战国纷争，秦王正致力于统一中国的大业，增强军力、巩固新政权毫无疑问是当务之急，因此从《法律答问》中反映出秦律诸法合体、刑民不分的特点。在《法律答问》中有关"捕盗"、"斗殴"、"臧律"等刑事方面的内容不少，但是其中对有关民事方面的法律规范或规章制度也占有相当比重。睡虎地秦墓墓主喜（公元前262～前217）曾担任安陆御史的职务，实际监察工作的需要，抄录或收藏这样的法律解释材料完全是为了实际的应用。《商君书·定分》中说国家的法令"以室藏之"，一藏于天子殿中，一藏于禁室中，"有敢剟定法令，损益一字以上，罪死不赦"。而且，天下吏民欲知法令，皆问郡县法官。法官与吏和民构成互相牵掣的关系。《法律答问》倒好似吏民问法的记录。法官有解释法律的权力，但不能对法律有丝毫改动。法官解释有法律效力，但又不是国家明令颁布的文件。《法律答问》可看作是对秦律所作的司法实践中的解释。在答问中有不少地方采用了判案成例比照的办法来作答，这正体现了司法实践中法律解释的操作性特点。正因为如此，《法律答问》在明确刑罚适用的时候一般对为

① 《法律答问》竹简整理小组的说明。见《睡虎地秦墓竹简》，文物出版社，1978，第149页。

什么要加罪处刑不作说明，也无须对立法的依据作出说明，而只要指明怎样的罪名需要加罪、如何加法就行。

如：《法律答问》第1、2支简"害别徼而盗，加罪之"。对"加罪"作了解释，是捕盗者在背地里作盗犯罪，为此处以重刑。根据行盗人数和所盗财物的多少，处以"斩左止""黥以为城旦""黥劓以为城旦"等不同的刑罚；为什么要加罪处刑呢？不作说明。这里无须对立法的依据作出说明，而只要指明怎样的罪名需要加罪、如何加法。在这　支简中处断明白，分别不同情节作出不同的刑罚处断；这些不同的刑罚与后代的"刑等"相类。"五人盗，赃一钱以上，斩左止，又黥以为城旦；不盈五人，盗过六百六十钱，黥劓以为城旦；不盈六百六十到二百二十钱，黥为城旦；不盈二百二十以下到一钱，迁之。求盗比此。"分成四种情况，其刑处要件是行盗人数和赃物价值；五人是一条界线，六百六十钱、二百二十钱又是一条界线。说的是"害盗别徼而盗"，实际上"求盗比此"一语就点明了对所有捕盗者犯盗窃罪罪处的刑罚适用。

又如：第119支简有关"诬告"罪的法律解释："完城旦，以黥城旦诬人，何论？当黥。甲贼伤人，吏论以为斗伤人，吏当论不当？当谇。"前者是对他人的诬害理应受到反坐，后者则是"吏"执法者将杀伤人错判成斗殴伤人罪，重罪轻判，"吏"要不要处罪？应当斥责，用现代的话说就是要进行批评教育。这样就区分了当事人的不同身份，当事人的身份不同法律适用也有所不同。《法律答问》将这样两条放在一起，为的是要司法者分清诬告与错判的不同性质，处断当然也就不同。

而董仲舒的《春秋决狱》就完全不同了。董仲舒（约公元前179～前104年），河北广川人。少治《春秋》。景帝时为博士。武帝后以贤良对策，得重用，任江都相。后因言灾异下狱，不久赦出。后又为胶西王相。一生"以修学著书为事"，著有《春秋繁露》、《春秋决狱》等。董仲舒所处的时代正是汉初百废待兴之时，其罢黜百家、独尊儒术的主张正合乎时代发展的需要。董仲舒所著《春秋决狱》二百三十二事。《汉书》本传云："仲舒所著，皆明经本之意，及上疏条教，凡百二十三篇。"①"《春秋》之义行，则天下乱臣贼子惧焉。"②君权受之于天，主宰着臣民的生杀之权。董仲舒以《春秋》经义作为决狱断案的依据。在他的《春秋繁露·王道通三》中说："人主立于生杀之位，与天共持变化之势……天也，人主，一也。"《春秋繁露·精华》中又说："以贱伤贵者，逆节也，故鸣鼓而攻之，朱丝而胁之，为其不义也。此亦《春秋》之不畏强御也。"董仲舒《春秋决狱》，必本其事而原其志，也就是在考察犯罪事实的同时还要推究他的犯罪动机。问题是这种推究是以君权神授为主宰、《春秋》之义为标准的。这样做，背离了法律自身的特点和规律，离法理的逻辑解释远甚矣。与其说董仲舒对汉律在作司法解释，倒不如说他凭借法律解释的工具在作一种宣传。具体的例证见下文。

（三）《法律答问》与《春秋决狱》的不同

从形式上看，秦简《法律答问》和董仲舒的《春秋决狱》

---

① 《汉书》卷五六《董仲舒传》云："仲舒所著，皆明经本之意，及上疏条教，凡百二十三篇。而说《春秋》事得失，'闻举''蕃露''清明''竹林'之属，复数十篇，十余万言，皆传于后世。"可惜今已佚。中华书局，1962，第2525页。

② 《史记》卷四七《孔子世家》。

都采用了问答式，用明白晓畅的一问一答形式，来解释法律问题，通俗易懂，易为一般民众所接受，很好地起到了宣传法律、普及法律知识的作用。但是，两者在内容上有着根本不同性质的区别。

1. 前者为实例，后者多含虚拟成分。前者关于"不孝"案的处断仅是秦简《法律答问》中的一例，后者与此同类性质的案例在《春秋决狱》中占有较大比重

说前者仅是秦简《法律答问》中的　例，指的是第 102 支简。此支简关于"不孝"之子当论罪的条支简解释是这样的："免老告人以为不孝，谒杀，当三环之不？不当环，亟执勿失。"这是一则控告不孝的案例，提的是司法程序的问题。答复是不需要经过"三宥"的程序的。结果是"亟执勿失"，不要让他逃走了。在秦墓竹简的《封诊式》中还有一则相类的案子：某甲控告儿子丙不孝，令史前往捉拿，捉来后，"丞某讯丙，辞曰：'甲亲子，诚不孝甲所，毋它坐罪。'"丙供称：是甲的亲生儿子，也确实对甲不孝，没有其他犯罪记录。结果是如何处断的？没有说。① 显然，以上都是司法实践中碰到的实例。从采用"甲""乙"符号来代替姓名这一点看，事后经过了整理。意思是《法律答问》所涉内容的涵盖面相当广泛，而不仅是对"不孝"罪的有罪论定。上面所引二则都是实例。第 102 支简中老人要求判处不孝之子死刑；官府也当回事在办。虽然是说"亟执勿失"，但是没有交代处理的结果。《封诊式》上的案子也是这样，审讯后也没有交代处理的结果。这说明在司法实际中对"不孝"罪的论定和处理还有斟酌的余地，处刑相当谨慎。

_____

① 《睡虎地秦墓竹简》：《封诊式》，文物出版社，1978，第 263 页。

而董仲舒《春秋决狱》中的例子就不同了。

今据辑存的有限几段文字作些对照考析，例如《通典》卷六九载：

> 时有疑狱曰："甲无子，拾道旁弃儿乙养之以为子。及乙长，有罪杀人，以状语甲，甲藏匿乙，甲当何论？"仲舒断曰："甲无子，振活养乙，虽非所生，谁与易之。《诗》云：螟蛉有子，螺蠃负之。《春秋》之义，父为子隐。甲宜匿乙。而（一作诏）不当坐。"

> 甲有子乙以乞丙，乙后长大而丙所成育。甲因酒色谓乙曰："汝是吾子。"乙怒杖甲二十。甲以乙本是其子，不胜其忿，自告县官。仲舒断之曰："甲能生乙不能长育以丙，于义已绝矣；虽杖甲，不应坐。"

上面所举《春秋决狱》中的两个例子是用《春秋》大义来解释"窝藏"罪、"不孝"罪的：认为儿子杀了人，父亲把儿子藏匿起来，不应处罪；儿子打了父亲，但是因为没有负起养育的责任，被打了也白打，儿子无罪。如果这样两则案例发生在一般人之间，按汉代的法律是有罪错的，应该处罪；现在发生在父子之间处理就截然不同。为什么？因为它们与封建道德不符，与"经义"不符，正如班固所说"仲舒所著，皆明经本之意"。今天我们所能见到的《春秋决狱》的辑佚材料，基本上都像是这样的案例。在处断上董仲舒不分析律意，却用民歌总集《诗经》、历史书《春秋》上的材料来作引证，用今人的眼光来看虚拟的成分明显，荒谬之极。如果说这种宣传也可以说是法律解释的话，那么法律不就成了任人打扮的玩偶了吗？不过，在当时确是一桩新鲜事，大大的开阔了统治者们的眼界，法律也是可以用儒家解读"经义"的思维方式来加以解释的。这是儒家思想向法律渗透的表现，是法律儒家化的一次大运动。从汉初政治言，上文所引"《春秋》之义行，则天下乱臣贼子惧焉"一句表明，用《春秋》决狱，以"经义"司法，也正是董氏为武帝专制主义政治张本的一个组成部分。

2. 前者有普遍意义，后者强调的是特殊性；前者重在定罪量刑，后者多作儒家学说的附会

秦简《法律答问》第 63 支简："将上不仁邑里者而纵之，何论？当系作如其所纵，以须其得；有爵，作官府。"放走罪犯的，作何论处？应当按罪犯的罪行反坐，直到罪犯被捕获为止。如果是有爵位的人，则在官府服役。这是"纵囚"的犯罪行为，凡是犯纵囚罪的都可据此处断。在适用刑罚上，又有"有爵"与一般罪犯的区别。

《春秋决狱》中有这样一个例子："君猎得麑，使大夫持以归，大夫道见其母随而鸣，感而纵之。君慍，议罪未定。君病，恐死，欲托孤幼，乃觉之大夫其仁乎，遇麑以恩，况人乎，乃释之以为子傅。其议何如？董仲舒曰：'君子不麑不卵。大夫不谏，使持归，非也。然而中感母恩，难废君命，徙之可也。'"[①] 这显然是经作者演绎了的传说故事。大夫动以恻隐之心将小麑放走了，本欲定罪；后来反觉得大夫有仁爱之心，不仅放了他，而且还叫大夫担当他儿子的老师。对这样一件不足道的传说故事，董氏却小题大做，得出"徙之可也"的结论，莫名其妙！相同

---

① 辑佚自《六帖》二六。

内容的故事又见于《淮南子》卷一八《人间训》。① 用这样一个历史传说故事作为决狱的范例，岂不混淆了罪与非罪的界限。

由此可见，离开了案例的实际内容来讨论《春秋决狱》与《法律答问》在问答式律注方面的继承和发展，就未免有点唯形式的味道了。

（四）"当何罪论"的本意

"当何罪论"这句译文是有点问题的。著者的本意可能不是仅仅指应当判处什么罪，而是要说明为什么处这个罪的原因。例如：②

> 甲（甲下当有一"父"字）乙与丙争言相斗，丙以佩刀刺乙，甲即以杖击丙，误伤乙，甲当何论？或曰，殴父也，当枭首。论曰："臣愚以父子至亲也，闻其斗莫不有怵怅之心，扶杖而救之，非所以欲诟父也。《春秋》之义，许止父病，进药于其父而卒，君子原心，赦而不诛。甲非律所谓殴父，不当坐。"

据此，一般都把它看成是我国法制史上提出"原心论罪"原则的体现。在这则案例中，董仲舒引进《春秋》上许止进药

---

① 《淮南子》卷一八《人间训》。云："孟孙猎而得麑，使秦巴西持归烹之。麑母随之而啼，秦巴西弗忍，纵而予之。孟孙归求麑安在。秦巴西对曰：'其母随而啼，臣诚弗忍，窃而予之。'孟孙怒，逐秦巴西。居一年，取以为子傅。左右曰：'秦巴西有罪于君，今以为子傅何也？'孟孙曰：'夫一麑而不忍，又何况于人乎？'此谓有罪而益信者也。"

② 此则材料出于《太平御览》卷六四〇《董仲舒决狱》。与此则材料性质相同的"案狱"故事，见《礼记》卷二《檀弓》疏，云："《异义》云：妻甲，夫乙殴母，甲见乙殴母而杀乙。《公羊》说甲为姑讨夫，犹武王为天诛纣。郑驳之云：乙虽不孝，但殴之耳，杀之太甚……如郑此言，殴母，妻不得杀；若其杀母，妻得杀之。"

的历史材料，明白地提出了这样一个观点：断案定罪应当分析行为人的动机和目的，不能仅视客观行为和危害后果。这对"客观归罪"论来说是一个思想的飞跃。问题是它提出的依据是《春秋》，目的是以《春秋》之义为标准，用君权神授来主宰一切，当然司法也包括在内。

其实，在《法律答问》中"原心论罪"已经实践，有实例为证，且具有一般意义。如《法律答问》中常见"端"字，表示故意的意思。秦律已经明确犯罪动机为量罪判刑的依据之一。例如第43支简：

> 甲告乙盗牛若贼伤人，今乙不盗牛、不伤人，问甲何论？端为，为诬人；不端，为告不审。

甲控告乙，情况不实，对甲要不要处理？如果是故意的，作诬告论处；不是故意的，作为控告情况不实处理。此拟案的当事人是普通百姓，而对于执法者的"吏"来说又是怎样呢？第33、34支简中就针对"吏"违反了司法程序而出现误判的情节，司法解释是这样的：

> 吏为失刑罪；或端为，为不直。

一般的误判是一种过失，以用刑不当论罪；如果是故意的，则以不公论罪。至于具体的刑罚处断尚不清楚，这可能与所误判的案件性质包括罪行的轻重有直接关联；在量刑上是会发生困难的。在第38、39支简中在提到控告不实的犯罪时，对故意不实控告者的处罚就存在着分歧；好在《法律答问》将这种分歧作为司法解释写了下来，使我们对这个问题能看得更清楚一点。原文是这样的："（告人）盗百，即端盗加十钱，问告者何论？当赀一盾。赀一盾应律。虽然，廷行事以不审论，赀二甲。"此支简说的虽是普通百姓之间的故意不实控告，但对"吏"来说法理是同一的。控告者故意私加十钱，按秦律律文应处罚一盾；但是在以往的实际办案中则处罚二甲。有没有定论？没有。这个解释权好像是给了司法者了。

如果"当何罪论"的确是指"为什么处这个罪的原因"的话，那么解决这个问题也是不必依靠《春秋决狱》的，《法律答问》尽管没有明确说明"为什么"的问题，但是在实际的司法实践中诸如"原心论罪"之类的问题已经提出，或者正在解决的问题。

真正解决"为什么"，解决为什么处这个罪的原因这个问题，要推《唐律疏议》，这是公认的事实。①《唐律疏议》采用问答形式解答律文中的疑难问题，是我国法律解释学史上的重要贡献之一。《唐律》"疏议"中的设问和答疑共有 178 处，分布如下：名例 68 处，卫禁 7 处，职制 7 处，户婚 10 处，厩库 1 处，擅兴 1 处，贼盗 30 处，斗讼 30 处，诈伪 11 处，杂律 3 处，捕亡 5 处，断狱 5 处。设问答疑多寡不一，详略不同，所列的答问均视律注的实际需要而定，且重点突出。从问答条支简的数目就可以看出重点在名例、贼盗、斗讼律上，刑事犯罪行为无疑是历代封建统治者置于"法治"的首位。

例如《唐律疏议》卷一《名例》"七曰：不孝"下有问答：

---

① "汉律说"应该说是沿着秦《法律答问》继续发展的正道。秦汉时期法律解释学的兴旺发达，为《唐律》解释学奠定了基础。

　　问曰：依《贼盗律》"子孙于祖父母、父母求爱媚而厌
咒者，流二千里。"然厌魅、咒诅，罪无轻重，今诅为不
孝，未知厌入何条？答曰：厌咒虽复同文，理乃咒轻厌重。
但厌魅凡人则入"不道"。若咒诅者不入"十恶"。《名例》
云："其应入罪者，则举轻以明重。"然咒诅是轻，尚入
"不孝"，明知厌魅是重，理入此条。

同样性质的问答内容见《唐律疏议》卷一八《贼盗》"憎恶造厌
魅"条：

　　问曰：咒诅大功以上尊长、小功尊属，欲令疾苦，未知
合入"十恶"以否？答曰：疾苦之法，同于殴伤。谋殴大
功以上尊长、小功尊属，不入十恶。如其已疾苦，理同殴
法，便当"不睦"之条。

　　上面引证了《春秋决狱》与《唐律疏议》中的有关条支简，
虽然说他们同样是站在维护封建统治的立场上，从严格的封建礼
制和封建道德出发来解释法律与道德的关系，但是，很显然，他
们治狱思想和方法有显著的不同。其一，后者严格区别祖父母、
父母与大功以上尊长、小功尊属的亲疏关系和"不孝"、"不睦"
的不同内涵。这与我国封建社会历史的发展相同步，反映出封建
思想意识的深化以及儒家思想向法律领域的渗透。在《法律答
问》中对"不孝"犯罪行为的定罪还未有结论，而在《唐律疏
议》中"不孝"犯罪行为已经是法定的"十恶"之一，刑罚适
用与礼制结合得十分紧密，定罪量刑繁密如脂。其二，"为什么
处这个罪的原因"在《唐律疏议》的问答式律注中有所解决，

主要从法理上作出说明；当然也视答问的是否必要而定。上面二例中"举轻以明重"、"理同殴法"都表明法律适用的原则。因此，所谓的"合当何罪"这句译文恐怕也有点问题，"合当何罪"与"当何罪论"难以看出它们的区别；著者的本意可能不是仅仅指应当判处什么罪，而恰恰是要解决"为什么处这个罪的原因"的问题，或者说从怎样的角度来说明处罪的根据。其三，《唐律疏议》的问答式律注与"疏议"是一个完整的体系，相互依存，密不可分。在《名例》中会提到《贼盗》的问题，在理解《贼盗》"憎恶造厌魅"的时候又会联系到"十恶"来加以量定。再如，在《名例》"工乐杂户"的问答中直接引证了《贼盗》律文和注；在《卫禁》"宫殿作罢不出"的问答中说律虽无文却有注在，引注作了解答等都说明了这一点。而秦简《法律答问》和《春秋决狱》大都就事论事，无完整体系可言；虽然我们不能见到它们的全貌，但就凭所见做出如此推断，出入恐怕不会太大。

基于以上分析，我们认为：对堀毅得出的结论："据此，就提高了历来受到怀疑的《春秋决狱》的史料价值。"依然没有值得肯定的史料价值可言，特别是对法律解释学史的贡献来说毫无作为；即使是从问答的形式上看也仅是沿用对话而已，无多足取。

四　"汉律说"佚文辑考

汉魏时期律学家对汉律所作的注释、解说，我们统称之为"汉律说"，也包括汉令。汉律令尚须辑佚，何论汉律说；以全于对汉律说的研究甚少，其直接原因就在于存世的相关史料不多。《史记》、《汉书》诸注家偶尔引有汉"律说"，但所引汉律说又不注明是谁家言，所以，尽管史书上说"律有三家，其说各异"，说汉律注有叔孙宣、郭令卿、马融、郑玄等十数家，①然而至今仍无法加以确认。

随着汉律研究的深入，对汉律注的研究也必将会得到重视。在睡虎地秦简中有《法律答问》一部，是解释秦律的，有学者就此提出应将《法律答问》改成"秦律说"。②从对法律的解释角度说，是合适的。那么，"汉律说"的情况又怎样呢？至今还没有见到像《法律答问》那样丰富的律注史料的遗存。辑佚是唯一办法，也是汉律乃至汉律说研究者首先要做的事。

---

① 分别见《后汉书》卷四六《陈宠传》和《晋书》卷三〇《刑法志》。
② 李学勤：《失落的文明》，第一一六节《秦法律三种》。上海文艺出版社，1997，第255页。

（一）史注中的汉律说佚文

1. 明确为汉律说佚文者

《汉书》、《史记》注中明确注明为汉"律说"的共有 10 处，其中有 2 处是重复的，实际上是 9 条。其中 1 条出自张晏注、1 条出自晋灼注外，其余 7 条均为如淳注。如淳（生卒年月不详），三国时魏冯翊人，曾为陈郡丞，以注《汉书》名世。《汉书》注中明确为汉律说的佚文辑录如下（各条款后所标页码据二十四史中华书局版）：

（1）《汉书》卷四《文帝纪》："二千石遣都吏循行。"如淳注："《律说》：都吏，今督邮是也。闲惠晓事，即为文无害都吏。"（第 114 页）

【按】汉律有"无害都吏"一语，又见《后汉书·百官志》注。"今"是注律者所处的时代。督邮，位居属国都尉下，是督察诸县之过失而纠举之者。督邮主司察愆过，即西汉晚期所称的"公平吏"。

（2）《汉书》卷七《昭帝纪》："三年以前逋更赋未入者，皆勿收。"如淳注："《律说》：卒践更者，居也，居更县中五月乃更也。后从《尉律》，卒践更一月，休十一月也。"（第 230 页）

（3）《汉书》卷二九《沟洫志》："卒治河者为著外繇六月。"如淳注："《律说》：戍边一岁当罢，若有急，当留守六月。今以卒治河之故，复留六月。"（第 1689 页）

（4）《汉书》卷二九《沟洫志》："治河非受平贾者，为著外繇六月。"如淳注："《律说》：平贾一月，得钱二千。"（第

1690 页)

【按】以上2、3、4条的内容属同一性质。第2条注文同时见于《史记》。《史记》卷一二四《游侠列传》"每至践更，数过，吏弗求。"《集解》引如淳注："《律说》卒更、践更者，居县中五月乃更也。后从《尉律》，卒践更一月，休十一月也。"（第3186 页）文字略异。《昭帝纪》注中"居也"及"居更"之"更"字，衍。又，《汉书》卷三五《吴王濞传》"卒践更，辄予平贾"句，服虔注："以当为更卒，出钱三百，谓之过更。自行为卒，谓之践更。吴王欲得民心，为卒者顾其庸，随时月与平贾也。"晋灼云："谓借人自代为卒者，官为出钱，顾其时庸平贾也。"（第1905 页）对卒更、践更、过更的理解，注家说法并不一致；卒践更的具体内容与汉初也已有不同。

《尉律》，汉律律目名，又见于《说文序》。从以上律注可见《尉律》内容与廷尉之职无甚关系。廷尉属秦官，秦简有《尉杂律》一目。

（5）《汉书》卷一四《诸侯王表》："设附益之法。"张晏注曰："律郑氏说，封诸侯过限曰附益。或曰阿媚王侯，有重法也。"（第396 页）

【按】此是唯一注明姓氏的汉律说注文。有说此注者为郑玄，也有说姓郑的并不一定就是郑玄。[1]

《礼·月令》："是察阿党，则罪无有掩蔽。"郑注："阿党谓治狱吏以私恩曲挠相为也。"阿党指司法官员的营私曲断行为。

---

[1]　一说不知其名，一说郑德。见颜师古《汉书叙例》。又，在这条"郑氏说"之下，颜师古作注云："附益者盖取孔子云'求也为之聚敛而附益之'之义也，皆背正法而厚于私家也。"与郑氏注文的说法不同。《汉书》卷一四《诸侯王表》。

沈家本疑此亦当时律说。① 的确，此条注与附益条可并在一起。从既对《礼》作注，又给汉律作过注的郑氏而言，很可能就出于郑玄章句。《汉书》卷三八《高五王传》"左官附益阿党之法设。"师古注："皆新制律令之条也。"（第 2002 页）指吴楚七国之乱后补充的律文。

（6）《汉书》卷一七《功臣表》："（新畤侯赵弟）坐为太常鞠狱不实，入钱百万赎死，而完为城旦。"晋灼曰："《律说》：出罪为故纵，入罪为故不直。"（第 662 页）

【按】又，《赵广汉传》："下广汉廷尉狱，又坐贼杀不辜，鞠狱故不以实，擅斥除骑士乏军兴数罪。"在汉时的司法实践中，"鞠狱不实"、"鞠狱故不以实"是一种罪名。按《唐律》，此条可归入"官司出入人罪"条。

睡虎地秦简《法律答问》："论狱何谓不直？何谓纵囚？罪当重而端（故意）轻之，当轻而端重之，是谓不直。当论而端弗论，及易（轻）其罪，端令不致，论出之，是谓纵囚。"与上引汉律说的解释不同。表明法律用语也不是凝固不变的，它随时代的发展，其意义也起了变化。

（7）《史记》卷六《秦始皇本纪》："轻者为鬼薪。"《集解》引如淳注："《律说》鬼薪作三岁。"（第 229 页）

【按】鬼薪，在秦时为终身刑，或者称之为未定刑期的刑罚。而如如淳称鬼薪为三岁刑，是汉时的刑期。由此可见，秦至汉刑法制度已有了变化，用汉律说去解释秦律有所不妥；也正是这种刑制上的不同，反证如淳注引的《律说》就是汉律说。

（8）《史记》卷六《秦始皇本纪》："令下三十日不烧，黥

---

① （清）沈家本撰：《历代刑法考》第 3 册，《汉律摭遗》卷四，中华书局，1985，第 1448 页。

为城旦。"《集解》引如如淳注："《律说》'论决为髡钳，输边筑长城，昼日伺寇虏，夜暮筑长城。'城旦四岁刑。"（第255页）

【按】与上述（7）相类，"黥为城旦"是秦法，而"城旦四岁刑"则是汉律说，用汉律说去解释秦律有所不妥。《律说》所引"筑长城"20字，不像是注释文字，更非汉律说可言；很可能是汉乐府的遗诗。① 汉乐府多五言，句式也多反复。《后汉书》卷二《明帝纪》所引注文仅写"城旦者，昼日伺寇虏，夜暮筑长城"后二句，可见，后人对此注文已表示出怀疑，作了修正。在这里"四岁刑"二字被删去了，可见后人对秦汉刑制的区分尚清楚。

除以上明确为汉"律说"的8款注文外，还有1条也可视作"律说"原文的，如：

（9）《汉书》卷一二《平帝纪》："天下女徒已论，归家，顾山钱月三百。"如如淳注："已论者，罪已定也。《令甲》：女子犯罪，作如徒六月，顾山遣归。《说》以为：当于山伐木，听使人钱顾功直，故谓之顾山。"（第351页）

【按】此处一"说"字，笔者给它加上了书名号，表示它可能是律的解释文字，是汉律说的内容之一。对"顾山"一词的解释，又见《后汉书》卷一《光武帝纪》注，注云："《令甲》，女子犯徒遣归家，每月出钱顾人于山伐木，名曰顾山。"此令文与上引注释文字略有出入，《令甲》正文应是"女子犯罪，作如徒六月，顾山遣归"。《后汉书》李贤注将令文与注文搅混在了一起。

---

① 1977年秦陵附近出土秦代错金甬钟，钟柄上刻有"乐府"二字。又，秦封泥中见有"乐府丞印"。据此，汉乐府创于汉武帝之说被彻底推翻。

2. 可推定为汉律说佚文者

在古书中，古人引律文和律注往往不分，以至今人难于分别。如《汉旧仪》与《汉仪注》至今就很难区分。有时会出现错简，注文当作原文一并被传抄了下来，这样的例子也不少见。① 下面我们从《汉书》的注中梳理出若干以律文形式出现，却实际上可视为汉律注文的条款有 8 处。

（1）《高帝纪》："横惧，乘传诣洛阳。"如淳注："《律》：四马高足为置传，四马中足为驰传，四马下足为乘传，一马二马为昭传急者乘一乘传。"（第 57 页）

（2）《文帝纪》："臣谨请阴安侯顷王后。"如淳注："案《汉祠令》，阴安侯高侯嫂也。"（第 109 页）

（3）《宣帝纪》："饥寒瘐死狱中。"如淳注："《律》：囚以饥寒而死曰瘐。"（第 253 页）

（4）《平帝纪》："在所为驾一封诏传。"如淳注："《律》，诸当乘传及发驾置传者，皆持尺五寸木传信，封以御史大夫印章。……诏传两马再封之，一马一封也。"（第 359 页）

（5）《功臣表》："（浩侯王恢）当死，赎罪免。"如淳注："《律》，矫诏大害，要斩。有矫诏害、矫诏不害。"（第 660 页）

（6）《吴王濞传》："使人为秋清。"孟康曰："《律》：春曰朝，秋曰请，如古诸侯朝聘也。"（第 1905 页）

（7）《汲黯传》："令黯以诸侯相秩淮阳。"如淳注："诸侯王相在郡守上，秩真二千石。《律》，真二千石月得百五十斛，

---

① 如张建国《帝制时代与中国法》论证了《汉书》卷二三《刑法志》中"鬼薪白粲满三岁，为隶臣；隶臣一岁，免为庶人"一句注文实为正文的问题。见该书第 197 页，法律出版社，1999。又如：在李人鉴著《太史公书校读记》中，著者论证了《始皇本纪》中"以秦昭王四十八年正月生于邯郸"一句实为后人插注误植之辞。见该书第 123 页，甘肃人民出版社，1998。

岁凡得千八百石耳。二千石月得百二十斛,岁凡得一千四百四十石耳。"（第2323页）

（8）《平当传》："赐君养牛一,上尊酒十石。"如淳注："《律》,稻米一斗得酒一斗为上尊。稷米一斗得酒一斗为中尊,粟米一斗得酒一斗为下尊。"（第3051页）

将以上8处推定为汉律说佚文的主要依据还是这样两条:一、与汉律令直接相关;二、文句的表达具有注释性质。

此外,在其他史书的注文中偶有引律注者。如（页码据十三经注疏本）:

（9）《左传》卷二一《宣三年》："文王报郑子之妃,曰陈伪。"杜预注："《汉律》淫季父之妻曰报。"（第1868页）

【按】以上名为《汉律》,实是汉律注。

（10）《周礼》卷二二《春官·冢人》："以爵等为丘封之度,与其树数。"郑注："别尊卑也。王公曰丘,诸臣曰封。《汉律》曰:列侯坟高四丈,关内侯以下至庶人各有差。"（第786页）

（11）《周礼》卷三七《秋官·庶氏》："毒蛊",郑注："毒蛊,虫〔蛊〕物而病害人者。《贼律》曰:敢蛊人及教令者,弃市。"（第888页）

（12）《礼记》卷一二《内则》："三牲用薮。"郑注："薮,煎茱萸也。《汉律》会稽献焉。"（第1466页）

【按】这里的三条郑注可视为郑玄的注律文字。加上上文提到的"律郑氏说"1条,共见4条。郑玄（公元127~200年）,东汉经学家,年轻时曾为乡啬夫,掌听讼,收赋税。师从马融,通习经传,据史载他曾为《汉律》作过"章句"。朱熹《朱子类语》卷八七有云:"郑康成是个好人,考礼名数大有功。事事都理会得。如汉律令，亦皆有注，尽有许多精力。"郑氏"汉律说"在此凡4见，是为其"章句"残文。

（二）简牍中的汉律说佚文

日本学者大庭脩《秦汉法制史研究》第二篇第二章中有"律说的佚文"一节。在这一节里，作者指出敦煌沙畹404号简中的律说佚文。原简文是这样的："行者若许多受赇以枉法皆坐臧为盗没入□□□行言者本行职□也。"认为这一律是"行言许受赂"条。简文中"受赇以枉法"一句与《晋书》卷三〇《刑法志》所引《魏新律序略》中的"受财枉法"相类似："受所监，受财枉法。"但是，又指出"赇"与"财"不同。颜师古注中云："赇言受人财者，枉曲正法。"作"赇"字，与简文相同。又，简文中所缺三字之下的内容是上文的解释。

也就是说在简牍文献中也存有"律说"佚文，这里"行言者，本行职□也"一句就是。

关于"受赇以枉法，皆坐臧为盗"律文，可以为证而作补充的，如《汉书》卷一八《外戚恩泽表》如淳注："《律》，诸为人请求于吏以枉法，而事已行为听行者，皆为司寇。"又，张家山汉简《二年律令》有"受赇以枉法，及行赇者皆坐其赃为盗。罪重于盗者，以重论之"（第60简）一条。

由此给我们以启示，在简牍文献中若是具备了这样两个条件，就可以做出如下推断：其一，敦煌沙畹404号简的前半部分已确定为汉律律文，进而推断出后半部分是汉律说；其二，之所以推定它是汉律的解释文字，主要是从它的判断句式看出来的。

（三）《汉仪注》中的汉律说佚文

世传东汉卫宏著有《汉旧仪》一书，此书主要为记载汉代官制及典章仪式。传世本有据《永乐大典》辑录的《四库全书》本。今《汉书》如淳注中多引《汉仪注》，此注可能并非是《汉旧仪》的旧注文，因为我们将它们与《汉旧仪》作了对照，文字大多相近。由此看来，很早的时候起，《汉旧仪》的原文与注文就搅混在一起了。正如孙星衍在"叙录"中说："魏晋唐人引《汉仪注》，悉是此书。今不复分别。"①

《汉书》引《汉仪注》的注文有 13 处，其中有 2 处所引《汉仪注》是作为《汉律》律文的注释而被引用的，可以看作为汉律说的佚文；从这一点上也能看到《汉仪注》或《汉旧仪》与汉律的联系是密切的，在特定的范围和时期内有法律效力：

（1）《高帝纪》："萧何发关中老弱未傅者悉诣军。"如淳注："《律》：年二十三傅之畴官，各从其父畴〔内〕学之，高不满六尺二寸以下为罢癃。《汉仪注》云'民年二十三为正，一岁为卫士，一岁为材官骑士，习射御骑驰战陈。"（第 37 页）

【按】傅籍的年龄在睡虎地秦简和张家山汉简《二年律令》中的记载都与此略有不同，据此可作比较。

（2）《百官公卿表》："（少府）属官。"如淳注："若卢，官名也，藏兵器。《品令》曰若卢郎中二十人，主弩射。《汉仪注》有若卢狱令，主治库兵将相大臣。"（第 732 页）

【按】若卢，建武时废，永元时复置。《品令》即《官品

① 《汉旧仪》有纪昀、孙星衍、王仁俊三种辑本。文渊阁四库全书本由孙氏校，并加辑补。在"叙录"中称："《永乐大典》本所存原注，仍以小字书之。"

令》，属行政规章之列。

其他如淳所引《汉仪注》因未直接与汉律律文相联系，暂时不作汉律说佚文看。

（3）《后汉书》中引有《汉仪注》的注文有 4 处，其中 1 处与上引《百官公卿表》一条直接相关，见《陈宠传》"又上除蚕室刑"句。李贤注作："《汉旧仪》注曰：少府若卢狱有蚕室。"（第 1556 页）蚕室，宫刑的狱名。

【按】可补上引注文之所阙。

再有一条值得注意：

（4）《皇后纪》："汉法常因八月算人。"李贤注作："《汉旧仪》注曰：八月初为算赋，故曰算人。"（第 400 页）

【按】这里说的是"汉法"，不称汉律，也不称汉令，可见它与汉律令有所不同；其不同可能在内容上。跟这一条相关的，我们还可以把《汉书》注中所引的《汉仪注》拿来作为补充，使之更其完整。在《汉书》卷一《高帝纪》"初为算赋"句如淳注中则引："《汉仪注》，民年十五以上至五十六出赋钱，人百二十为一算，为治库兵车马。"又，《汉书》卷七《昭帝纪》"毋收四年、五年口赋"句如淳注中又引："《汉仪注》，民年七岁至十四出口赋钱，人二十三。二十钱以食天子，其三钱者，武帝加口钱以补车骑马。"① 此两处《汉仪注》引文均与现存《汉旧仪》文大致相同。从这一例子我们是不是能得出这样的结论：《汉仪注》或《汉旧仪》中有关赋税的内容属于汉法，但是并未归入正律。

---

① 《说文》"赀"字条下云："《汉律》民不繇，赀钱二十三。"与文中所引《汉仪注》言口赋钱合。

（四）古字书中的汉律说佚文

古字书，如许慎《说文解字》、郭璞《尔雅注》等书中都引有汉律的文字，是否能从中勾稽出有关汉律说佚文，也是件很有意思的事。前人做过这方面的工作，但只是以勾稽汉律律文为目的，并没有用律说的视角来看。

以《说文》为例，全书引汉律令凡 21 处，其中注明是律令的 1 处，是汉律的 14 处，是汉令的 6 处。可见许慎对律令的注是相当的重视。所引 21 处均未注明律目名称，唯在序中有"尉律"一目。所引 21 处中笔者以为是汉律说佚文的有这样几条（所附页码据《说文解字注》，上海古籍出版社 1981 年版）：

（1）《汉律》：祠秕司命。（示部，第 5 页）

（2）《汉律》：会稽献藗一斗。（艸部，第 43 页）

【按】《说文》鱼部"鲒"字条下另引有"《汉律》，会稽郡献鲒酱二斗"一句。此句与上引"会稽献藗一斗"同为《汉律》律文。许慎解释"藗"字说，"藗，煎茱萸。"正是郑玄注文所引用的，（见上文）在引用中郑玄将"一斗"改作了"焉"字。古人在引律令条文时并不如我们想象中的那么严谨；或则这本身就不是律令原文而是注。具体记载会稽郡所献物，只是个案，如若将它看作为律条，似与律文体例也不合。

（3）《汉律令》：箄，小匡也。（竹部，第 192 页）

【按】很明显，这不是律令文，而是注文。含"箄"字的汉律令文，至今未见。

（4）《汉令》：解衣而耕谓之襄。（衣部，第 394 页）

（5）《汉律》：名船方长为舳舻。（舟部，第 403 页）

（6）《汉律》：齐民与妻婢奸曰姘。（女部，第625页）

（7）《汉律》：祠宗庙丹书告也。（糸部，第648页）

（8）《汉律》：绮丝数谓之绌。布谓之总。绶组谓之首。（糸部，第648页）

（9）《汉律》：赐衣者缦表白里。（糸部，第649页）

除以上9条外，还有引"汉律令"者，因其引文可能直接引自条文，故暂时不作律注看。不过，从上面许慎对"菝"字解释，"菝，煎茱萸。"完全出于郑玄的律注来看，我们是否能得出这样的结论：引以汉律令的字条，其字义解释，即与汉律注同或出于汉律注。虽然，我们不将它们看作律注文字，但还是附在注中（标序为10至21），供同好者参考研究。①

（五）张斐《律注表》中所谓的汉律说佚文

张斐《律注表》是为《晋律》注而作的表文，在这篇表文中保存有汉律及汉律说的资料，这已成学界共识。为辑佚汉律说，沈家本在《汉律摭遗》卷二〇中就认为："张斐亦为《律注表》上之，其所称律义之较名凡二十，似皆汉人章句之旧文。"

---

① 接上文编序：10. 趚，距也。《汉令》曰"趚张百人"。11. 厤，《汉令》高。12. 殊，一曰断也。《汉令》曰"蛮夷长有罪当殊之"。13. 赀，小罚。以罪自赎也。《汉律》"民不繇，赀钱二十三"。14. 挐，《汉令》"有挐长"。15. 狖兽，无前足。《汉律》"能捕豺狖，购钱百"。16. 潜，所以邕水也。《汉律》曰"及其门首洒潜"。17. 鲒，蚌也。《汉律》"会稽郡献鲒酱二斗"。18. 威，姑也。《汉律》"妇告威姑"。19. 姅，妇人污也。《汉律》曰"见姅变，不得侍祠"。20. 缬，绊前两足也。《汉令》："蛮夷卒有缬"。（段注认为所引令有缺文，当为"蛮夷卒有罪，当缬之"）。《奏谳书》第二一则有秦律令云："铁缬其足。"即戴铁镣。21. 曒，烧穜也。《汉律》"曒田茠艸"。在《尔雅》"释兽"中有这样一条："熊虎丑，其子，狗。"郭璞注云："律曰：捕虎一，购钱三千，其狗半之。"有称此引律为汉律，恐未必；很可能是晋律。郭璞（公元276~324年），晋时人，引当时律文合于常情。当然，晋律多承袭汉律处，同于汉律律文也是可能的；此条正与上文《说文》第15条的内容相近。

当然，这里有一个"似"字，只是可能，不能确定。他从中举了4个例子：

1. 知而犯之谓之故者

沈氏云："《淮南子·氾论训》：'勒问其故。'高诱注，故，意也。《国语·楚语》'夫其有故。'韦昭注，故犹意也。夫曰意者，有意之谓，即知而犯之谓也。"区分故意犯罪与过失犯罪的不同。

2. 不意误犯谓之过失者

沈氏云："不意误犯谓之过失者。《地官·调人》：'凡过而杀伤人者，以民成之。'郑注，过，无本意也。"无本意即不意也。沈家本又认为，"不意误犯"本于郑氏章句，只是"无本意"的解释很含浑。而且，"不意误犯"中的"误"恐为晋人所改。

3. 逆节绝理谓之不道者

沈氏云："《广川王去传》：'议者皆以为去逆节绝理，大恶。'仍重大恶者，大恶，不道也。"

4. 取非其物谓之盗者

沈氏云："《谷梁·定八年传》：'非其所取而取之谓之盗。'又，《哀四年传》：'非所取而取之谓之盗。'取其非物，即非所取而取之谓也。"

如果我们用宽泛一点的眼光来看待汉律注的话，将上列4款甚或20"律义之较名"者看成是汉律章句或汉律说，那都是可以的。但是，它们毕竟是张斐为晋律所作注的表文，并未明确它们就是针对汉律而言，正因为它们与汉律无直接的关联，仅因释义与汉律的注文可能相近就贸然视作为汉人章句之旧，理由恐怕是不够充分的。沈氏所加按语，只是字义解释的书证，不能证明它们就是汉律注文。又从如此整齐的句式看，也与本文第一部分中所列明确的汉律说有明显不同。为此，可以较肯定地说，它们不是原汉律说的遗文。

（六）结语

汉律说的辑佚是研究汉律法律解释的基础。这个基础对汉律的研究至关重要。秦简《法律答问》的出土为秦律法律解释，无论是立法解释还是司法解释，都开辟了广阔的研究空间，在秦律法律术语的解释、律意的解析、法律解释的手段等方面提供给今人以极其丰富的素材。然而，在汉律法律解释的研究方面却是相对的薄弱。董仲舒的《春秋决狱》是汉代法律解释的一个重要方面，但即使是《春秋决狱》，也还只是残编断章，又多"经学"的成分，很难了解汉律法律解释的真实面貌。笔者以为，唯有"汉律说"才是汉律解释的主体，才是解析汉律律意的最可靠的依据，这也正是写作本文的目的所在。写作的体会是：

（1）汉律说佚文散见于各类古文献中，包括出土简帛。

（2）从已辑出的汉律说佚文看，汉律律文与注文时常是搅混在一起的。

（3）汉律说辑佚的主要根据有两条：其一与汉律律文直接相关；其二汉律说的文句具有较强的解释性质。

五　《春秋决狱》考续貂

　　法史学界对董仲舒的《春秋决狱》历来很重视。有关《春秋决狱》的资料也大多已经得到了发掘，如程树德在他的《九朝律考》中就单列"春秋决狱考"一节，沈家本在他的《历代刑法考·律令二》中写有"董仲舒治狱"、在《汉律撫遗》卷二二"春秋断狱"中辑有《春秋决狱》的佚文，等等。有关的论析文章也发表过不少，据《春秋决狱》探讨董仲舒的法律思想。既然如此，何以再要续貂，作所谓的考证？其原因是笔者在研究《春秋决狱》与司法解释的关系时，发现有些基本问题尚未解决，诸如《春秋决狱》的书名、篇数、作者以及佚文的体式、内容等，尽管有些问题前人曾提到过，但没有作过深入的探究，没有解决。笔者以为，虽然有些问题可能永远也不能彻底解决，但还是应该将一些疑点提出来，疑义与析，或许经过多角度的排比、分析，会作出比较合乎历史真实的推断。

　　本文提出的主要观点是：董仲舒《春秋决狱》当初并未成书，充其量16篇，且大多失于汉末；《春秋决〔断〕狱》的整理当出自应劭之手。

（一）书名、篇数

从书目著录和有关史书上的记载看，《春秋决狱》的书名、篇数是不确定的。为清楚起见，将各种著录名目分条罗列如下：

（1）《公羊董仲舒治狱》十六篇。（《汉书》卷三〇《艺文志》春秋家类）

（2）《春秋断狱》五卷。（阮孝绪《七录》）

（3）《春秋决事》十卷，董仲舒撰。（《隋书》卷三二《经籍志》春秋类）

（4）《春秋决狱》十卷，董仲舒撰。（《旧唐书》卷四七《经籍志》法家类）

（5）董仲舒《春秋决狱》十卷黄氏正。（《新唐书》卷五九《艺文志》法家类）

（6）《春秋决事比》并十卷，原释汉董仲舒撰。（《崇文总目》，《文献通考》无卷数）

（7）董仲舒《春秋决事》一作"狱"，十卷。丁氏平，黄氏正。（《宋史》卷二五〇《艺文志》法家类）

这么看来，《春秋决狱》的书名至少有 5 种，我们通常用的书名《春秋决狱》，仅是其中之一。[①] 虽然大同小异，但从不同的书名中是不是我们也应该思考这样两个问题：第一，不同的书名有哪些细微差别；第二，书名的不同说明了什么。

公羊与春秋，二者能否划上等号？能，所说的春秋特指《公羊春秋传》。《史记》上说得明白："故汉兴，至于五世之间，

---

① 沈家本在《汉律摭遗》卷二二"春秋断狱"一节的按语中说：《春秋决狱》与《春秋决事》"是一书而二名也"。《历代刑法考》，中华书局，1985，第 1772 页。

唯董仲舒名为明于《春秋》，其传'公羊氏'也。"（《儒林列传》）

决事与决狱，二者能否划上等号？不能，决事的范围显然要大于决狱；称决事，那么《春秋决事》中一定还包括除治狱外的一般事件。如《汉书》卷七一《隽不疑传》上引用蒯聩违命出奔，辄距而不纳的事，《春秋》上对它是肯定的。在宋人王应麟《困学纪闻》卷七上看做为"以《春秋》决事"，这是对的。在《汉书》上隽不疑则将此作为处断卫太子回长安事的历史根据，薛允升将它列入"汉以《春秋》决狱之例"，也不错。但二者的区别明显，一是事，一是狱。不过，古人是否有将此二者统而言之的情况？也是很有可能的，在具体说到《春秋决狱》的篇数时，史书上有说 232 事，此一"事"字是否就指案狱，还是只指事件，或者既指一般事件，也包括案狱，二者兼而有之？那就含混了。这种史传上出现的含混，正是书名与内容存有不一致的反映。

决事比与决狱，决事比是指"依旧事断之，其无条取类以决之"，[①] 也就是在无律条可依据的情况下，用审判同类案件的成案作比照；显然它与一般的按制定法断案的方法不同，它们的司法功能也有所不同。书名中出现"决事比"最早见于《崇文书目》，是为宋代；将"决狱"改写成"决事比"是宋人擅改所致，将二者混为一谈是不妥的。

篇名中存在这些细微的差别，我们当然不应小视它。从这些差别中，至少可以看出编书者的断狱指导思想、所编书的内容范围以及它在实际司法中的作用大小等问题。

---

① 《周礼》卷三四《秋官·大司寇》："邦成"贾公彦疏。见《十三经注疏》，中华书局，影印本，第 871 页。

　　一部书的书名有 5 种，有点异乎寻常。之所以出现这样许多不同，不能一概把它说成是讹传或误抄。《春秋繁露》同样是董仲舒的著作，自古及今，何以从未有异变。其中原因很可能是《春秋决狱》一书本身的不确定性造成的。这种不确定性也反映在它的篇数的不确定上。

　　上面所列出的篇数有的称篇，有的称卷，共有 4 种不同的篇数或卷数：十六篇、五卷、十卷和并十卷。并十卷与十卷应该有所不同，但是不知它与谁"并"在一起算。篇，《说文》云："篇，书也。"段注："书，著也，著于简牍者也。亦谓之篇，古曰篇，汉人亦曰卷。卷者，缣帛可卷也。"但在汉初用以写作的书写材料主要还是简牍，其后成"卷"，卷数相对篇数来说肯定会起变化，是否是因为反复传抄的关系卷数才起了变化，不得而知。但是，我们还比较信从《汉书》的记载：十六篇。因为它是最早的汉代人的著录。不过当时还没有正式成书，连书名还没有确定，暂且被叫作"公羊董仲舒治狱"，这是班固的主意；将思想、作者和内容杂糅在一起，不像书名。

　　另外，又有说《春秋决狱》凡 232 事（《后汉书》卷四八《应劭传》）。异说纷纭，莫衷一是。十六篇中是否合计有 232 事，也很难说。这一点，下文我们还将谈到。

　　《崇文总目》卷一称：《春秋决事比》十卷，原释汉董仲舒撰。"至吴太史令吴汝南丁季、江夏黄复平正得失。今颇残逸，止有七十八事。"照此说法，在宋之前还有全本存世，且名"决事比"，有人对它作了评论，看来很早就已有人把它的书名擅改了；在宋之时《春秋决疑〔狱〕》则只存 78 事，既然说有残存，那就肯定了此书的基本存在。而宋末元初的王应麟则在《困学纪闻》卷六上说，董仲舒《春秋决狱》"其书今不传……仅见三事而已"。一说78事，一说3事，说法不一，相差很大，只能说至宋此书基本上亡佚了。

除此之外，《崇文总目》称"原释"，意思是说它原书上注明的作者是董仲舒，现在看来可能不一定是，所以特地加上一个"原"字，对作者是否是董仲舒提出了异议。在上列书目中，《七录》、《文献通考》卷一八二《经籍考》也都未注明董仲舒之名，为什么？

（二）作者

《春秋决狱》的作者是董仲舒，这好像并不存在问题，因为历来都是这么说的。

董仲舒（约公元前179～？年），河北广川人。少治《春秋》。景帝时为博士。武帝后以贤良对策，得重用，任江都相。后因言灾异下狱，不久赦出。后又为胶西王相。一生"以修学著书为事"，著有《春秋繁露》等。"董仲舒表《春秋》之义，稽合于律，无乖异者。"（《论衡·程材篇》）历来将《春秋决狱》看成是董仲舒的重要著作之一。

但是，在《史记》卷一二一《儒林列传》的董仲舒传中并未提到他写作《春秋决狱》的事。本传上只是说："（董仲舒）以治《春秋》，孝景帝时为博士。""仲舒所著，皆明经本之意，及上疏条数，凡百二十三篇。而说《春秋》事得失，'闻举'、'清明'、'竹林'之属，复数十篇，十余万言，皆传于后世。"更奇怪的是，班固在《汉书》里也只字不提他写作《春秋决狱》的事，只是说："仲舒在家，朝廷如有大议，使使者及廷尉张汤就其家而问之，其对皆有明法。"

　　《史记》、《汉书》本传上都不交代董仲舒写作《春秋决狱》的事，如果说班固沿用旧说，未作交代，也有情可原，但作为董仲舒学生的司马迁竟将先生的重要著作遗漏掉，恐怕就说不过去了；遗漏的可能性很小，只是学生并不知道先生写过这部书或先生压根儿就没有写过这部书。由此看来，把董仲舒看作是《春秋决狱》的作者是存在问题的。

　　《汉书》上说"仲舒在家，朝廷如有大议，使使者及廷尉张汤就其家而问之，其对皆有明法。"这句话在《后汉书》卷四八《应劭传》上则改写成了这样几句："故胶东〔西〕相董仲舒老病致仕，朝廷每有政议，数遣廷尉张汤亲至陋巷，问其得失，于是作《春秋决狱》二百三十二事，动以经对，言之详矣。"① 将"明法"删改成"于是作《春秋决狱》二百三十二事"一句；看来改写者是这么认为的，既然"明法"，在《汉志》上又有"公羊董仲舒治狱"之名，作《春秋决狱》是在情理之中，这推论多富有想象力啊！不料给后人的却是一个错误的信息。在董仲舒传中有"及上疏条数，凡百二十三篇"一句话，与添加上的"于是作《春秋决狱》二百三十二事"，有易相淆混之处，很可能是后人想当然妄改、妄加所致。

　　廷尉张汤亲至陋巷，问其得失，问些什么，是重大的政事？还是疑狱？上句讲"朝廷每有政议，数遣廷尉张汤亲至陋巷，问其得失"，下句则讲"于是作《春秋决狱》二百三十二事，动以经对"；上句重在问政，下句意在决狱，上下不相应。在《春秋繁露·郊事对》上有段文字是记载他们当时的问答的，照录如下：

────────────

① 《晋书》卷三〇《刑法志》上写作《春秋折狱》。

　　廷尉臣汤昧死言:"臣汤承制,以郊事问故胶西相仲舒。臣仲舒对曰:'所闻古者天子之礼,莫重于郊,郊常以正月上辛者,所以先百神而最居前。《礼》,三年丧不祭其先而不敢废郊,郊重于宗庙。天尊于人也。《王制》曰,祭天地之牛角茧栗,宗庙之牛角握,宾客之牛角尺。此言德滋美而牲滋微也。《春秋》曰,鲁祭周公用白牡,色白,贵纯也。帝牲在涤三月,牲贵肥洁而不贪其大也。凡养牲之道,务在肥洁而已。驹犊未能胜刍秩之食,莫如令食其母便。'

　　"臣汤谨问仲舒:'鲁祀周公用白牲,非礼也?'臣仲舒对曰:'礼也。'

　　"臣汤问:'周天子用骍刚,群公不毛。周公,诸公也,何以得用纯牲?'臣仲舒对曰:'武王崩,成王幼,而在襁褓之中。周公继文武之业,成二圣之功,德渐天地,泽被四海,故成王贤而贵之。《诗》曰无德不报,故成王使祭周公以白牡,上不得与天子同色,下有异于诸侯。仲舒愚以为报德之礼。'

　　"臣汤问仲舒:'天子祭天,诸侯祭土,鲁何缘以祭郊?'臣仲舒对曰:'周公傅成王,成王遂及圣,功莫大于此。周公圣人也,有祭于天,道〔故〕成王令鲁郊也。'

　　"臣汤问仲舒:'鲁祀周公用白牲,其郊何用?'臣仲舒对曰:'鲁郊用纯刚,周色尚赤。鲁以天子命郊,故以骍。'

　　"臣汤问仲舒:'祠宗庙,或以鹜当凫;鹜非凫,可用否?'臣仲舒对曰:'鹜非凫,凫非鹜也。臣闻孔子入太庙每事问,慎之至也。陛下祭,躬亲斋戒沐浴,以承宗庙,甚敬谨,奈何以凫当鹜?鹜当凫,名实不相应,以承太庙,不亦不称乎？臣仲舒愚以为不可。臣犬马齿衰，赐骸骨，伏陋巷，陛下乃幸使九卿问臣以朝廷之事，臣愚陋，曾不足以承明诏奉大对。臣仲舒冒死以闻。'"

这段问答今收在《春秋繁露》卷一五中，是此书中唯一的一则张汤与董仲舒的对话实录，六问六答，有真实性，是"朝廷每有政议，数遣廷尉张汤亲至陋巷，问其得失"的真实写照。《史记》、《汉书》中这句话的依据恐怕也就是这则材料。但是，文中称"臣汤昧死言"、"臣汤谨问仲舒"等句，表明这段文字是张汤以廷尉的身份写的奏章。蔡邕《独断》云："汉承秦法，群臣上书，皆言'昧死言'。"将张汤的上奏插在《春秋繁露》中有点不伦不类，其表达形式与其他篇什大异其趣。在此书现存的七八十篇文字中张汤是唯一有名有姓的谈话对象，整篇采用一问一答对话形式的这也是唯一的一篇。而且，与董仲舒解经说理的文风不合。从内容看，祀宗庙当用什么祭品，的确在当时是件不容含糊的大事；与董仲舒"灾异谴告"相一致。但是，这与直接问狱无关、与用春秋经义去断狱更不相及。因此，在"数遣廷尉张汤亲至陋巷，问其得失"之后加上的"于是作《春秋决狱》二百三十二事"这句话，我们认为是东汉人妄加所致。

《汉书》上说"廷尉张汤亲至陋巷，问其得失"，张汤为廷尉当在淮南狱之后，淮南狱又为董仲舒的学生吕步舒所"穷验"，刘安自杀在公元前122年，"所连引与淮南王谋反列侯、二千石、豪杰数千人，皆以罪轻重受诛。"（《汉书》卷四四《淮南厉王刘长传》）其时董仲舒大吃一惊，对他思想的打击想必不小，何况董氏也是个有前愆的人。董氏曾写过一篇《士不遇赋》，司马光在题注中这样说："武帝好名亡实，仲舒卒为公孙弘所嫉，摈弃而死，何足深怪！"① 其时董仲舒又是个年迈之人，对"老病致仕"的董仲舒来说，在此政治环境下和当时的书写条件下要求他独立完成《春秋决狱》232 事的写作，恐怕是不切实际的。退一步说，也至多只是口述；在张汤去问疑的时候，同去的"使者"或许就担当了讨论的记录员，如上文所引的那段问答文字那样。假如说记录的都像上面引例"鹙非鹇"所作的答问，要说董氏有过《春秋决狱》的著述，显然就不符历史事实了。

在《后汉书》卷四八《应劭传》中记载有应劭的著述，奇怪的是，在他的著作书目单中还有《春秋断狱》一书。本传中说他撰具"《律本章句》、《尚书旧事》、《廷尉板令》、《决事比例》、《司徒都目》、《五曹诏书》及《春秋断狱》凡二百五十篇"。照此说，应劭写过《春秋断狱》这样一部书。既然在他之前已经有了董仲舒的《春秋决狱》232 事，何以又要去写一本同样的书呢？何况，在董氏的赫赫声名之下，能有多大的作为呢？特别是在公羊的研究方面不可能超越于董氏之上。既然如此，那就只有这样的可能，就是说在应劭的当时董氏的《春秋决狱》（假定写过）已经佚失，应劭重新作了收集和整理，甚或增补。为什么这么说呢？因为在这段介绍其著述的文字之前就透露了这方面的消息，说："逆臣董卓，荡覆王室，典宪焚燎，靡有孑遗，开辟以来，莫或兹酷。"据记载，当时董卓作乱，挟献帝西迁长安，载书七十车，遇上大雨，沿途投弃。董卓又烧毁观阁，"经籍尽作灰烬"。② 正因为典宪的被焚毁，才有应劭《春秋断狱》之作的出现。正如马端临在《文献通考》卷一八二《经籍

---

① 《古文苑》卷一一。
② （宋）李昉等撰：《太平御览》卷六一九《学部》。

考》中加按语云："此即献帝时应劭所上，仲舒《春秋断狱》以为几焚弃于董卓荡覆王室之时者也。"

有鉴于此，《春秋决狱》早年很可能为董氏后学所作口述的基础上，托名作文 16 篇，"度亦灾异对之类耳"（《经籍考》），仅 16 则短篇而已；至汉末，大量典籍被焚毁，后由应劭重新收集整理而成其书，在 16 篇残简的基础上写作《春秋断狱》一书；也许当时并未加上作者姓名，书中所收残篇一仍其旧，以至《春秋断狱》之书泯灭。沈家本也为之作出应劭《春秋断狱》"似即董氏之书"的推测；① 何况，应劭是个不敢掠前贤之美的人，他曾这样谦虚地说过："盖所以代匮也，是用敢露顽才，厕于明哲之末。虽未足纲纪国体，宣洽时雍，庶几观察，增阐圣听。"（《后汉书》本传）结果是应劭之名泯灭，董仲舒煊赫大名绵延两千年。

还可补充一点的是，《汉书》上说"朝廷每有政议，数遣廷尉张汤亲至陋巷，问其得失"。张汤是以峻酷治狱出了名的，由这样一位酷吏去向耆儒董仲舒问政（是问政，不是决狱），大家想一想，会有什么好结果？既然他们的治狱思想大相径庭，又怎么可能写出合于武帝"多欲而外施仁义"外儒内法口味的、包括有 232 件事的《春秋决狱》？

（三）佚文的体式和内容

《春秋决狱》的佚文现存 6 则。为简省笔墨，仅出具各则标题（采用沈家本所标标题）及其出处。

---

① （清）沈家本撰：《历代刑法考》第 2 册，《律令二》，中华书局，1985，第 877 页。

(1) 拾道旁弃儿养以为子(《通典》六十九)

(2) 乞养子杖生父(《通典》六十九)

(3) 放麑(《白孔六帖》二十六)

(4) 武库卒盗弩(《白孔六帖》九十一)

(5) 殴父(《太平御览》六百四十)

(6) 私为人妻(《太平御览》六百四十)①

历来把上面6则看做为董仲舒《春秋决狱》的佚文。其原因是在佚文中或表明有"仲舒断曰"、"仲舒断之曰"、"董仲舒曰"等字样,或引书书名作"董仲舒决狱"。文中又以《春秋》思想为断狱依据,或用"论曰"、"议曰"表示。

这6则佚文都采用了一问一答的文章体式,问答的对象则虚拟为甲、乙、丙(除第3则外)。前为问答,后为论断。与睡虎地秦简中的"法律答问"的形式很相似。

但是,在6则《春秋决狱》的佚文中用上了作者自己的名字,第1、2则用了"仲舒"名,第3则用了"董仲舒"三字,有姓有名,直呼姓名,又与第一人称记事的表达方式不合;而且,在上引第5、6则佚文中都用了"议曰"一语,以示其结论是讨论的结果,并不是答问的"答"。文中显示似有第三者在作客观的记录,似是当时的记录整理稿。这些,为笔者在上两节中提出的观点提供了补充的论据。

特别是上列的第3条"放麑"一则,亦见于《淮南子》卷一八。大家知道《淮南子》是淮南王刘安等所编撰,后因有人告发刘安谋反,下狱后自杀。据说是由董仲舒的学生吕步舒所验治,"穷验其事,盖仲舒弟子不知其师书者也"(《困学纪闻》卷

① (清)沈家本撰:《历代刑法考》第3册,《汉律摭遗》卷二二,中华书局,1985,第1770~1772页;程树德著:《九朝律考·汉律考》。

六《春秋》)。既然如此，这一则与《淮南子》有关涉的材料就不可能是董仲舒所为。《史记》索隐、《文选》李善注上都说淮南王养士三千，其中有高才者苏非、李尚等八人；有如此众多的高手在身边为他编书，且有淮南王领衔，是无须借助董氏之力的。所谓"不知其师书者"纯属无稽之说。

还有出自《通典》的第1、第2则材料，原文引录自"东晋成帝咸和五年散骑侍郎贺峤（一作峻）妻于氏上表"，标题是《养兄弟子为后后自生子议》。在这篇论议中，对所引董仲舒的材料提出了质疑。对第1则，质问道："夫异姓不相为后，礼之明禁。董仲舒之博学，岂闻其义哉？"与子非所生，父却为此"子"隐，自相矛盾。对第2则，质问道："夫拾儿路旁，断以父子之律；加杖所生，附于不坐之条，其为予夺，不亦明乎？"与上条对照起来看，造成了人们思想上的混乱，以致"今说者不达养子之义，唯乱称为人后"，与封建宗法观相违背。提出了质问，但并未否定是董仲舒所作，只是有所怀疑；按理，董仲舒是不会作出这样自相矛盾的判断来的。

有人说，从数则佚文中看出董仲舒以《春秋》决狱的主要思想有：父为子隐，子为父隐，宣扬封建主义的孝道；原心定罪，主张从轻处罪等。这些思想是不是只有董仲舒才提出，只有从《春秋决狱》中才得以反映？事实上并不是这回事。在其之前这些思想事实上就存在在司法中，之所以会成为董仲舒的断狱思想，是因为受《春秋繁露》的影响；《春秋繁露》一书的主旨在阐述《春秋》经义的同时宣扬他的"王道之三纲"，而且"三纲"受之于"天意"；天意无处不在，谁也违抗不了。其实，《春秋繁露》所表达的董仲舒的政治理想主要并不在治狱方面。

以睡虎地秦简中的"法律答问"、"封诊式"和《奏谳书》

为例，可以看出以上这些思想是早存在于秦汉之际的。如：

> 甲告乙盗牛若贼伤人，今乙不盗牛、不伤人，问甲何
> 论？端为，为诬人；不端，为告不审。（《法律答问》第 43
> 支简）①
>
> 免告老人以为不孝，谒杀，当三环之不？不当环，亟执
> 勿失。（《法律答问》第 102 支简）
>
> 告子爰书：某里士伍甲告曰："甲亲子同里士伍丙不
> 孝，谒杀，敢告。"即令令史已往执。令史已爰书：与牢隶
> 臣某执丙，得某室。丞某讯丙，辞曰："甲亲子，诚不孝甲
> 所，毋它坐罪。"（《封诊式》第 17 条）
>
> 女子甲与男子丙和奸一案。（原简文从略；《奏谳书》
> 第 21 例）

以上前一例说的是定罪须看作案动机之有无，是原心定罪的
表现形式之一。后二例说的是犯"不孝"罪的例子。《奏谳书》
第 21 例在判案的当时，廷尉等人都认为应以"不孝"和"敖
悍"论处女子甲。

以上这些思想不仅汉代之前存在，而且在董仲舒之前就有
以《春秋》经义决事的例子，最具代表性的是袁盎解答立梁王
为帝太子的事。此事始末详见于《史记》卷五八《梁孝王世
家》。新出土的《奏谳书》中有春秋时期的案例，也可以看作
是汉代人重视春秋时人决狱经验的表现。由此可见，春秋决狱
可以说是当时的一种崇尚，董仲舒只是顺应了时代的要求，起

---

① 《睡虎地秦墓竹简》，文物出版社，1990，第 103 页。

了推波助澜的作用。

当然，董仲舒在推行他的政治理想的时候有意无意地用他倡导的春秋经义学说去解决政治生活包括司法在内的许多实际问题，企图表明经义的普遍适用。这种做法，客观上为法律解释开辟了一条新的路子。因此，有人将《春秋决狱》看成是董仲舒的汉代判例法的典型例证。问题是这一条路并没有走通，即便是在汉武帝当时，也是虚应故事的多。张汤就是最典型的一个，他"习文法吏事，缘饰以儒术"，并不理会董仲舒的那一套。更何况沿这条路子走下去，带来了司法的混乱，法律的严肃性受到了严重挑战。更谈不上作为判断同类案件的先例被法定。《春秋决狱》要作为先例并未得到认可；即使是到了东汉，《春秋断狱》也还未能被看作为判例运用，在应劭的著作书目中除《春秋断狱》外，还有《决事比例》一书，此书才可说是一本判例的汇编。

还有的讨论了《法律答问》和《春秋决狱》以及《唐律疏议》问答文的关系，"据此，就提高了历来受到怀疑的《春秋决狱》的史料价值"。① 因为本文已将《春秋决狱》看作是由应劭重新整理的作品，所以对上述说法的考辨也就失去了意义，属另一问题的讨论。

（四）应劭《春秋》断狱的佚文

首先应该看到，在汉代，特别是东汉时期，以《春秋》决狱已成风气。正因为有这样的大背景，作为历任太守之职的应劭

①　日本法制史学会第 32 次总会讨论题。

对此的关注也在情理之中。

应劭（约公元 178 年前后在世），字仲远。汝南南顿人。汉灵帝初拜孝廉，曾任太山太守。后为袁绍军谋校尉。著有《汉官仪》、《风俗通》等。本传上说他曾作《春秋断狱》一书。"春秋断狱"之书名早见于阮孝绪的《七录》，《七录》是一部私人目录著作，阮孝绪（公元 479～536 年）收集"天下之遗书秘记，庶几穷于是矣"。（《七录》自序）在《七录》上他没有注明《春秋断狱》这部书的作者名，但"断狱"二字是明确的，而不是"治狱"。《七录》中也没有所谓的"春秋治狱"或"春秋决狱"这部书书名的著录。

既然《春秋决狱》已被借托于董仲舒的大名之下，自然也就不可能有应劭的《春秋断狱》一书的遗存。应劭以《春秋》断狱的故事现存佚文 2 则，分别见《风俗通·过誉第四》和《十反第五》，一为太原周党事，一为高唐令乐安周纠事（均从略）。程树德在《九朝律考》中认为："劭曾著《春秋断狱》，其书不传，《隋志》亦不著录，此二条殆其佚文也。"实际上它们并非一定出自《春秋断狱》。不过，既然它们出自《风俗通》，其主旨又是以《春秋》为其断狱的指导思想，那么只能说它与应劭《春秋断狱》及其治狱思想有某种联系。

另外，在应劭佚文中，有其亲自断狱之事二则，如下：

灵帝光和中，洛阳男子夜龙以弓箭射北阙，吏收考问，辞"居贫负责，无所聊生，因买弓箭以射。"近射妖也。（此下为原注）《风俗通》曰："龙从兄阳求腊钱。龙假取繁数，颇厌患之。阳与钱千，龙意不满，欲破阳家，因持弓矢射玄武东阙，三发，吏士呵缚首服。因是遣中常侍……悉会

发所。劭时为太尉议曹掾……时灵帝诏报，恶恶止其身，龙以重论之，阳不坐。"（《后汉书·五行志五》）

熹平二年六月，洛阳民讹言：虎贲寺东壁中有黄人，形容须眉良是。观者数万，省内悉出，道路断绝。（此下为原注）应劭时为郎。《风俗通》曰："劭故往视之。何在其有人也。走漏污处，腻赭流漉，壁有他剥数寸曲折耳。……天之以类告人，甚于影响也。"（《后汉书·五行志五》）

以上二则辑文均被前人视为《风俗通》的佚文。出于《后汉书》梁朝刘昭注，较《后汉书》纪传部分的李贤注为早。

前一则说的是洛阳男子射阙的行为，不合礼法，次于大逆。其重处的依据是"恶恶止其身"。此句出自《春秋公羊传》卷二三《昭公二十年》："君子善善也长，恶恶也短；恶恶止其身，善善及子孙。"原本是一句发抒感想的语句，到了灵帝诏中却附会成了根据。后一则中"天之以类告人"，则是董氏天人合一，上天"谴告"思想的反映。

这表明应劭有断狱的实际经验，应劭除写作汉官礼仪故事方面的著作外，写作断狱方面的书也在情理之中，而且深受董氏思想及东汉时风的影响。不过，我们既然说他是在董仲舒决狱素材的基础上整理，或加工或增补而成，那么有两点就需要明确，一是断狱必以《春秋》为其判断是非的标准；二是是否采用对话和甲乙虚拟的表达形式。如果要严格地用这两条标准来衡量现存的应劭佚文，那么我们就无能为力了。

其实，第二条标准是多余的，既然是"春秋决狱"，那么何以一定要在形式上有所束缚？之所以出现这条所谓的标准，实在是今人受了现存的 6 条所谓"董仲舒决狱"问答体式后而产生的思想定势。即使是第一条标准，是否一定要在决狱的文字中出现"春秋"的书名也是可以商榷的。之所以这么说，是因为从前人所辑的佚文看一律的都出现有"春秋"字样，严谨之至；不过，从春秋经义而言也并非是教条式的本本，只要是以此经义出发来断案的例子，就可以视为《春秋断狱》之例。照此说法，摘佚文数则（仅出所拟标题和出处）有：陈留有富室公（《意林》卷4、《太平御览》卷388、卷836）；沛郡有富家公（《太平御览》卷639、卷836）；南郡谦女子何侍（同上卷640）；陈留有赵祐者（同上卷846）；汝南张妙酒后相戏（《意林》卷4、《太平御览》卷846）；临淮有一人（《太平御览》卷496、卷639、卷818）；汝南陈公思为五官掾（《太平御览》卷482）；颍川有富室兄弟同居（《意林》卷4、《太平御览》卷361、卷639）等。①

其中，"沛郡有富家公"一则佚文如下（各本文字略有不同）：

沛郡有富家公，资二千余万。小妇子年裁数岁，顷失其母，又无亲近。大妇女甚不贤。公病困，思念恶聟争其财，儿判不全，因呼族人为遗令云："悉以财属女，但遗一剑与儿；年十五，以还付之。"其后儿大，姊不肯与剑，男乃诣郡自言求剑。谨案时太守、大司空何武也。得其辞，因录女及聟，省其手书，顾谓掾史曰："女性强梁，聟复贪鄙，其父畏贼害其儿；又计小儿正得此财，不能全护，故且俾与女，内实寄之耳。不当以剑与之乎。夫剑者，亦所以决断；

---

① （清）严可均辑：《全汉文》卷三八《风俗通义》。今重作校核。"沛郡有富家公"一段亦见《疑狱集》、《折狱龟鉴》，文字略有不同。

限年十五者，智力足以自活，度此女壻必不复还其剑，当闻
县官。县官或能证察，得以见伸展也，凡庸何能用虑强远如
是哉？”悉夺取财以与子，曰：“弊女恶壻，温饱十五岁，
亦以幸矣。”于是论者乃服。谓武原情度事得其理。

这是一则处理遗产纠纷的民事案件。郡太守何武的断狱受宗
法观念的影响是明显的，而且结尾一句说“武原情度事得其
理”，是原心论罪思想的体现。当然，“原情度事得其理”即使
在今天也同样重要，问题是这里的“原情”与我们今天所说的
“以事实为根据”是完全不同的；这里的“原情”有“原心”
的意味，他所原的是小儿之父之心、其女其女壻强梁贪鄙之心。
据此看来，在应劭的断狱文中多有董氏思想的痕迹；既然他有整
理董氏残文的可能而作《春秋断狱》，理所当然的在他的作品中
多有董氏思想的残痕。

（五）《春秋决狱》体式的成型和影响

从形式上看，《春秋决狱》继承了睡虎地秦简中《法律答
问》的写作传统；从内容上看它们则有着很大差别。经义折狱
是汉代人的创意。

睡虎地秦简中《法律答问》的答问形式在第三节的引文中
可见，无须赘引。即使在汉初，这种形式也同样运用于司法实践
中，《奏谳书》第 21 例就采用了隐去当事人姓氏，而用甲乙代
替的做法来写作爰书，其中还有不同意见的议论，记载着议罪定
刑的过程。

从《奏谳书》第 21 例所显示的决狱体式看，它以天干

（甲、乙）替代了当事人人名，在叙述案情之后又有一个"议"
的过程，二者不可或缺。

的确，如上文所述，这一体式在"春秋决狱"的残篇中得
到了充分的体现。

至东汉末，这一体式虽然在应劭的佚文中未能见得，但在三
国魏明帝时为中护军的蒋济著作《万机论》（八卷）中却依然存
在。其中有一则云："甲作乙妇，丙来杀乙，而甲不知。后甲遂
嫁与丙作妻，生二子，丙乃语甲；甲因丙醉杀之，并害二子。于
义刚烈，则宽死否？参者云：女子洁行专一，不以鼓刀称义；今
又改嫁，已绝先夫之恩；亲害胞胎，又无慈母之道也。"① 无论
是从内容还是从形式看，它都是春秋决狱体式的延续。

在《晋书》卷二〇《礼志》上记载了这样一段有关服制问
题的讨论，是一段很有意思的文字，而且生动地反映出当时对
"甲乙之问"议论的过程。这个过程也启示我们回观"春秋决
狱"体式的形成过程。尽管这则故事发生在汉代之后，但是，
其议罪定刑的断狱过程却是一脉相承：

> 安丰太守程谅先已有妻，后又娶，遂立二嫡。前妻亡，
> 后妻子勋疑所服。中书令张华造甲乙之问曰："甲娶乙为
> 妻，后又娶丙，匿不说有乙，居家如二嫡，无有贵贱之差。
> 乙亡，丙之子当何服？本实并列，嫡庶不殊，虽二嫡非正，
> 此失在先人，人子何得专制析其亲也。若为庶母服，又不成
> 为庶。进退不知所从。"太傅郑冲议曰："甲失礼于家，二
> 嫡并在，诚非人子所得正。则乙丙之子并当三年，礼疑从

---

① 《意林》卷六。

重。"车骑贾充、侍中少傅任恺议略与郑同。太尉荀顗议
曰:"《春秋》并后匹嫡,古之名典也。今不可以犯礼并立
二妻,不别尊卑而遂其失也。故当断之以礼,先至为嫡,后
至为庶。丙子宜以嫡母服乙,乙子宜以庶母事丙。昔屈建去
芰,古人以为违礼而得礼。丙子非为抑其亲,斯自奉礼先后
贵贱顺叙之义也。"中书监荀勖议曰:"昔乡里郑子群娶陈
司空从妹,后隔吕布之乱,不复相知存亡,更娶乡里蔡氏
女。徐州平定,陈氏得还,遂二妃并存。蔡氏之子字元衅,
为陈氏服嫡母之服,事陈公以从舅之礼。族兄宗伯曾责元
衅,谓抑其亲,乡里先达以元衅为合宜。不审此事粗相
似否。"

用今人的眼光来看这种"甲乙之问"的内容,无甚意义,
而在张华的当时这却是一桩重大事件,不可等闲视之。

这是晋朝时期一则有根有据的司法实例,而且有当时的车骑
大将军贾充等人参与议罪,由此看来自汉以来对于典型例案是有
议罪这一程序的,而且汉人以《春秋》决狱的影响很深。我们
先对它的结构稍作点分析:从开头到"勖疑所服"交代了程谅
二嫡本事;从"中书令张华"至"不知所从"是张华将程谅二
嫡事演化成甲乙之问;最后详尽地记述了众臣议礼的过程。很完
整,在"春秋断狱"残篇中省略掉的部分结构似乎可以在这里
得到补足。

张华(公元232~300年)也是个好事者,他居然也能以实
案为依据,抽象出"甲乙之问"的决狱故事来。想必他造的
"甲乙之问"还不只一篇,只是没有流传下来。不过,这一举动
我们还不能只用好事者来看待他,他这样做的目的很可能是要想

趋前人之步并有所创造，将以往的成案制作成今后断案的前例，即汉人所说的"决事比"吧。如果真是这样，我们再回视以上所说的6则"春秋决〔断〕狱"，不管它是董名，还是应作，我们似乎也可以将它看作是汉代"决事比"的遗存，这样，我们也就不难理解宋代人为何要将"春秋决狱"直接改写成"春秋决事比"的缘故了。只是，我们稍加注意，张华的甲乙之问与程琼二嫡本事还是有些许差别的。张华说甲"匿不说有乙"、"无有贵贱之差"等语句，是他加上去的，照这样的演绎就难免背离事实；他的主观意图可能为的是使案件典型化，有普遍意义，却正是这样的典型化、普遍意义使它失去了"成案"的价值。正如上文所指出的那样：这一类甲乙之问式的案例在当时并没有作为判断同类案件的先例被法定；它与"决事比"不同；汉魏时期有判例法的运用，但在司法中并不占据主导地位。

其影响是深远的。自秦汉至清，乃至民国之初，这种甲乙之问的体式绵延不断，具体的表现形式又多有变化。有关这方面的问题复杂，笔者将另文续作。

六　如淳注律考述

如淳，三国时魏国人。据颜师古《汉书叙例》所记："如淳，三国魏冯翊人。为陈郡丞。注《汉书》"，仅此而已。

如淳《汉书注》，在通用的中华书局本《汉书》中可以见其大略，但颜师古注《汉书》时只是选其部分。《史记》刘宋裴骃集解采自汉书众家注，如淳注亦在其中。因此，《史记》集解、索隐中均有《汉书》师古注所未收者。

如淳注中保存有不少汉律的内容，为此，从《汉书》、《史记》的注文中勾稽出有关汉律的材料，对汉律注释的研究很有帮助。试从引律令、引官仪、术语解释、案例比照四个方面考述如下：

（一）如淳注引律令

《汉书》如淳注文中所引用的汉律律文与其他注家相比，其数量最多，即使是专为汉律作过注释的马融、郑玄，在他们的经注中也没有留下多少汉律律条的原文。沈家本在《汉律摭遗》卷八中就这样说过："如淳，魏人，《汉律》所亲见，其注中引律，较他注为完备。"正因如此，《汉书》如淳注文中汉律律文的勾稽对汉律的研究就显得尤为必要了。

如淳《汉书》注中所引的汉律律文和令，有的是原样照录下来的，如："《律》：大逆不道，父母妻子同产〔无少长〕皆弃市"。[①] 此条的定性量刑严重且表述明确。又如《陈万年传》："主守盗，受所监"，如淳注："《律》：主守而盗，直十金，弃市"。[②] 按汉律处断，监守自盗，主守盗，当用重法。

《汉书》卷八《宣帝纪》："《令甲》，死者不可生。"如淳注："令有先后，故有《令甲》、《令乙》、《令丙》"。[③] 有所谓"天子诏所增损，不在律上者为令"，按颁发时间的先后为令名，可见有的"令"最初未加名称，也未有归类。沈家本在《汉律摭遗》卷一中说：汉律中各律目下各有令，各有科。初非并为一编也。如淳注中所引"令"的条文，如《何并传》："死虽当得法赙，勿受"，如淳注："《公令》，吏死官，得法赙"。[④] 赠给死者布帛叫做赙。《公令》仅此一见。是按"令"规定予官吏死亡以抚恤。在这里"令"的表述相对律来说反而原则了一点，不很具体；可能是未全引的缘故。1989 年发掘的甘肃武威旱滩坡东汉墓出土木简，木简第 7 号云："坐臧为盗，在《公令》第十九，丞相常用第三□"，此为汉律令中有《公令》一名目之实证。是对官吏犯"盗臧"之罪的论处。下面是疏勒河地区出土的一枚残简："□□□□□书到□移神爵四年十月尽五凤元年五月吏民□疾死者□家□"（疏 164），可能就是汉《公令》的遗存。

① 《汉书》卷五《景帝纪》，中华书局，1983，第 142 页注。
② 《汉书》卷六六《陈万年传》，中华书局，1983，第 2902 页注。
③ 《汉书》卷八《宣帝纪》，中华书局，1983，第 253 页注。
④ 《汉书》卷七七《何并传》，中华书局，1983，第 3269 页注。

　　也有的仅仅是对原律令条文的概要记述，这是旧注中常见的现象，注家用自己的语言来记述律令内容。如《夏侯婴传》："高祖时为亭长，重坐伤人"，① 如淳注曰："为吏伤人，其罪重。"至于量刑多重，未作交代。《文帝纪》："臣谨请阴安侯顷王后"，如淳注："案《汉祠令》，阴安侯高后嫂也"。② 认为顷王后别封阴安侯，与《汉祠令》相合。可证汉律令中有《祠令》一目，有关祭祀祖宗方面的制度。③

　　之所以如此确定它们是或不是律令的原文，主要是将它们与一般法律条文的表述文字相比较，从它们的同异中做出了这样的判断。

　　有时，如淳用"旧法"作注，用以比较。《严助传》："陛下不忍加诛，愿奉三年计最"，如淳注："旧法：当使丞奉岁计，今躬自欲入奉也"。④ 值得注意的是这里用"旧法"和"今"作了对照。又如《沟洫志》"卒治河者为著外繇六月"如淳注："《律说》，戍边一岁当罢，若有急，当留守六月。今以卒治河之故，复留六月"。⑤ 这里用一"今"字，与旧《律说》的内容相比较。这些都是将法律解释的内容与实际生活中执法实例相对照的例子。从中可以看出如淳对汉律的研究是很有素养的，他已经采用了前后"律"的比较方法，甄别同异，注意法律解释的实际运用。当然这种比较和应用是就事论事的，不是全面的考察和研究。

────────────────

① 《汉书》卷四一《夏侯婴传》，中华书局，1983，第 2076 页。
② 《汉书》卷四《文帝纪》，中华书局，1983，第 109 页注。
③ 沈家本认为《祠令》即《祀令》，见《汉律摭遗》卷一。程树德明确此二令有别，《祠令》为祀祖，《祀令》则祭天地，见《九朝律考》卷一《汉律考》。又见《史记》，中华书局，1982，第 416 页。
④ 《汉书》卷六四上《严助传》，中华书局，1983，第 2790 页注。
⑤ 《汉书》卷二九《沟洫志》，中华书局，1983，第 1689 页注。

除引证以律令外，在如淳史注中还保存了一些"律说"的内容。至今在《史记》、《汉书》中明确注明是律说的一共有 10 处，① 其中有 2 处重复，实际有 7 处出于如淳注。有一处出自晋灼注，有一处出自张晏注，而且注明引自郑氏说；按照颜师古的说法，它还是新律。② 而如淳所引律说均未注明为何家，很可能非郑玄之律说。从引证"律说"作注的做法可见，如淳已清醒地认识到法律解释在司法实践中的意义和作用，对汉律"律注"的研究相当重视，而且深刻。如《沟洫志》："治河非受平贾者，为著外繇六月"，如淳注："《律说》，平贾一月，得钱二千"。③ 这是用钱倩人代役的做法。又，《文帝纪》："二千石遣都吏循行"，如淳注："《律说》：都吏今督邮是也"。④ 督邮，是督察诸县之过失而纠举之者。又，《昭帝纪》："三年以前逋更赋未入者，皆勿收"，如淳注："更有三品，有卒更，有践更，有过更。古者正卒无常人，皆当迭为之，一月一更，是谓卒更也。贫者欲得顾更钱者，次直者出钱顾之，月二千，是谓践更也。天下人皆直戍边三日，亦名为更，律所谓繇戍也。虽丞相子亦在戍边之调。不可人人自行三日戍，又行者当自戍三日，不可往便还，因便住一岁一更。诸不行者，出钱三百入官，官以给戍者，是谓过更也。《律说》：卒践更者，居也，居更县中五月乃更也。后从《尉律》，卒践更一月，休十一月也"。⑤ 这里更详细地解释了当

① 分别见《史记》，中华书局，1982，第 229、255、351、3186 页；《汉书》，中华书局，1983，第 114、230、396、662、1689、1690 页。
② 《汉书》卷三八《高五王传》："左官附益阿党之法设"句张晏注曰："诸侯有罪，傅相不举奏，为阿党。"师古注曰："皆新制律令之条也。"
③ 《汉书》卷二九《沟洫志》，中华书局，1983，第 1690 页注。
④ 《汉书》卷四《文帝纪》，中华书局，1983，第 114 页注。
⑤ 《汉书》卷七《昭帝纪》，中华书局，1983，第 230 页注。又见《史记》卷一二四《游侠列传》如淳注。今张家山汉简《二年律令》中有《尉律》一目，不过对"尉律"的解释学术界还不一致。

时的赋役制度及其法律规范。"后从《尉律》"一句明确表明：
卒、践更的内容前后已有不同。这一条"律说"提示我们，律
令及其解释是随时间的变化而变化着的，不能把法律条文看成是
一成不变的教条。

此外，从注文的表述看，也有一些虽未明确出自"律说"，
但从表述的内容看它们也可以归属为律令的解释文字。如，《平
当传》："赐君养牛一，上尊酒十石"，如淳注："《律》，稻米一
斗得酒一斗为上尊，稷米一斗得酒一斗为中尊，粟米一斗得酒一
斗为下尊"。① 对"上尊"、"中尊"、"下尊"作了明确的量化，
这一解释也可能就是律说的内容。又，《平帝纪》："天下女徒已
论，归家，顾山钱月三百"，如淳注："已论者，罪已定也。《令
甲》：女子犯罪，作如徒六月，顾山遣归。《说》以为当于山伐
木，听使入钱顾功直，故谓之顾山。"② 此处的这个"说"字，
我们特意加了书名号，表示它是律的解释文字，认为它也是汉
"律说"的内容之一。如果能得到确认的话，那么汉"律说"的
遗存数就有 11 条。

（二）如淳注引汉官仪

《汉书》如淳注中引有《汉官仪》、《汉仪注》的文字，它
为我们认识当时的官制职掌是有帮助的，进而提高对汉代的行政
管理与法律规章关系的认识。《汉官仪》十卷，应劭著。在此之
前有卫宏的《汉官旧仪》（或作《汉旧仪》），今存四库所辑永
乐大典本。其注，今据纪昀《四库全书总目》云，用大字附在

---

① 《汉书》卷七一《平当传》，中华书局，1983，第 3051 页注。
② 《汉书》卷一二《平帝纪》，中华书局，1983，第 351 页注。

书中。

如淳在史注中引用《汉官仪》的有 1 处，见《文帝纪》："（文帝）母曰薄姬"，如淳注："《汉官仪》曰姬妾数百，《外戚传》亦曰幸姬戚夫人"。① 此条在今存《汉旧仪》、《汉官仪》辑本中均无。又，《史记》卷一二一《儒林列传》："文学掌故补郡属"，索隐引如淳注："《汉仪》弟子射策，甲科百人补郎中，乙科二百人补太子舍人，皆秩比二百石；次郡国文学，秩百石也"。此处称"汉仪"，未说明是官仪还是仪注。在今存《汉旧仪》、《汉官仪》辑本中也未得见。仅有应劭《汉官仪》辑本引注云："太子舍人，王家郎中，〔选良家子孙〕并秩二百石，无员。"此注原出《后汉书》卷八《灵帝纪》注。此外，今存吴太史令丁孚撰《汉仪》一卷，无此文字。

如淳在史注中引用《汉仪注》的有 13 处（仅限于关乎法的如淳注）。如《高帝纪》："萧何发关中老弱未傅者悉诣军"，孟康注曰："古者二十而傅，三年耕有一年储，故二十三而后役之"。如淳注："《律》：年二十三傅之畴官，各从其父畴〔内〕学之，高不满六尺二寸以下为罢癃。《汉仪注》云'民年二十三为正，一岁为卫士，一岁为材官骑士，习射御骑驰战陈。'又曰'年五十六衰老，乃得免为庶民，就田里。'今老弱未尝傅者皆发之。未二十三为弱，过五十六为老"。② 傅籍的年龄在《秦律》中的记载与此不同，据此可作比较。③《史记》卷二六《历书》集解："家业世世相传为畴。《律》：年二十三傅之畴官，各从其

---

① 《汉书》卷四《文帝纪》，中华书局，1983，第 105 页注。
② 《汉书》卷一上《高帝纪上》，中华书局，1983，第 37 页注。
③ 《史记》集解所引略不同，如淳再引《食货志》云："《食货志》曰'月为更卒，已复为正，一岁屯戍，一岁力役，三十倍于古者'。"见《史记》卷七《项羽本纪》注。中华书局，1982，第 324 页。

父学。"与上同。

又如,《高帝纪》:"初为算赋",如淳注曰:"《汉仪注》:民年十五以上至五十六出赋钱,人百二十为一算,为治库兵车马。"① 明确了年龄的界线。

上面只引述了《汉仪注》13 处中的两处,这两处在卫宏《汉官旧仪》中可得到验证。此外还有 11 处,② 其中,前两条和最后两条注也都可以在卫宏《汉官旧仪》中得到验证。另 7 条注则可在孙星衍《汉旧仪》辑本中找到,不过这 7 条注中的前 5 条孙氏均引自《汉书》如淳注,后 2 条则为校补。由此可见,《汉书》如淳注中的 13 处"汉仪注",均被纪昀、孙星衍等辈看作是卫宏《汉官旧仪》(或作《汉旧仪》)的原文。③ 笔者以为未必妥然,既然有引《汉官仪》、《汉仪》,又何意要将《汉旧仪》写成《汉仪注》?明明有个"注"字,又怎能视而不见。

姑且把这个问题就此打住。从引证《汉仪注》作注的做法而言,如淳已清醒地认识到有关的汉官"注"在司法实践中的意义和作用,对汉官"注"的研究相当重视,而且颇有独到见地,将行政管理与法律规章的关系紧密结合。唐代《唐六典》的"六典"之名出自《周礼》,但是从具体的职官编制看更多的是受了汉代官制的影响。今天法学史界对《唐六典》是否是一部行政法典有不同看法,但是不管如何对它定性,《唐六典》将行政管理与法律规章的紧密结合是客观存在,这种观念、体式的形成与汉代注律家十分重视律注与官仪、仪注的关系是分不开

---

① 《汉书》卷一上《高帝纪上》,中华书局,1983,第 46 页注。

② 分别见《汉书》第 187、230、730、732、733、1942、2709、3051、3227、3281、3302 页如淳注。

③ 孙星衍等辑、周天游点校:《汉官六种》,中华书局,1990。

的。其影响是深远的。

（三）如淳注中的法律术语解释

《汉书》如淳注中对法律术语的解释是汉魏解释学中的一个重要分支。法律术语的解释除一般语词解释的基本要求外，它还注重于律意的表达。如《严助传》："民待卖爵赘子以接衣食"，如淳注："淮南俗卖子与人作奴婢，名为赘子，三年不能赎，遂为奴婢"。① 注中所说"三年不能赎"可能就是当时法律所规定的时间界限。这与战国时魏人的赘婿（睡虎地秦简《魏户律》）不同，与秦人"家贫子壮则出赘"（《汉书》卷四八《贾谊传》）也有所不同。它虽然是某一地区（淮南）的民间习俗，但可能影响很大，所以将它列入法律的规范之中。

明确术语的内涵，准确释义，使之合符律意。如《淮南厉王刘长传》："士伍开章等七十人"，引如淳注曰："《律》'有罪失官爵称士伍'也"。② 又，《史记》卷五《秦本纪》："武安君白起有罪，为士伍，迁阴密"，集解引如淳注曰："尝有爵而以罪夺爵，皆称士伍"。由此看来，如淳的这一解释是以律文内容为根据的，解释强调"有罪"这一前提。"士五（伍）"一词在秦时是个常用词，见《睡虎地秦墓竹简》等。③

又，《平帝纪》："在所为驾一封轺传"，如淳注："《律》，诸当乘传及发驾置传者，皆持尺五寸木传信，封以御史大夫印

---

① 《汉书》卷六四上《严助传》，中华书局，1983，第 2779 页注。
② 《汉书》卷四四《淮南厉王刘长传》，中华书局，1983，第 2142 页注。
③ 《睡虎地秦墓竹简·秦律十八种》，文物出版社，1990，第 62 页注，注云："士伍，《汉旧仪》'无爵为士伍。'即没有爵的成年男子。"这解释还不全面，按如淳解释应有个"有罪"的前提，并不是没有爵的成年男子都能称作"士伍"的。

章。其乘传参封之。参，三也。有期会累封两端，端各两封，凡四封也。乘置驰传五封也，两端各二，中央一也。轺传两马再封之，一马一封也"。① 此同样是行政管理方面的内容，是《汉律》的组成之一。可与《高帝纪》中的内容相比照，"横惧，乘传诣洛阳"，如淳注："《律》：四马高足为置传，四马中足为驰传，四马下足为乘传，一马二马为轺传。急者乘一乘传"。②

《张释之传》："且罪等"，如淳注："俱死罪也，盗玉环不若盗长陵土之逆"。③ 主要从律意出发作出解释。法律专用术语的解释，与一般用语的解释是有所不同的，它不仅要解说字义或词义，而且还要说明它在法律中的特定含义。其要求更加严密精确。如"鬼薪"一词。《史记》卷六《秦始皇本纪》："轻者为鬼薪"，集解引应劭注，对词义作了解释："取薪给宗庙为鬼薪也。"而如淳引《律说》作法律解释："《律说》鬼薪作三岁。"是三年的劳役刑。一般的词语解释采用应劭的注已经足够了，但是直接引《律说》，从法律解释的角度上来说，指明它的犯罪性质和量刑重轻又显得更为重要。

汉承秦制，有不少汉代的法律术语在秦时就有。研究秦汉法律术语的变化是律令研究向纵深发展的重要方面。如《史记》卷一一八《淮南衡山列传》："徙郡国豪桀任侠及有耐罪以上"，集解引如淳注曰："《律》'耐为司寇，耐为鬼薪、白粲'。耐犹任也。"《汉旧仪》上说："鬼薪者，男当为祠祀鬼神伐山之薪蒸也；女为白粲者，以为祠祀择米也，皆作三岁。"都是三年劳役刑。至于"耐为司寇"、"耐为鬼薪"，纯属罪名，见睡虎地秦简

---

① 《汉书》卷一二《平帝纪》，中华书局，1983，第359页注。
② 《汉书》卷一下《高帝纪下》，中华书局，1983，第57页注。
③ 《汉书》卷五〇《张释之传》，中华书局，1983，第2311页注。

《法律答问》。①

　　还有如"蹶张士"一语。《申屠嘉传》："以材官蹶张"，注引如淳曰："材官之多力，能脚踏强弩张之，故曰蹶张。《律》有蹶张士"。② 蹶张士是弓弩手。《史记》本传索隐称，在《汉令》中有蹶张士百人。《说文》："蹶张"写作"趉张"。此词早见于睡虎地秦简《秦律杂抄》，写作："趉张"。

（四）如淳注引案狱实例

　　《汉书》如淳注中所引的汉律律文是针对《汉书》原文而作出的，不仅针对性强，而且可以反转来看原文史实，将原文史实看成是汉律律文的故事，即案狱实例或成案。这样，对我们认识汉律实际应用，即司法状况大有裨益。如《江充传》："尽劾没入官"，如淳注："《令乙》，骑乘车马行驰道中，已论者，没入车马被具"。③ 又，《鲍宣传》："官属以令行驰道中"，如淳注："《令》，诸使有制，得行驰道中者，行旁道，无得行中央三丈也"。④ 馆陶公主、孔光之事为实例。驰道是天子专用的道路，无论是公主还是丞相都不能擅用。否则，当处罪并没入车马。

　　又，《张释之传》中"此人犯跸，当罚金"，如淳注曰："《乙令》，跸先至而犯者，罚金四两"。⑤ 犯跸的事是这样的："上行出中渭桥，有一人从桥上走，乘舆马惊。于是使骑捕之，属廷尉。释之治问。曰：'县人来，闻跸，匿桥下。久，以为行过。

① 分别见《睡虎地秦墓竹简·法律答问》，文物出版社，1990，第120、121页等。
② 《汉书》卷四二《申屠嘉传》，中华书局，1983，第2100页注。
③ 《汉书》卷四五《江充传》，中华书局，1983，第2177页注。
④ 《汉书》卷七二《鲍宣传》，中华书局，1983，第3094页注。
⑤ 《汉书》卷五〇《张释之传》，中华书局，1983，第2311页注。

既出，见车骑，即走耳。'释之奏当：'此人犯跸，当罚金'。"为什么要处以罚金，罚金多少，在《乙令》中规定得一清二楚；特别值得注意的是一个"先"字。皇帝认为处以罚金，轻了。但是，今法如是，今依法办事是取信于民。经过张释之的一番解释，皇帝也无话可说了。

再如，我们在前面提到的《景帝纪》有云："及妻子当坐者复其爵"，如淳注："《律》：大逆不道，父母妻子同产〔无少长〕皆弃市。今赦其余子不与恢说谋者，复其故爵"。① 这件事的原委是这样的："襄平侯嘉子恢说不孝，谋反，欲以杀嘉，大逆无道。其赦嘉为襄平侯，及妻子当坐者复故爵。论恢说及妻子如法。"恢说言其父嘉知反情，而实不知。谋反，且扳诬父为知情，是为不孝，故"论恢说及妻子如法"。谋反、不孝，皆属大逆不道之罪。沈家本认为，"论恢说及妻子如法，余皆复故爵，在汉时治狱中最为平恕"。② 由此看来，在谋反、不孝大逆不道罪同时并发时，首先作为处罪依据的还是前者。从没有无限止地扳指连坐这一点来说，是平恕了点，但是"及妻子如法"，又何平恕之可言？

---

① 《汉书》卷五《景帝纪》，中华书局，1983，第 142 页注。
② 《历代刑法考·汉律摭遗》卷三。

七　汉晋律序考

　　晋律，自咸熙元年（公元264年）晋文帝为晋王时始就由贾充、杜预等14人受命编修，于泰始三年成，四年（公元268年）颁行天下，所以晋律又称泰始律。据《晋书》卷三〇《刑法志》（以下简称《晋志》）记载，晋律凡二十篇，620条，27657言，在汉魏律的基础上"蠲其苛秽，存其清约"。对于晋律，世有"简惠"之称。

　　晋律有"律序"，据《隋书》卷三三《经籍志》载："《汉晋律序注》（以下简称《律序》）一卷，晋僮长张斐撰"。有律序注，当然首先应有律序。因为"律序"早已亡佚，所以至今不知其底里。有说《汉晋律序》即《晋书》卷三〇《刑法志》的张斐"律注表"，有说《晋书》卷三〇《刑法志》中"贾充定法律"一段可能是《汉晋律序》的遗文，本文对此提出了不同的看法，并略作考辨。

（一）《律序》非律注表

　　《律序》在类书中仅见片言只语。除了《律序》外，张斐又写有律注表，其主要内容记载在《晋志》中，即指《晋志》上所说的"明法掾张斐又注律，表上之，其要曰"一段，自"律始于《刑名》者"始，至"法律之义焉"止。

《律序》早已亡佚。法史学界一般都把律注表就说成是汉晋律序，二者是一回事；认为它们是同文异名而已，或称"律注表"，或称"律表"，或称"律序"。

1. "序"和"表"的体例、内容不同

说"体例和内容"与"表"不类。何以见得？先说体例。从文章学的角度看，序和表是有明显区别的。"序者，序典籍之所以作。"是说作者著述的缘起、宗旨以及写作经过等。"表"则是"下言于上"，"表，明也。标著事绪，明告乎上也。"① 二者不能混为一谈。文章体式不同，内容的表述也自然不同。

序和表它们的适应范围也有所不同。前者是介绍评述作品，如诗序、三都赋序等；后者是下对上奏事的公文，如出师表、陈情表等。由于适用的范围和对象不同，它们的内容也相应有所不同。例如，我们在上面说到的制律意义和制律的历史及过程，就较多评述的成分，因此，它一般不会在向上的奏章中去谈这些可能会被人看成是高谈阔论的东西。相反，在表中所提出的注律问题，则如同今天所说的请示、汇报，就一般不会在序中去加以评议。序和表在语言的表达上应该说也是有所不同的。前者较多议论性的文字，后者则在叙事的基础上可以有个人情感的抒发。

当然，文章的体式随着时代的发展有所发展，秦汉时期的文体要求与魏晋时期的也已有了很大的变化，这是很自然的事，就跟魏晋时期的文体与隋唐时期的也有了很大变化一样。不过，再发展，再变化，文体的基本格局、内容和语言方面的要求还是不

---

① （南宋）王应麟：《辞学指南》，（明）陈懋仁《文章缘起》注。

会大变的。基于此，我们从文体的不同要求上也应该是可以给"序"和"表"加以区分的。

2.《律序》并非律注表

具体说到《晋志》中的"律注表"，情况就变得复杂起来了。《律序》与律注表又有哪些不同？

其不同从它们的体例、内容方面也可以看出。说体例，因为它是要点，将表文中的主要内容作一点介绍即可，《晋志》中说："张斐又注律，表上之，其要曰……"很明确，张斐上了表文；一个"其"字，一个"要"字，又十分清楚地表叩下文是对表文要点的概述。在这样的情况下就无须按"表"这一奏章类文体的体例作有头有尾的陈述。李密《陈情表》读者是熟悉的，此表开头是"臣密言"，结尾是"臣不胜犬马怖惧之情，谨拜表以闻。"严格按"表"的体例来写。而《晋志》的"注律表"点明是要点了，也就不能按体例的要求去要求它了；作者为自己解脱了束缚，自选要点句段为我所用，何尝不可？当然，说这是律注的要点，也是不错的，但不能就此说它不同于"表"，不是"表"了。说内容，因为它说的是有关律注的问题，所以只要与律注相关的内容应该说都是符合其内容要求的；诸如晋律律目的说明，法律术语的解释等等内容正是张斐所上律注表要表达的内容，很一致。

但是，张斐所上律注表又不纯然是表文的全部。在《晋志》"律注表"具体内容的记述中却掺进了"律序"的材料。为说清楚这个问题我们又不得不要将《晋志》"律注表"要点的全部内容作出简括的介绍。为此，我们将"律注表"分为 9 个自然段，各段的起讫和段意概括如下：

（1）"律始于'刑名'者"至"不离于法律之中也"。说明"刑名"的功能和作用。

（2）"其知而犯之谓之故"至"律义之较名也"。对"故"等20个法律术语的解释。

（3）"夫律者"至"皆为无常之格也"。区分事物的疑似情况。

（4）"五刑不简"至"王道平也"。处罪刑等及轻重处断。

（5）"律有相似而罪名相涉者"至"皆为以威势得财而罪相似者也"。辨清事物彼此相似而罪名相涉的情况。

（6）"夫刑者"至"自非至精不能极其理也"。司理案狱应遵循的原则要求。

（7）"律之名例"至"以例求其名也"。举例说明"名例"轻重处罪的原则。

（8）"夫理者"至"皆拟《周易》有变通之体焉"。阐述了法与理的关系，指出司理案狱当如何对待变化着的事物。

（9）"欲令提纲而大道清"至"法律之义焉"。《晋律》制订的基本宗旨，以及对司法者提出的要求。

以上9个自然段的内容，缺乏上下文的内在联系，给人一种拼凑的感觉；即使是摘录要点，也并不能不顾条理，任意拼合。之所以出现这种情况，其原因可能有这样两个：其一、作者将律注表与律序中的部分内容杂糅在一起了；其二、唐人在整理晋史材料时，其遗存本身就是散乱无序的。正因为这样，《晋志》中的律注表就成了名实不很相符的拼盘。经上述分段说明这种情况是显而易见的。

为此，我们对以上段落重新作了梳理，按"序"和"表"一般的不同内容要求，将同类的或相关的段落内容归并到一起，试图将"序"和"表"分离出来，当然只是它们的"要点"，而且很大程度上带有主观偏面性。与"表"关系密切的是：1、7、2、5、3段，之所以将第7段置于第1段之后，是因为它也是针对"名例"说的；第5段与第3段内容相近，所以放在一起比较合适，这些段落内容分别是"刑名"、法律术语和解释中的变化情况，都与"律注"有关，所以我们将它们看作是律注表的要点部分。与"序"关系密切的是：4、9、6、8段，之所以将4、9两段放在一起，是因为它们都强调了五刑的实施；之所以将6、8两段放在一起，是因为它们提出的都是司理案狱的要求，以上这些段落内容与晋律的实施有关，与《晋律》制订的基本宗旨有关，所以我们将它们从传统的"律注表"中分离出来，使之更符合制订《晋律》时的基本事实。

另外，我们将第4、9、6、8段从传统的"律注表"中分离出来的理由还有一条是因为在类书中也有它们的佚文存在。在《太平御览》卷六四九中引有"张斐《律序》曰：髡者刑之威，秋凋落之像。"一句与"律注表"的第9段中"髡罪者似秋凋落之变"句相近；又，在《太平御览》卷六三九中引有"张斐《律序》曰：情者，心也；心戚则动情，动于中而形于言，畅于四支，发于事业，是故奸人则心愧而面赤，内怖而色夺。"一段，与"律注表"的第6段中"情者，心神之使，心感则情动于中而形于言，畅于四支，发于事业，是故奸人心愧而面赤，内怖而色夺。"文句基本一致；再有，在《太平御览》卷六四二中"张斐《律序》曰：徒加不过六，囚加不过五。（罪已定为徒，未定为囚。）累作不过十一岁。（五岁徒犯一等加六岁，犯六等加为十一岁作。）累笞不过千二百。（五岁徒加六等，笞一千二百。）"① 一段佚文，在"律注表"的第 4 段中也同样存在。有鉴于此，我们将与"序"有关的段落从传统的"律注表"中分离出来是可行的，也是必要的。

3. 律注表要点已非张斐原作

如上所述，在张斐律注表的要点中已经掺杂进了"律序"的内容，显而易见，律注表要点已非张斐原作。此外，还有这样两点可供讨论：

其一，《晋律》改旧律为"刑名"和"法例"，这是晋律区别于旧律的显著特点之一。按理说，在律注表的要点中在说明"刑名"的功能和作用的同时，也应该介绍"法例"，何况法例在立法史上还是个新的律目，自有它创设的理由。遗憾的是，在律注表的要点中却用了"名例"一词，说"断狱为之定罪，名例齐其〔法〕制"（见第 1 段）"律之名例，非正文而分明也"（见第 7 段），而不用"法例"，以致使后人不知"法例"起始于何时何律。这是什么原因造成的？原因就在于唐人编撰《晋志》的时候将唐时的律目强加在晋律上去了，以致于"刑名"与"名例"相并列，不相伦列。

其二，律注表要点掺杂有其他内容。我们用《通典》卷一六四上所辑《晋志》文字与之他校，发现有两段文字为今本《晋志》律注表要点所无。一段是"王政布于上，诸侯奉于下，礼乐抚于中，故有三才之义焉。其相须而成，若一体焉。"（见第 1 段）另一段是"欲令提纲而大道清，举略而王法齐，其旨远，其辞文，其言曲而中，其事肆而隐，通天下之志唯忠也，断

---

① 行文括号中的文字为佚文原注。

天下之疑难唯文也，切天下之情唯远也，弥天下之务唯大也，变无常体微理也，非天下之贤圣，孰能与于斯。"（见第9段）这说明了什么？有两种可能：一、在唐时《晋志》的版本就不止一种；二、《通典》的编者在辑录时作了删改。前一节有关"三才"的一节文字与《唐律疏议表》的提法不同，故删。后一节对《晋律》的评价有过誉之嫌；当时已制有《唐律》，过分称誉《晋律》自是不合时宜。

4. 关于《律序》注

《隋书》卷三三《经籍志》载："《汉晋律序注》一卷，晋僮长张斐撰。"在《律序》之外，还加有注，而且这篇《律序注》独自成卷。在汉魏时期注释学兴旺发达，出现多家律注是正常现象。《南齐书》卷二八《崔祖思传》上说："汉末治律有家，子孙并世其业，聚徒讲授，至数百人。"不过，这一卷《律序注》亦早已亡佚。沈家本则认为："（汉晋律序注）并汉晋律而序注之，《晋志》所载甚详，未知是其全书否？"①沈氏所说的《晋志》所载是否指的就是注律表，未明说；他又提出是否是全书的疑问，则又说明他是把《汉晋律序注》当作注律表来看待的。这一说法很含糊，读者不可捉摸。如果他真是把《汉晋律序注》当作注律表来看待的，那么如上文所论证的那样，律序非律注表，律序注更非律注表可言。

《律序》注的佚文，有如《史记》卷三〇《平准书》"钛左趾"句索隐引张斐《汉晋律序》云："状如跟衣，著左足下，重六斤，以代膑，至魏武改以代刖也。"我们从文句句意分析说，《平准书》所引《律序》可能不是晋律序文而是序文的注。除此

---

① （清）沈家本撰：《历代刑法考》第2册，《律令二》，中华书局，1985，第880页。

之外，上引《太平御览》卷642中关于"徒加不过六，囚加不过五"一段，则是《律序》序和注的另一佚文。这是我们见到的一则较完整的《汉晋律序注》原文和注。

张斐另作《律解》二一卷（一作二十卷）。如是，一卷《汉晋律序注》也可能被包括在《律解》中。之所以这么说，是因为上引的《史记》卷三〇《平准书》"钛左趾"句注引张斐《汉晋律序》云："状如跟衣，著左足下，重六斤，以代膑，至魏武改以代刖也。"佚文虽然题名为"律序注"，但所作注文同时也可视为是针对律文而作的。除此之外，《律解》的佚文有见《一切经音义》所辑引："蝗虫"条下称，张斐解晋律云，"小者蝗，大者蝗。蝗音丈云反，又足容反。"①此一注与先前的说法不同。一解"蝗"为"介虫之孳者，谓小虫有甲。"又，《北堂书钞》卷四五引云："晋律注云，枭斩弃之于市者，斩头也，令上不及天，下不及地也。"此条佚文未注明是谁的注。又见《太平御览》卷六五一在辑引晋律"其当免者"句后有注云："免官谓不听应收治者也。"不过，后一条佚文也未注明是张斐，因此也可能是杜预注，杜预也曾为晋律作过注。

（二）《律序》佚文

为使行文的眉目清晰起见，特将《律序》佚文集中在一起，加上按语，略作说明。今存《律序》佚文有：

（1）"张斐《律序》云：赎罚误者之试。"（《北堂书钞》卷四四）

---

① 一作"钟"、作"镗"。见程树德《九朝律考》卷三《晋律考》。

（2）"张斐《律序》云：令者政事之经云云。"（同上卷四五）

（3）"晋张斐《律序》曰：律令者，政事之经，万机之纬。"（《艺文类聚》卷五四）

（4）"又曰：郑铸刑书，晋作执秩，赵制国律，楚造仆区，并述法律之名，申韩之徒，各自立制。"（同上）

【按】第1条中的"试"，表使用之意。试，用也。《礼记》卷五五《缁衣》有云："刑不试而民咸服。"第2、3条义同。第2、3、4条《律序》佚文很重要，它从大体着眼，概括出了制订律令的重要性以及对制律历史作了回顾。①显而易见，张斐对成文法典的历史发展尤为重视。

（5）《史记》卷三〇《平准书》"钛左趾"句注引张斐《汉晋律序》云："状如跟衣，著左足下，重六斤，以代膑，至魏武改以代刖也。"②

【按】从文句句意看，它似是对"钛左趾"的解释。《平准书》所引《律序》可能不是序文而是序文的注。

（6）"张斐《律序》曰：张汤制越官〔宫〕律，赵禹作朝会正见律。"（《太平御览》卷六三八）

【按】这一条与上引（4）的"郑铸刑书"条属同一性质的内容，对制律历史作了回顾。

（7）"张斐《律序》曰：髡者刑之威，秋凋落之像。"（《太平御览》卷六四九）

---

① 在类书《北堂书钞》卷四五《刑法部下》亦有载录。

② 《史记》卷三〇《平准书》，中华书局，1982，第1429页。居延新简文书中有如："甘露三年三月甲申朔癸巳，甲渠鄣侯汉强敢言之，府下诏书曰，徒、髡钳、钛左。"（E·P·T56：280）又，在《晋书》卷三〇《刑法志》上有"（魏武帝改制）犯钛左右趾者易以木械，是时乏铁，故易以木焉"的记载，值得注意。在类书《北堂书钞》卷四五《刑法部下》亦有载录。

【按】在这一条引文的前面，在《太平御览》卷六三八上还引了一句《晋律》上的话说："髡钳五岁刑"，可以推见，"髡者刑之威，秋凋落之像"一句是出于对髡刑法意的说明。而对此律文的解释则在《太平御览》卷六四二上："髡钳五岁刑，笞二百。"夹注云："若诸士诈伪、将吏越武库垣、兵守逃归家，兄弟保人之属并五岁刑也。"此注即晋律注文，或为张斐注，或为杜预注。

（8）"张斐《律序》曰：情者，心也；心戚则动情，动于中而形于言，畅于四支，发于事业，是故奸人则心愧而面赤，内怖而色夺。"（《太平御览》卷六三九）

【按】据句义推测，它是审理案件的指导思想之一，以情动人，启人良知。将这一内容写在《律序》中，可以表明，律序已涉及并重视处理情与理的关系和司法审判问题。

（9）"张斐《律序》曰：徒加不过六，囚加不过五。（罪已定为徒，未定为囚。）累作不过十一岁。（五岁徒犯一等加六岁，犯六等加为十一岁作。）累笞不过千二百。（五岁徒加六等，笞一千二百。）"（《太平御览》卷六四二。引文括号中文字为佚文原注）

以上《律序》都表明作者为张斐。不过，除张斐外，杜预也写有律序，如：

（10）"杜预《律序》云：律以正罪名，令以存事制。"（《太平御览》卷六三八）

【按】此句早见于唐时的类书《北堂书钞》，此书卷四五上引作"杜预《律序》云："律者八〔以〕正罪名，令者八〔以〕存事制，二者相须为用也。"这段佚文会不会是讹传，误将张斐之名写作为杜预？想必不会。因为此佚文早出，早见于《艺文类聚》卷五四。[①]

若此，晋律《律序》有二，一为张斐序，一为杜预序。

（三）汉晋律序的遗文在《晋志》中

在《晋书》卷三○《刑法志》"注律表"之前有一段贾充定律及晋律篇数等有关内容的记载。如下：

> 文帝为晋王，患前代律令本注烦杂，陈群、刘邵虽经改革，而科网本密，又叔孙、郭、马、杜诸儒章句，但取郑氏，又为偏党，未可承用。于是令贾充定法律，令与太傅郑冲……等十四人典其事，就汉九章，增十一篇，仍其族类，正其体号，改旧律为"刑名"、"法例"，辨"囚律"为"告劾"、"系讯"、"断狱"，分"盗律"为"请赇"、"诈伪"、"水火"、"毁亡"，因事类为"卫宫"、"违制"，撰《周官》为"诸侯律"，合二十篇，六百二十条，二万七千六百五十七言。蠲其苛秽，存其清约，事从中典，归于益时。其余未宜除者，若军事、田农、酤酒，未得皆从人心，权设其法，太平当除，故不入律，悉以为令。施行制度，以此设教，违令有罪则入律。其常事品式章程，各还其府，为故事。减枭斩族诛从坐之条，除谋反迳养母出女嫁皆不复还坐父母弃市，省禁固相告之条，去捕亡、亡没为官奴婢之制。轻过误老少女人，当罚金杖罚者，皆令半之。重奸伯叔母之令，弃市。淫寡女，三岁刑。崇嫁娶之要，一以下娉为

---

① 又见《艺文类聚》卷五○《刑法部》。此书上引作杜豫〔预〕《律序》："律以正罪名，令以存事制，二者相须为用。"

正，不理私约。峻礼教之防，准五服以制罪也。凡律令合二千九百二十六条，十二万六千三百言，六十卷，故事三十卷。泰始三年，事毕，表上。武帝诏曰："昔萧何以定律令受封，叔孙通制议为奉常，赐金五百斤，弟子百人皆为郎。夫立功立事，古今之所重，宜加禄赏，其详考差叙。辄加诏简异弟子百人，随才品用，赏帛万余匹。"武帝亲自临讲，使裴楷执读。四年正月，大赦天下，乃班新律。

有认为，这段文字很可能是"律序"的遗存。在这段文字中，提到了贾充等14人参与其事的情况，提到了晋律20篇篇名，提到了不入律而"悉以为令"的原因以及"其常事品式章程，各还其府，为故事。"的编纂情况等等。正如《隋书》卷三三《经籍志》上说："晋初，贾充、杜预删而定之有律，有令，有故事。"从内容看，它与"律序"体式的要求是相符合的。近见张建国的文章，他就此作过这样的推测，他说："晋书刑法志记录修订法律的经过，从语气看，极可能取自晋律序。"[1] 笔者以为这一推测有其合理性。不仅从语气上，而且从文体看、从内容看似乎都应该得出这样的推断。

不过，在《晋志》上有关贾充定律等有关内容的记载，无一处与本文第（二）部分所引佚文相同的。难道说，后人在类书中保存的晋律"律序"资料是那样的不重要，连《晋志》都会对当时还存在的重要资料置若罔闻？事实是，上引的晋律"律序"资料正是"律序"的要旨所在。正如我们在上文按语中所指出的那样，它概括出了制订律令的重要性以及对制律历史作

---

① 张建国：《帝制时代与中国法》，法律出版社，1999，第124页。

了回顾。既然如此问题出在哪里？

我们读《晋志》可知，《晋志》中有很大一部分的内容是摘引前人的原文，在大段大段的文字抄录中，如果现在还存在原书的话，都可以在原书中找到根据。如《后汉书》、《三国志》等史书上的一些内容被摘抄。我们之所以暂时还不能肯定将上引的这段文字看作是"律序"的遗存，而是《晋志》作者的记述，其原因也就因为它除"14人典其事"名单和末几句"赐金五百斤"类书《太平御览》有辑录，明确它引自《晋志》。① 既然这两段文字在宋时的《太平御览》中有辑录，而且又表明它们辑自《晋志》；而在本文第二节的7、8、9条同样是引自《太平御览》的佚文，却又明确为《律序》，这就在无形中告诉我们，在宋时《律序》与《晋志》同在，取引不同，二种书确实同时存在。

这段文字的开头说"文帝为晋王"，当指咸熙元年。当年夏七月奏请修律已改元。又说："叔孙、郭、马、杜诸儒章句"，与《晋志》另一处记述诸儒章句的人名不同，把"郑玄"改成了"杜"，杜若是指杜延年或杜林，都不应排在马融的后面，何况他们是否著有章句尚不可知。又，从事修律的14人中未有裴秀名，在《晋书》卷三五《裴秀传》中说："魏咸熙初，厘革宪司，荀𫖮定礼仪，贾充制法律，而秀改官制焉"（在14人名单中的荀𫖮又被错写成荀凯）。这样几点明显错失若是由当时人张斐或杜预来写的话，是绝对不会出现的；出现这样的问题就说明它不是张斐或杜预写的《律序》原文。

此外，在《晋志》中若有重要的引证，作者往往将出典标

---

① （宋）李昉撰：《太平御览》卷六三七，影印本，中华书局，第2855页。与所引文字略有不同。

出，如《魏律序略》、张斐"注律表"、刘颂"复肉刑表"等，此似是《晋志》写作的通例。若引证《汉晋律序》似不当不标明。

至于有关律目中缺"关市"一目、四十篇令中无"军事田农酤酒"、故事的提法不同（《唐六典》上称"删定当时制诏之条，为《故事》三十卷。"）等诸多问题，学界说法不一，尚须作进一步的探讨。

在上文中我们否定了汉晋律序即"律注表"的说法，但是我们又认为在《晋志》的"律注表"中有律序的遗文。也就是说习惯上说的"律注表"要点那一段文字中有数段律序文字窜入其中。从数段文字的内容、表达方式和上下文语气的不贯连等方面也可以看出来。当然，也不排除《律序》某些文句被移用；移用前人著述中文句的现象在《晋志》中并不少见。

（四）何谓"汉晋"的问题

题目上标明是"汉晋律注"，何谓"汉晋"？

为什么不直接写作"晋律"而要命名为"汉晋律"？有两种可能，一种是汉律与晋律的合编，一种是仅表明晋律与汉律的继承关系，在晋律上加一"汉"字，强调这一点而已。沈家本持前一说，他说："按此并汉晋律而序注之"，一个"并"字有合编之意与其间的传承关系。

而张建国则持后一说。尽管他并不是专门在谈这一问题，但是从他在作魏晋律的比较中，可以了解到他的观点，他认为："关于晋律的篇章结构，晋志讲是'就汉九章增十一篇'，这句隐含着晋修律直接上承汉律，因而有意在贬低乃至不承认魏修订法律已取得的成果。"。① 可能张建国并不认为"汉晋律"的提法就是出于贬抑魏律的考虑，但笔者则就此借用他的分析，认为"汉晋律"的提法是强调它与汉律的继承关系。

下面，顺便提一下杜预的律序和律注表，因为在法史学界时有将它们与张斐的律序和律注表相混同。

张斐有律序、律注和律注表，杜预也有律序、律注和律注表，二者不能混为一谈。

第二节中的第 10 例，从目前所掌握的资料看，还无法作出张斐误写为杜预的结论。为此，我们只能说杜预也写有律序，只是仅此一例。

说杜预也有律注。见《南齐书》卷四八《孔稚圭传》，有云："张斐、杜预同注一章，而生杀永殊。"说王植"集定张杜二注"，"取张注七百三十一条，杜注七百九十一条。……凡一千五〔七〕百三十二条。"在上文所引晋律注佚文中，"其当者免"句注也有可能是杜预的注。

说杜预也有律注表，见《晋书》卷三四《杜预传》。② 杜预的律注表与张斐的律注表是同样的有名，同样的有价值。《晋书》卷三四《杜预传》上的表文还只是片断。此表的佚文有：

（1）"杜预奏事云：被敕以臣造新律事，律吏杜景、李复等造律皆未清本末之意者也。"（《北堂书钞》卷四五）

（2）"杜预奏：帝王法书者，盖是绳墨之断也。"（《北堂书

---

① 张建国：《帝制时代与中国法》，法律出版社，1999，第 125 页。
② 表文如下："法者，盖绳墨之断例，非穷理尽性之书也。故文约而例直，听省而禁简。例直易见，禁简难犯。易见则人知所避，难犯则几于刑厝。刑之本在于简直，故必审名分。审名分者，必忍小理。古之刑书，铭之钟鼎，铸之金石，所以远塞异端，使无淫巧也。今所注皆网罗法意，格之以名分。使用之者执名例以审趣舍，伸绳墨之直，去析薪之理也。"

钞》卷四五）

（3）"晋杜豫〔预〕奏事曰：古之刑书，铭之鼎钟，铸之金石，斯所以远塞异端，绝异理也。法出一门，然后知恒禁，吏无淫巧，政明于上，民安于下。"（《艺文类聚》卷五四）

三条佚文都称"奏"，奏与表的文体同属一类。"敷奏以言，则章表之义也。"① 第 3 条与其杜预本传上的表文同，但称"奏事"，不称"表"。而且，表文与本文第二节所引第 10 条杜预《律序》佚文上的"律以正罪名，令以存事制。"提法不同。同样道理，杜预的律序亦不同于律注表。

① （梁）刘勰撰：《文心雕龙》卷五《章表》。

八 《唐律》律注文献校考

我们今天所看到的《唐律疏议》，原来也叫做《律疏》，它是由唐律律文和"疏"（包括"议"和"问答"）两大板块组成的。从《唐律疏议》或《律疏》这个书名来看，很容易给人这样一个印象，它只是"律"和"疏"的组合而已。其实，"疏者，通也。"疏，是对古书旧注所作的阐述或作进一步的发挥。有疏，必先有"注"。事实也正是如此，在唐律律文与其"疏"组合而成的《唐律疏议》中已先有了它的"注"，可以说，《唐律疏议》是《唐律》和"注"及其"疏"的合刊本，或者说，是它们的合编本。只是，《唐律疏议》中的"注"文，并未受到足够的重视而已。

《唐律》的律注文献留传至今的，除"疏议"外，众所周知的，主要还有两个本子。一个是在宋代天圣年间孙奭等所撰的《律附音义》（一作《律音义》），宋陈振孙《直斋书录题解》所云"《律文》十二卷，音义一卷。"① 即此。一个是大约为宋元时人此山贳冶子所撰、王元亮重编的《唐律释文》。② 这两个注本与《唐律疏议》是怎样的关系？这些注文与《唐律》的原注又有哪

---

① （宋）孙奭撰：《律附音义》，影印本，上海古籍出版社，1984。
② 见唐长孙无忌等撰《唐律疏议》附录，中华书局，1983，刘俊文点校本。

些不同？为此，我对它们进行了对照、比勘，在对照、比勘的基础上，提出一些粗浅的看法供讨论。

（一）《唐律疏议》中的双行"小注"为宋人错入

我们以滂喜斋本《唐律疏议》作为讨论问题的依据。滂本《唐律疏议》中的"注"文一般采用在律文后加双行小注的形式表示。有些地方也出现跟这一体例不相一致的情况，这种情况在下文中我要作重点的说明。省力的是，在张元济四部丛刊本《唐律疏议》书尾的"校勘记"中他已经对两种不同唐律刻本中的注文作了勾稽。他是用岱南阁本（校刻元本）与滂喜斋本作对校得出的，凡281条，大可信从。① 现在，我从中摘录出有关条目13条，考察一下两种不同刻本中"注"的异同，分析产生这些异同的原因。表8-1中的前者为滂喜斋本，后者为岱南阁校刻元本。从摘录的有关校勘内容看，有以下几种情况：

1. 滂喜斋本中的注文有宋人擅自增改之处

如校勘对照表中的第1、3条，用敦煌写本对勘可知"镜"原避宋讳改作"鸥"、"弘"原避宋讳改作"疏"。这一点已为法史学界所公认。即便如此但也有讳改未尽之处，在卷三《名例》二七"徒应役无兼丁"条的"问答"中有"据理亦是弘通"句，如果按上述第3条的讳改通例就应将"弘"字改为"疏"字，但今存各本都未有改动。这表明宋人讳改不严且不净。

---

① 四部丛刊本《故唐律疏议》"校勘记"。滂喜斋本一说宋刻，一说元刻，未有定论。

表 8－1　滂喜斋本与岱南阁本注文比较

编次	卷次	页码	行数	滂喜斋本	岱南阁本（校刻元本）
1	卷一	25	后2注	枭鸥犯翼祖庙讳改为鸥	无此注
2	卷二	20	前2	反逆缘坐	坐下有本应缘坐老疾免者亦同十字双行小注
3	卷二	20	后9	理务疏（犯宣祖上一字庙讳改为疏）通	无此注疏作弘
4	卷三	22	后7	注云妻年二十一以上至兼丁亦同	无注云二字妻字起作双行小注
5	卷六	25	后3	二人以上	下有双行小注谋状彰明虽一人同二人之法十二字
6	卷六	26	后6	依本条	下有双行小注加入绞者不加至斩八字
7	卷一〇	17	后7、8注	其节至十日徒	作正文
8	卷一七	2	后3	谓伯叔父至亲堂兄弟者三十五字	在本条之末作双行小注
9	卷一七	2	后3	谓伯叔父及兄弟之子己之子内	释曰出继谓伯叔父及兄弟之子己之子
10	卷二〇	6	前7、8	因而杀伤人者同强盗法	双行小注
11	卷二五	13	前1	注云谓伪奏拟云云	无注云二字谓字起作双行小注
12	卷二五	13	前5	注云谓伪奏拟云云	注云起提行
13	卷二六	1	前4注	此篇拾遗补缺云云	均作正文

又，校勘对照表中的第 9 条岱南阁本有"释曰"二字，可能元人在刻书时主观认为它不是原注而加上"释曰"二字以示

区分，是擅自增入所造成的；《涉喜斋藏书记》就认为它是旧注误入了正文。相反的情况是在涉喜斋刻本的卷二八《捕亡》"将吏追捕罪人"条疏议中，有双行小注"释曰：停家职资，谓前职、前官。"一句，是"注云"的误写，还是宋人或元人的擅增，这也同样不可知。我们能否作这样的猜测：王元亮重编的《唐律释文》原本是此山贳冶子所撰，这两处的"释曰"可能就是此山贳冶子《释文》之旧，而这就是重编者王元亮所删削未尽者。在后文我们将讲到这一点。

2. 涉喜斋本中的注文有夺文

如校勘对照表中的第 2、5、6 条，分别夺"本应缘坐老疾免者亦同"10 字、"谋状彰明虽一人同二人之法"12 字、"加入绞者不加至斩"8 字。在《宋刑统》中，这三条脱文均存在。既然《宋刑统》中存在，那么会不是宋人或元人的擅增？是增、是脱，恐怕都有可能。

3. 注文、正文不分

如校勘对照表中的第 7、13 条，一作注文，一作正文，应作如何看？按一般的情况推想，把注文误作正文的可能性大。因为在刻版之时，刻工漏刻"注曰"或误将小字刻成大字而窜入正文是较常见的事，相反就较少可能。

4. 其他各条都是注文的体例问题，是双行小注，还是提行注文，在传世的刻本中时有错乱

我着重要说的是这第 3、第 4 种情况。之所以出现第 3、第 4种情况实际上是编写体例上的不统一而造成的。纵观《唐律疏议》全书的注文，大致有这样三种注文形式：一种是双行小注，或称"子注"；一种是提行以"注云"标目，大字，姑称为"提行大注"；还有一种是注在"疏议"、"问答"中，用大字，或标以"注云"或不标目，直接在行文中释义，这种在行文中直接释义的方式有点像今天所说的间接引用。这三种注文方式，在《唐律疏议》中时有交叉，有的是既有双行小注，又有提行大注；有的只有提行大注而没有双行小注；也有的既没有双行小注，也没有提行大注，而只有在"疏议"、"问答"中的行文注，即间接引用。应该说这样一部大书从注释体例上来说是有缺陷的，这种缺陷是本身就存在的，还是后人在翻刻过程中的差失？这是一个问题。

纵观《唐律疏议》中的各种注文形式，大致可作如下划分：卷一至卷七，基本上都有双行小注，又有用"注云"标目的大注，大注注文与双行小注相同。当然这样做给人有重复、累赘的感觉。卷八至卷一五，时有双行小注，但在大多情况下不出双行小注，有提行大注，或"注云"大注在疏议的行文中。卷一六以下，基本上不出双行小注，或用提行大字"注云"表示或直接在疏议的行文中。

为什么《唐律疏议》的注文会出现以上三种不同的情况？

从注文的形式上看，上面划分出的第一种情况，即卷一至卷七之内，既有双行小注又有"注云"大注，二者注文相同。显然这是一种没有必要的重复；这种没有必要的重复，一般说来不会出自法典的纂修官，"爰逮时贤，详定法律"，长孙无忌、李勣、于志宁、褚遂良等十九主修官员都是饱学之士，不可能这样做。《旧唐书》卷五〇《刑法志》中特别提到《颁律疏诏》云："宜广召解律人条《义疏》奏闻。仍使中书门下监定。参撰《义疏》成三十卷。"其重视程度可见一斑。

何况这第一种情况与后面的二、三种情况在体例上又不统一，更可证明有后人画蛇添足的可能。事实上，在我们见到的孙奭撰《律附音义》中就只有"律文"和双行"小注"。当然，这种双行小注的形式也是宋人版刻时的制作，特别是在将"律"与"疏议"合编在一书中的时候，并没有照搬唐时《唐律》及其"注文"的原本格式。唐时《唐律》及其"注文"的原本格式，我们可以从敦煌《唐律疏议》残卷中得到见证，残卷"注文又大字与律文接书，但加'注云'二字以别之"。① 为此，我们可以作这样的推定：《唐律疏议》中的"注云"的大注形式是原有的，而且紧接着律文；而双行"小注"则为宋人版刻时增入，以致造成重复、累赘的迭床架屋现象。《宋史》卷一五七《艺文志》著录有"《律》十二卷，《律疏》三十卷，唐长孙无忌等撰"。照此看来，在唐时，《律》和《律疏》是分开的，就像我们今天说的是单行卷本。前者十二卷，后者三十卷。前者十二卷中既包括律文，又有用大字书写、加"注云"二字、并与律文接书的注文。《律疏》则只有"注"和"疏"，律文省略了。鉴此，可以得出结论：双行小注形式是宋人的擅增，或者说就是宋人在将《律》和《律疏》合刻在一起的时候，出现了既有双行小注又有"注云"大注还有"疏议"中行文注相复沓的情况。经杨廷福先生考证，《唐律疏议》中所掺杂的注文，"到卷七《卫禁》还有些，以后就没有了"，② 从掺杂的注文而言的，正好与上述第一种复沓情况相一致。恐怕这不是一种偶然。虽然他并不是针对注文的复沓情况来说的，但是也不能排斥它们之间的必然联系。

---

① 罗振玉：《敦煌石室碎金》。
② 杨廷福：《唐律初探》，天津人民出版社，1982，第28页。

（二）《律附音义》保存了较现存《唐律疏议》为早的注

孙奭（公元962~1033年）在天圣四年（1026年）十一月，上奏曰："诸科惟明法一科律文及疏未有印本，举人难得真本习读。"于是，诏杨安国、赵希言等校勘，最后由孙奭、冯元校定，至天圣七年十二月校毕后镂板颁行。是年四月孙奭上奏，奏文见《玉海》卷六六所载：

> 准诏校定律文及疏，律疏与《刑统》不同，本疏依律生文，《刑统》参用后敕，虽尽引疏义，颇有增损。今校为定本，须依元疏为正（一作"主"），其《刑统》衍文者省（一作"损"），阙文者益，以遵用旧书（一作"制"）与《刑统》兼行。又旧本外（一作"多"）用俗字，改用正体，作《律文音义》一卷，文义不同，即加训解，诏崇文院雕印，与律文并行。

孙奭《律附音义》分两部分，前一部分是"律文"，后一部分是"音义"。所附"音义"部分仿照《经典释文》的体例，从《唐律》中摘出词目，在每条词目之下加上反切或直音；必要时加上释义。

《律附音义》的"律文"部分保存了较现存《唐律疏议》为早的唐律律文和注。今用滂本《唐律疏议》与《律附音义》"律文"中的原注对校，摘录数条有明显不同的注文如下（见表8-2）：

表 8 - 2　　《律附音义》注与涞本《唐律疏议》比较

编次	律目	《律附音义》中的注	涞本《唐律疏议》
1	名例	诈以不实	卷二·一五作"诈不以实"
2		兼有三官者	卷三·九作"兼有二官者"
3		缘坐流配役者	卷四·六作"缘坐应配、役者"
4		经问不臣者	卷四·二〇"臣"写作"承"
5		虽三人，同二人之法	"三"作"一"
6		加入死者，不如至斩	加入绞者，不如至斩
7	职制	无	卷一一·一四在"疏议"中有注云"谓州、县、镇、戍、折冲府等判官以上，总为监临。"
8	户婚	谓一户俱不附贯者，不由家长，罪其所由	"者"作"若"，"若"连下句
9	厩库	临时见制亦为主	"见"作"专"
10	盗贼	"自述休徵"的"徵"字缺末一笔	不缺笔
11		各与和买者同	"和"作"初"
12	斗讼	罪置，悬之	"罪"作"弃"
13	杂律	十月二十日	十月三十日

从此表中可以看出这样四种情况：

1. 后人的笔误或误刻

校勘对照表中的第 1、2、5、8、11、13 条是这种情况。如第 8 条中"者"作"若"，第 11 条中"和"作"初"就是因字形相近而致误。

2. 后人的擅自改动

校勘对照表中的第 4、9 条是这种情况。如第 4 条中的"臣"，在涞本《唐律疏议》中写作"承"，而孙奭所附音义对这个"臣"字作了说明："臣,伏辞也。"由此看来当作"臣"。滂本作"承"是宋人擅改;擅改的诱因可能是《宋刑统》,《宋刑统》卷四有云："释曰:臣犹承也。"再追溯下去,也可能是受了此山贯冶子的影响,"释曰"的内容应该说就出自他的《释文》。"释文"的零星注文残留在《宋刑统》中共有 59 处,此"臣犹承也"为其中之一。

3. 避讳

第 10 条是这种情况。"徵"字缺末笔,是一种避讳的形式。"休徵"一语出自《尚书·洪范》,徵,验也。但即使如此,在《律附音义》中征收的"徵"字却不缺笔。征收的"徵"与"休徵"的"徵"读音相同,何以不讳,就不明白了。这只能说明:宋人避讳有不净处。

在本文第一部分的第 1 点中提到:滂喜斋本中的注文有宋人擅自增改之处。如本文第一部分图表中的第 1、3 条,用敦煌写本对勘可知"镜"原避宋讳改作"鸥"、"弘"原避宋讳改作"疏"。在《律附音义》中则均无,因为它并不是律文的原注,而是对"疏议"所加的注,它是宋人擅补的避讳字。

避讳的例子在《律附音义》的"音义"部分中还有这样两例,一例在"名例第一"中:在"期"字下注作"音基。唐避玄宗讳之字为周。今改从旧。"意思是唐时避玄宗之讳而原来写作"周"。还有一例在"擅兴第六"中:在"弃"字下注作"唐避太宗讳行焉。今从古。"意思是唐时避太宗之讳而原来写作繁体的"弃"。因为繁体的"弃"中间有个李世民的"世"字,所以要避讳。此二例是宋人的从旧、从古;原来的唐人避讳,正是唐律原本之旧注的证明之一。

4. 量刑上的变动

校勘对照表中的第 3、6 条是这种情况。如第 3 条"缘坐流配役者"中的"流"刑在溁本中删掉了。加役流本入死刑，至唐改为断趾，到贞观改为加役流。"流"刑是存在的。

从上引 10 余例的比较中我们能看到《律附音义》保存有唐律之旧，这也早为学者所证实。[①] 虽然，我们也从中看到宋人的改动，但改动的原因无外乎是后人对讳字的追改或适应刑制上的变动。可以得出这样的结论：《律附音义》保存了较现存《唐律疏议》为早的注。

除以上四种情况外，第 7 条则可能是孙奭刻本的疏漏。注云"谓州、县、镇、戍、折冲府等判官以上，总为监临"一条，我们之所以认为它是唐本的原注，是因为注文中"折冲府"是唐代军队组织的设置，此组织在天宝之后已名存实亡。

(三)《唐律释文》实际上是"刑统释文"

另一个本子是大约为宋元时人此山贳冶子所撰、王元亮重编的《唐律释文》。《唐律释文》附于《唐律疏议》（岱本）卷后。这种作附录的做法，其实是欠妥当的。最简单的道理就是因为《唐律释文》不是《唐律》的释文，而是此山贳冶子以及王元亮为《宋刑统》所编撰的释文。正如标题所示：《唐律释文》中的"唐律"当改作"刑统"。确切地说，它是《刑统释文》。这一点前辈学者有过考证，只是未得到认可或足够的重视。

先看《唐律释文》的无名氏序，序云：

---

① 《律附音义》冀淑英序。上海古籍出版社，1984 年影印本卷首。

　　《刑统》之内多援引典故及有艰字，法胥之徒，卒不能解；又有新入仕员，素乖习熟，至临断案，事一决于胥，胥又无识，岂不有非圣慈者哉？且如：问云，加杖二百比徒四年，部曲与奴婢不等，义服与正服有乖。若此之差，例皆多目。故此山贳冶子治经之暇，得览金科，遂为《释文》，以辨其义。此盖有志于民者也，又见不自诬举仕。

　　此山贳冶子，不明真实姓名，亦未详生平籍贯。据沈家本的考证大致确定为宋代人。又有考证称之为南宋人的。其主要依据是：在《唐律释文》卷三"杂户"的释文中，引用了宋时职官、官署名称"将作监、太常院东西库务"；而元代时"将作监"已经改作了"将作院"，也未见再有"太常院东西库务"。① 又，《唐律释文》避宋代庙讳，如"枭鸱"作"枭镜〔獍〕"；"贞观"作"正观"等。

　　再说，在上面所引无名氏的序中，所说"不自诬举仕"，恐怕这就不单纯是一个举仕不举仕的问题了，把举仕看成是一种"自诬"的行为，是一种有损人格的为人所不齿的行为。由此看来，此山贳冶子所处的时代是一个异族统治的时代，是当时的士人蒙受耻辱和极大痛苦的时代。从这一点推测，此山贳冶子可能生活在南宋时期。

　　清代学者顾广圻在嘉庆丁卯年（1807 年）所作的《唐律疏议跋》中着重讲了王元亮重编《释文》的问题。影响所及，直至今日。他说"唯释文颇有难读处"，经过他校勘、考证，指出

---

① （清）沈家本撰：《历代刑法考》第 4 册，《寄簃文存》卷七《唐律释文跋》，中华书局，1985，第 2248 页。

此山贳冶子撰唐律《释文》，而王元亮"重编删并有未尽也"。
而且得出了校勘结论，《释文》中"有应别自为条而连他条者"、
"有应属一条而分数条者"、"有标其字而佚其释者"、"有释尚在
而遗标字者"、"有前后互换其处者"、"有所据本不同而抵牾
者"，共六种情况。

1. 所谓"重编删并有未尽也"

王元亮重编《释文》时有所疏漏，是指今本《唐律疏议》
中的残留"释曰"条目。一条是卷一七《贼盗·谋反大逆》中
的"释曰：出继，谓伯叔父及兄弟之子，己之子"一段。这段
文字已出现在本文第一部分图表的第9条中，认为是宋人的擅自
增入。另一条在卷二八《捕亡·将吏追捕罪人》条中，有"释
曰：停家职资，谓前职、前官"一段文字。值得注意的是，在
《唐律释文》中"停家"写作"停当"（"当"字繁体与"家"
字形近）。我把它们归入上一节说明文字中的第2种情况。也认
为它们的确是"重编删并有未尽也"。

不过，"重编删并有未尽也"的内容，远不止此。有关"释
曰"的文字，在《宋刑统》中共有59条，其中16条有重复，
实际是43条。上面提到的两条也在这43条中。

而且，这些出现在《宋刑统》中的"释曰"注文，绝大多
数是附着在"疏议"、"问答"甚至"准"敕中；"释曰"会出
现在"准敕"中，说明"释文"不可能为《唐律》而作。

2. 所谓六种差失

六种差失的具体例证，可以从今铅印本《唐律疏议》[①] 附录
《释文》的校勘记中看到。分别说明如下：

（1）"有应别自为条而连他条者"。

（2）"有应属一条而分数条者"。

---

① （唐）长孙无忌等撰：《唐律疏议》，中华书局，1983。又，1993 年重印。

按：以上两种情况是排字时的差失。有大字排成小字的，有小字排成大字的，有该接排而不接排，有不该接排而接排的等情况。

（3）"有标其字而佚其释者"。

按：仅1例，见校勘记注135"同族之戒"条。

（4）"有释尚在而遗标字者"。

按：有2例，见校勘记注32、注136。

（5）"有前后互换其处者"。

按：有3例。其中校勘记注145"惊骇"条，刘注云："此原在'唐突'条上，今据正文次序移至'唐突'条下。"查一下《唐律疏议》卷二六"城内街巷走车马"条，"惊骇"的确在"唐突"条之后，但是在《宋刑统》中"惊骇"却在"唐突"条之前。原因是《宋刑统》将"走车马伤杀人"条的律文合二为一，以致词语的顺序有了颠倒。这一例也可以说明"释文"依据的是《宋刑统》而不是《唐律疏议》。

（6）"有所据本不同而抵牾者"。

按：有11例。如校勘记注116"驺虞"条，刘注云："正文作'白虎'，此盖'释所据本不同而抵牾者'。"查《唐律疏议》卷一九，确是"白虎"，但是在《宋刑统》中则是"驺虞"。看来，说是"释所据本不同而抵牾者"恐不妥。其他的例子则从略。

以上六种差失，其中有很大部分并不是差失，用《宋刑统》作校勘的话。但有的的确是差失，则是因为《宋刑统》承继《唐律疏议》，《唐律疏议》中的问题，《宋刑统》中也同样存在。

3. 用《唐律疏议》作校的不当

附录《释文》的校勘记，总共 175 条。在这 175 条记文中，大约有 30 多条是《释文》有而《唐律》中无的校记记录。如：

左降官　按：正文无"左降官"。

殡葬　按：正文无"殡葬"。

奔丧者　按：正文无"奔丧者"。

钳　按：正文无"钳"。①

的确，上引"左降官"、"殡葬"、"奔丧者"、"钳"等四条条目乃至大约 30 多条这类释文的词目在《唐律疏议》中"正文无"，无法落实。但是，用《宋刑统》来跟它们对校一下，我们就会清楚地发现它们大多都在《宋刑统》中。就拿"左降官""殡葬""奔丧者""钳"来说，它们就在《宋刑统》的卷第三"名例""犯流徒罪"后面的【准】敕中。这些"【准】敕"不可能出现在《唐律》中，这毫无疑义。其他"正文无"的条目也就无用赘引、对勘，就已足以说明问题了。

为说明问题，我还想再引一、二例，来说明用《唐律疏议》作校的不当。如，《释文》的校勘记注 162 "洗谍"、注 172 "差互"、注 173 "拒抗"，这三个语词的注文中都说是"正文无"。而事实上，"洗谍"一词在《宋刑统》卷二九"断狱"的【准】敕中，敕节文的时间是"周显德二年四月五日"，即公元 958 年。"差互"、"拒抗"二词也在《宋刑统》卷二九"断狱"的【准】敕中，敕节文的时间是"建隆三年十二月六日"，即公元 962 年，已经进入到宋太祖赵匡胤的时代了。出自于后周、宋初敕文的语词去到《唐律疏议》中找，出现"正文无"的现象也

---

① 《唐律疏议》，中华书局，1983。又，1993 年重印，第 651 页校勘记注二五、二六、二七、二八。

就不奇怪了。

刘俊文点校的《唐律释文》用的是唐律正文，之所以有许多条目不见于《唐律》正文，原因就是"释文"本非为《唐律》而为《宋刑统》注释也。

4. 《刑统释文》的存在

在《吏学指南》的《推鞫》一节中有"锻炼"一词的解释，解释时的引例是这样的："锻炼《刑统释文》曰'锻炼成罪，由〔犹〕屈架构也'"。① 现存各类书目中没有著录《刑统释文》一书的名目，而这"锻炼"一词的解释恰恰又在今存的《唐律释文》中。见《唐律释文》卷第三十《断狱》："锻炼成罪，犹屈曲架构也。"鉴于此，我们联系上文所作的对勘，可以得出这样的结论：《唐律释文》实际上是"刑统释文"，应作《刑统释文》看。嘉业堂主人刘承幹说："是则此二书者，以之改附《刑统》，乃尤属允当耳。"② 是为的论。

铅印本《唐律疏议》，中华书局1983年11月出版，1993年又重印，书后附有《唐律释文》及其校勘记。它是依据《唐律》作的校勘，笔者以为不妥，有误导读者的可能。诚请再版时删去校勘记，或以《宋刑统》为校本重新作校。如此建议，是否有当，仅供参考。

至于书名问题，既然是《刑统释文》，王元亮何以要故作《唐律释文》呢？恐怕我们不能无端怪罪王元亮；这里有出版商冒名取利的可能，唐律的影响力之大非刑统可比，即使是在宋

---

① 元吴郡徐元瑞撰《吏学指南》，文海出版社，1979，第87页。此书刊于大德五年（1301年），原本收在明刊《居家必用事类全集》中。

② 刘承幹《宋重详定刑统校勘记》。引文见《宋刑统》，中华书局，1984，第550页。引文中所说的"二书"是指《释文》和《纂例》。

元间。

那么，除了上文中提到的"锻炼"一词之外，《刑统释文》还有没有佚文存在呢？有的。《刑统释文》的佚文，今天还能见到的，在明初何广的《律解辩疑》中有 4 条。这 4 条"释文"的考证文字，我将另外作文，这里不再赘述。①

---

① 参见本书《〈律解辩疑〉所引"疏议"、"释文"校读记》一节。

九 《朱元璋传》所引律例
及其"句解"考

　　《朱元璋传》是我国20世纪四大传记之一。吴晗先生在明史研究领域的贡献卓著，有口皆碑。笔者从事明代律例及其解释的研习，近读新版《朱元璋传》，对书中所引明代律例及其"句解"产生了作进一步探索的想法，在这方面作些补充说明。

　　《朱元璋传》的第四章第一节"国号大明"中提到，在朱元璋做皇帝的第一年就用诏书禁止一切邪教，特别是白莲教、大明教和弥勒教。接着又把这禁令写成法律条文，严加禁止。为说明问题，此书直接从《昭代王章》①中引用了明律及其句解，云：

　　《大明律》《礼律》《禁止师巫邪术》条规定："凡师巫假降邪神，书符咒水，扶鸾祷圣，自号端公、太师、师婆。妄称弥勒佛、白莲社、明尊教、白云宗等会，一应左道乱正之术，或隐藏图像，烧香集众，夜聚晓散，佯修善事，扇惑人民，为首者绞。为从者各杖一百，流三千里。"句解："端公、太保，降神之男子；师婆，降神之妇人。白莲社如

---

　　① 明师俭堂刊本。已收入玄览堂丛书。

昔远公修净土之教，今奉弥勒佛十八龙天持斋念佛者。明尊教谓男子修行斋戒，奉牟尼光佛教法者。白云宗等会盖谓释氏支流派分七十二家，白云持一宗如黄梅、曹溪之类是也。"①

（一）所引律

1. "禁止师巫邪术"律条定于何时

上引文所引律文见《大明律》卷一一"禁止师巫邪术"条。此条律文制定在什么时候？因明洪武初年的法律文本没有能流传下来，要正确地说出制定这条律文的时间是有困难的。只能是作一点分析和推测。

明太祖朱元璋十分重视立法工作，于吴元年（1367年）十月平定武昌之后，即会议制律，下令左丞相李善长为律令总裁，陶安、杨宪等20人为议律官。一遵唐旧，于当年十二月甲辰律令成，凡律285条，令145条，刊布中外。明代建国之初，鉴于"乱世"之治，"刑不得不重"。然而重典的采用只是一时的需要，作为常法是不适合的。对照《唐律》，轻重失宜，有乖大典。于是在洪武六年（1373年）十月，又命刑部、翰林院审订《大明律》，刑部尚书刘惟谦等奉命详定，次年二月律成，翰林学士宋濂撰表以进。篇目一准于唐，凡12篇，606条，分为30卷，"名例"置于篇末。至洪武二十二年（1389年）再次更定《大明律》，将近年新增律条以类编入，按六部分目，共分30卷，460条，"名例"置于卷首。第四次较大的修律活动是在洪

---

① 吴晗著：《朱元璋传》，百花文艺出版社出版，2000，第154页。

武三十年（1397年），"日久而虑精，一代法始定"（《明史》卷
九三《刑法志》）。自此之后，决狱断案，一准三十年所颁《大
明律》。这样一段制律的立法过程是直接在朱元璋的统领之下完
成的。《大明律》在明代276年的时间内相对稳定，适应了我国
封建社会后期政治、经济、军事等各方面发展的需要，它又直接
影响着清代法制，这是朱元璋在我国立法史上所做出的卓越
贡献。

引文中的"禁止师巫邪术"条律文，在《大明律》卷一一
《礼律》中，既然称"礼律"，那么它所依据的《大明律》必定
已按六部（吏、户、礼、兵、刑、工）分目了。这样看来，制
定这条律文的大致时间就应该是在第三次定律的时候，即洪武二
十二年更定《大明律》的那一次。不过，以是否按六部分目为
依据来断定律文的制定的时间恐怕也有点机械，因为后定的律文
与原有的律文不可能截然不同，它们之间必然存在十分密切的承
袭关系。就说"禁止师巫邪术"这条律文，可能很早（洪武六
年制律时）就定下来了。因为在《明太祖实录》洪武三年的记
事中就有一份禁淫祠制，称："不许塑画天神地祇，及白莲社、
明尊教、白云宗，巫觋扶鸾祷圣，书符咒水诸术，并加禁止。"[①]
其内容与二十二年法典中的该条律文十分相近。

2. 《大明律》的律条非条例

《朱元璋传》中说："在三十年内，更改、删定了四五次，
编成《大明律》。条例简于《唐律》，精神严于《宋律》，[②]是中
国法律史上极重要的一部法典。"显然，这里所说的"条例"指

---

① 《明太祖实录》卷五三。

② 此说出自沈家本："大抵明律视唐简核，而宽厚不如宋"。见《历代刑法考》第2册，
《律令九》，中华书局，1985，第1127页。

的应该是律条，因为明代的条例真正得到法定，那是在弘治十三年以后的事。明初确实也存在有提供司法实践参用的"事例"、"条例"等，但是，朱元璋面对法司多用"条例"决狱的状况，特别向刑部作了强调："律者常法也，例者一时之权宜也"，并未给"条例"以法定的地位。到明成祖时，朱棣仍不忘祖训，不敢稍有变通，他也曾下过诏令，说："问囚一依《大明律》拟议，毋妄引榜文条例为深文。"①

此外，这里所说的《宋律》当指《宋刑统》，《宋刑统》全称《宋建隆重详定刑统》。《宋刑统》中的"律"、"疏"均依《唐律》，律目、条数、卷数均同。不同的是，另附了敕令格式177条，起请32条。照此看来，律条（非条例）的繁简无从比较，而且，与其说是精神严于《宋律》，不如说是严于《唐律》。唐明律的比较，有清末法学家薛允升的专著《唐明律合编》可参考。

3. 朱元璋对宗教的态度

"禁止师巫邪术"律条是针对"左道乱正"之术说的。律条前半部分是对道教中设斋打醮等迷信活动的打击。道教自元之后在民间多演变为斋醮祈禳、念咒画符的"邪术"。后半部分是针对佛教说的，律条内所列弥勒佛、白莲社、明尊教、白云宗原本都是佛教派别的名称，问题是它们并不是真正在搞宗教活动，而是"妄称"佛会，搞佯修善事，扇惑人民的秘密颠覆活动。正如王肯堂解释说："不当奉祀之神，且禁其致祭。况师巫邪术、左道乱正、隐藏图像，则非民间共事之神。烧香集众、夜聚晓散，则其谋为不轨之实迹。阳曰修作善事，阴以煽惑人民，往往

①《明史》卷九三《刑法一》。

藏奸，因以生乱。"① 均在严惩之列，合乎明初巩固新生政权的
需要。

朱元璋对宗教的态度还是积极的，他并没有因为存在异端邪
术而压制乃至剥夺宗教的合法地位。洪武五年（1372 年）朱元
璋校刻《大藏经》；洪武十五年（1382 年）京师设立僧录司、
道录司等宗教管理制度。尽管说朱元璋扶持宗教活动是出于维护
封建统治，但事实上他是严格区分清楚了宗教活动与打着宗教旗
号搞反政府活动的界线，区分清楚了宗教与邪术、邪教的界线。

其实，在朱元璋夺取政权之后的洪武 30 年间，师巫邪术的
活动与后来嘉靖、万历年间相比，无论是规模还是遍及的地域范
围，都还是并不严重的。朱元璋掌握政权以后即能看清这一点，
并立法防范，且能以史为鉴，划清"正"与"邪"的界线，不
能不说是他睿智的预见。

（二）所引例

再说一说明代条例的制订。明初，明太祖历经 30 年，修改
四五次，精心制订成《大明律》，希望它成为"百世通行"的一
部法典。毫无疑问，《大明律》在明代初期有至高无上的权威。
《大明律序》中就这样说："今后法司只依《律》与《大诰》议
罪。"《大诰》是明太祖所编的一部特别刑事法规，但不久朱氏
子孙便搁置不用。

明弘治之前各朝都有各类"事例"、"条例"产生，但都未
正式立法。弘治初，针对各类"事例"、"条例"纷繁，京内京

---

① （明）王肯堂：《大明律例笺释》卷一一。

外法司所据"事例"、"条例"畸轻畸重的情况，许多官员提出建议：将现行事例删定程式，颁行天下。到弘治十三年（1500年）正式删定，凡279条。大体依据自天顺八年（1464年）至弘治七年（1494年）的现行条例，以及弘治八年至十二年（1495～1499年）间的新增事例。自此，《弘治问刑条例》"辅律而行"，并"永为常法"，在明代中叶的数十年司法活动中发挥了积极作用。

其后，到嘉靖二十八年（1549年），由刑部尚书顾应祥奉诏定议，重修《问刑条例》；嘉靖三十四年又有增补，凡385条。即《嘉靖问刑条例》。

再后，到万历十三年（1585年），刑部尚书舒化领衔重新校定《问刑条例》，即《万历问刑条例》，凡382条，各附于律文之后，使律例合编的法典新体例日益完备。

《朱元璋传》直接引用了《昭代王章》所辑条例：

> 左道惑众之人，或烧香集徒，夜聚晓散，为从者及称为善友，求讨布施，至十人以上，事发，属军卫者俱发边卫充军，属有司者发口外为民。

善友是明教教友称号的一种。在这条条例的"至十人以上"与"事发"中间，却删掉了43字："并军民人等，不问来历，窝藏接引，或寺观住持容留披剃冠簪，探听境内事情，及被诱军民舍与应禁铁器等项"。此条条例在279条的《弘治问刑条例》中尚未收入；[①] 虽未收入法定的《弘治问刑条例》，但并不能说

---

①　甚至在《皇明条法事类纂》中还没有"禁止师巫邪术"的标目，可见在成化、弘治年间并未有此条条例的题奏出现。

当时就不禁止善友会及"为从者"的师巫邪术活动，相反，我们从遗存的文献资料中看到这类档案的存在：

> 禁约僧人善友惑人集众（弘治二年拾月）
>
> 准今后有犯如白莲会、善月会之类，及刺血写经、焚香烧臂、肉身点灯、奉录咨佛之类，及僧人游方布施、项色叫街说法受戒之类，及扶鸾祷圣、降神救病、斧砍支体、割肉祭神并拖铁索、带长枷等项，俱惑人心，聚人众、许邻佑并总小旗人等，即使呈送官司，查究惩治。①

与此文献档案中所引条例内容相近的，最早见刻于法律文本中的，要数胡琼编撰的《大明律解附例》卷一一《礼律·祭祀》所附条例，其内容如下：

> 内外问刑衙门，今后遇有烧香、聚惑，为从及称为善友，求讨布施，聚至十人以上，接引为（窝）藏之人，不问来历，若寺观住持容留披剃冠簪，致令入境，探听事情，若军民人等被诱舍与应禁铁器等项事发，有如犯人贾成、刘安定俱□（发）隔别卫分来远充军，其不知情，止是布施饮食，别无容留披剃冠簪及额外僧道行童，本无逃避刑罪。善友聚众不及十人，俱照常例发落。②

---

① 《条例全文》。今宁波天一阁藏书楼存此钞本（残）。
② 在范永銮《大明律》中此条条例是作为增例"附考"在当时法定的问刑条例之后的。也就是说，在嘉靖二十八年前此条条例还未正式立法。引文中括号中的文字是据范本所作的校订。

　　文字详略与《朱元璋传》所引有所不同。对照之下，则完全可以把它看作是"禁止师巫邪术"条例所据的原始材料，在胡琼的《大明律解附例》中被保存了下来。《大明律解附例》刻于正德十六年（1521 年），据此，也可以大致确定此条例是正德年间的产物。不过，它是私著，未经九卿会议，不合立法程序。其后，至嘉靖二十八年（1549 年）方正式立法列入《嘉靖问刑条例》。

　　鉴于此，将明代弘治之后的条例作为朱元璋洪武制定律例的说明是有点问题的。

（三）所引"句解"

　　所引"句解"照录在本文开头的引文中。为便于读者阅读，再照抄一遍在下面："句解：端公、太保，降神之男子；师婆，降神之妇人。白莲社如昔远公修净土之教，今奉弥勒佛十八龙天持斋念佛者。明尊教谓男子修行斋戒，奉牟尼光佛教法者。白云宗等会盖谓释氏支流派分七十二家，白云持一宗如黄梅、曹溪之类是也。"

1. "句解"出自何本

　　《大明律》的注本留传至今的有许多种，洪武年间有《读律辩疑》、《大明律直解》，其后，天顺年间有《大明律疏议》、正德年间有《大明律解附例》等等，那么，上引"句解"究竟出自何时、出在何本？

　　上引"句解"原来也同样取自于明人熊鸣歧的《昭代王章》。书题称《昭代王章》，它是个辑本，书中的"句解"辑自何本并未注明。熊鸣歧《昭代王章》大约编辑于万历年间或稍后。因为在编辑此书时曾请当时的刑部主政钱士晋作了审校。《明史》卷二五一《钱士晋传》上说，钱士晋，嘉善人，在万历中由进士除刑部主事。

经核查，上引"句解"均不见于《读律辩疑》、《大明律疏议》、《大明律解附例》等书，它究竟辑自何书，尚不清楚。不过，从所见明代后期明律注本的释文看，内容大同小异，甚至有些语句也十分近似。《昭代王章》的编者可能是综合了各家的解释，作了归纳，略微作了改写。

笔者以为，《昭代王章》所辑"句解"的根据很有可能是嘉靖年间初刻、万历初年重刻的《大明律例》，一是刊刻时间与《昭代王章》相近，二则在《大明律例》所引律例之后有"解"字一栏。但是，今查万历六年王藻校本，并没有这段释文。仅在王藻本《大明律例》有关律文中间作了双行夹注，夹注云："盖前项邪道乱正甚于鸩毒，小民无知，易惑为祸，必致蔓延，故设此重禁，用以防微杜渐。"由此看来，《昭代王章》中的"句解"文字并非辑录，而是已经经过编者熊鸣歧的改写。

2. 关于白莲社

如《朱元璋传》所言，正因为朱元璋是明教徒，正因为他曾崇拜弥勒佛，正因为他是从明教和弥勒佛的秘密传播得到机会和成功，因此，他做皇帝的第一年，就用诏书禁止一切邪教，特别是白莲社、大明教和弥勒教。

上文说各注本对此条律文的解释大同小异，但是各注本都未对律条前半部分的"设斋打醮"作出注解。一方面洪武之后在民间较少这方面的秘密结社活动，在现存的《皇明条法事类纂》中未有记载；《皇明条法事类纂》是一部抄本，它保存了明成化和弘治年间的朝廷文书，其中也包括有成化之前的重要事例。另一方面，明中后期各皇帝都有修道术、求长生的癖好，如弘治八年之后，孝宗在宦官李广的诱导下热衷斋醮、烧炼，"视朝渐晏"。① 又如嘉靖皇帝用道士邵元节祷祠，有陶仲文符水治鬼，得以号封；"其他段朝用、龚可佩、蓝道行、王金、胡大顺、蓝田玉、罗万象之属，亦皆以符咒烧炼扶鸾之术，竞致荣显。"② 由此看来，这恐怕是个主要的方面。各注家视而不见，似是疏忽，而实际上是有所避忌。

即使是后半部分，比较各注本，王肯堂《大明律例笺释》的释文则最到位，他说："白莲教称弥勒下生（世），救众生刀兵劫难，鼓惑愚民，故曰弥勒佛。白莲社（教），非远公念佛之莲社也，此教世俗最尚。明尊教、白云宗不闻有习之者。无为教起于近代，虽左道叛正，而不如白莲之甚。"在这里他把白莲教与白莲社作了严格的区分，明确指出白莲教不同于佛教中的莲社。用一个"非"字作了否定，这是对的。而胡琼本《大明律解附例》在"非"字的位置上写作"是"，解曰"白莲社是远公所修净土之教。"应槚所撰《大明律释义》写作"晋"，释义曰"白莲社皆晋远公修净（土）之教。"上面《昭代王章》所引则写作"昔"，均误，当从王肯堂说，用"非"字。净土宗是佛教的一派，晋慧远专主净土法门，住庐山，结莲社，故有称莲宗。白莲教虽发源于佛教的白莲社，但名实不符，它实际上是聚结群众的农民起义队伍，只是利用宗教作号召工具而已，与佛教净土宗教派相去甚远。

值得注意的是，依照王肯堂的解释，明尊教和白云宗在万历年间就早已消歇了，也就是说只是在制定大明律的洪武年间它们

① 《明史》卷一八一《徐溥传》。
② （清）赵翼：《廿二史札记》卷三四。

还在活动，这在《皇明条法事类纂》中无有此类事例也可证明。无为教原也是佛教中的一支，但也已改变了性质，在万历年间与白莲教一样是聚众结社，反抗政府的起义队伍。有记载称："白莲、无为等一切邪教……党与太多，亦生事故。"① 王肯堂是位佛教徒，他曾拜直可禅师为师，著《成唯识论证义》一书。因此他的说法应该是可信的。

3. 《律令直解》与《大明律直解》非同一书

《朱元璋传》中又说到，朱元璋叫人把这部法典里和人民生活有关的部分用口语译出来，叫它做"直解"，分发给各府、县，目的是让老百姓都能读懂，都能遵守他的法令，立纲成纪，达到阶级统治的目的。② 此说的根据是《明史》卷九三《刑法志》。《刑法志》云："又恐小民不能周知，令大理卿周桢等取所定律令，自礼乐、制度、钱粮、选法之外，凡民间所行事宜，类聚成编，训释其义，颁之郡县，名曰《律令直解》。"不过，今见所存世的大明律中并没有礼乐、制度、钱粮、选法这一类标目，或许是洪武元年所定律律目的名称。说是大理卿周桢所定，而《明史》卷一三八《周桢传》称，在洪武三年（1370 年）他已被召为御史中丞，不久就引疾致仕。③ 照此看来，《律令直解》编辑当在洪武三年之前。

今存世有朝鲜金祗等撰的《大明律直解》一书，即洪武二十八年《大明律直解》刊印本。上引的那条"禁止师巫邪术"律文在《大明律直解》中已经列入。此书中也未见有礼乐、制度、钱粮、选法这一类标目，可见《律令直解》与《大明律直

① （明）高珩：《栖云阁文集》卷八。
② 吴晗著：《朱元璋传》，百花文艺出版社，2000，第 180 页。
③ 《明史》卷一三八《周桢传》。

解》并非同一书。但是它们都称"直解",时间又相隔如此之近,相互会没有影响?也是一个值得探讨的问题。

(四) 结语

《朱元璋传》所引明代律例及其"句解"依据的是《昭代王章》,而《昭代王章》则是明代后期的一部法律注本,所引"律"是明初洪武年间的产物;但所引"例"则要到嘉靖朝方始正式立法为嘉靖问刑条例;其"句解"虽是针对明律作出的,但是作注的人已是明代后期的人了,这样,所作出的"句解"内容必然与明初的情况不同了,用变化了的背景资料来解释二百多年前就制定下来的法律条文,势必会有出入。这些情况作文时是很容易被忽视的。

十 《律解辩疑》所引"疏议"、"释文"校读记

在何广所著的《律解辩疑》中引有"疏议"文字6则、"释文"文字4则，它们是否出自《唐律疏议》和《唐律释文》呢？在未作校勘之前无法做出结论性的判断。为此专就"疏议"和"释文"的有关文字做一校读，考实《律解辩疑》（以下简称《辩疑》）所引"疏议"、"释文"的归属，从而在解决它们出处的同时，也就可以将《辩疑》律注的来源以及版刻的时间做出初步的结论。

（一）《律解辩疑》所引"疏议"校读

明洪武十九年（1386年）前，何广作《律解辩疑》。①

在何广的《辩疑》中，所引引文有注明出自唐律、《唐律疏议》的，经过核对，大体相符，这当然是很明确的，但是在《辩疑》中有时只注"疏议"二字，其"疏议"指的是不是《唐律疏议》？不一定。因为在明代有张楷的《律条疏议》，也可

① 此书的缩微胶卷今中国国家图书馆有藏，文中简称"国图本"。

以简称做"疏议"的。为此，我们要对《辩疑》中所引证的"疏议"文字进行校读，做出判别，若是前者，征引唐律的"疏议"顺理成章；若是后者，则《辩疑》就可能不是洪武年间的刻本了，而当刻于天顺五年（1461年）之后，因为张楷的《律条疏议》刊刻在这个时候。① 由此，我们就可以得出这样的结论：今天中国国家图书馆所藏缩微胶片《辩疑》是天顺以后的重编本。当然，这个结论的得出应在"疏议"的出处确定之后。

据所引"疏议"确定出处，不外乎三种情况：一、出于《唐律疏议》，很明确；二、与张楷的《律条疏议》中的"疏议"文字相同，若此，也很明确；三、不明确的是第三种情况，何广的"疏议"引文既不出现于《唐律疏议》，又不出现于张楷《律条疏议》。那么，是不是还有另一种"疏议"的本子存在？或者说是何广自撰的？

《辩疑》中的"疏议"引文，在律条注文中间的有6则：

（1）卷12"乘舆服御物"条下；

（2）卷17"递送公文"条下；

（3）卷18"夜无故入人家"；条下；

（4）卷19"斗殴及故杀人"；条下；

（5）卷19"戏杀误杀过失杀伤人"条下；

（6）卷30"盗决堤防"条下。

以上6则"疏议"引文，经过校读，其结果如下。

1.《辩疑》卷12"乘舆服御物"条

此条下引"疏义曰：各坐所由，谓止坐放者，余无连坐之法。"

---

① （明）张楷撰：《律条疏议》，今上海图书馆所藏天顺五年本为其最早刻本。

《唐律疏议》无此引文。

《律条疏议》也无此引文。

2. 《辩疑》卷17"递送公文"条

此条下引"疏议曰：通计，谓将稽留、磨擦破坏封皮，不动原封公文各项通计科算，若至十件以上者，依律坐罪"。

《唐律疏议》中无此条引注文字。

而《律条疏议》上该条有云："通计公文稽留及磨擦破坏封皮，不动元封十件以上，铺长笞四十，提调吏典笞三十，官笞二十。若有损坏公文及沉匿不送拆动元封者，铺长与铺兵同罪，一角杖六十，罪止杖一白。提调史典减铺长一等，一角杖五十，罪止杖九十，官又减吏一等。"

两相对照，《辩疑》与《律条疏议》从内容到文句表达基本相同。只是详略不同，《律条疏议》有具体的刑处，而《辩疑》只用"依律坐罪"作了概括。总的看来它可以属于第二种情况。

3. 《辩疑》卷18"夜无故入人家"条

此条下引"疏义曰：律开听杀之文，又本防侵犯之辈。设有外人来奸主人，〔令〕旧知奸秽，终是杀死，法所不容。〔但夜入人家，理或难辨，终令知犯，亦为罪人〕若其杀即加刑〔罪〕，徒〔便〕恐长〔其〕侵暴，登时许杀，理固无疑。""其已被擒获，拘留执缚，既已无能相拒，本罪虽重，不合杀伤，故坐徒之。"

上面引文中不加符号的文字为《辩疑》和《唐律疏议》所共有，加横线的为《辩疑》所有而《唐律疏议》所无的文字，加方括号的是《唐律疏议》中原有的字，而《辩疑》所无。此条引注与《唐律疏议》"刑律·贼盗"疏议大体相同。这一条虽然有些改动，但总体说来它可以属于第一种情况。

4.《辩疑》卷19"斗殴及故杀人"条

此条下引"《疏议》云：为人以兵刃逼，己因用兵刃拒而杀伤。这己之人虽用兵刃，亦依斗杀之法，绞。"

《唐律疏议》卷21"斗讼"律目下有"斗故杀人"条，云："斗殴者元无杀心，因相斗殴而杀人者，绞。"

《律条疏议》上该条有云："凡因与人争斗殴打而致死者，不问原用手足他物兵刃，并坐绞罪。"

三者对勘，意同句异，都不能说是谁引了谁。属于第三种情况。

5.《辩疑》卷19"戏杀误杀过失杀伤人"条

此条下引"疏议曰：若共捕贼人误杀伤旁人，皆为过失，准斗杀论。被伤者，因斗殴法。被杀者，依斗殴及故杀法，各准收赎。"

《律条疏议》上该条有云："及因与人斗殴而误将旁侧之人殴打成伤致死者，各坐以斗殴杀伤罪。""其或本因谋杀及故杀人而误杀伤人者，以故杀人论。伤而未死者，亦止依斗殴杀伤拟罪。""凡初无害人之意而偶致伤人者，验其轻重之伤，准斗殴律内笞杖徒流定罪。致死者，依斗殴杀人绞罪，俱收赎。"

这里一简一繁，量刑则同。一是"共捕贼人"而误杀伤，一是"与人斗殴"而误杀伤，性质相同，主体不同。

《唐律疏议》卷23"斗讼"律目下有"戏杀伤人"条，但是没有与上述引文相近的文字。

相对勘后，从内容看更接近于对《律条疏议》文字的删省。似可归属于第二种情况。

6.《辩疑》卷30"盗决堤防"条

此条下引"疏议曰：长曰堤，短曰堰，皆防水害人，故名曰堤防。"此则是词语注释的内容，似旧注。在《唐律疏议》和《律条疏议》中均无。

校读之后，我们可以得到这样的印象：《辩疑》所引"疏议"的出处不一；《辩疑》所引"疏议"的释义角度和文字风格也不统一。

以上6条"疏议"，有1条属于第一种情况，有2条接近第二种情况，既然《辩疑》所引"疏议"的内容在《唐律疏议》和《律条疏议》中都有它们的影子，这就说明何广据其所需，杂取各家，在何广的当时并不存在另一种"疏议"的本子，更不可能是何广自撰，因为在《辩疑》中凵有"议曰"、"讲曰"、"问答"等栏目，无须另列出仅有的6条"疏议"，若是自撰，理当归并到"议曰"、"讲曰"、"问答"等栏目中去。其次《辩疑》所引"疏议"的释义角度和文字风格不统一，是显而易见的，这也正是杂取各家必然造成的结果，另一方面暴露出《辩疑》版本上的问题。

那么，《辩疑》中所引"疏议"与《律条疏议》相近的文字，究竟是谁引了谁？其实是很清楚的，在张楷的《律条疏议》一书中从未提到过《辩疑》。如果说其中2条是《律条疏议》采用了《辩疑》上的文字，再做了扩充，一般说来会标明出处，写上"辩疑"二字，在明清时期的众多律注文献中，诸如《读律琐言》、《大明律律疏附例》、《大明律集解附例》等书都是这样做的，注明前期律注文献的引文书名，这已经成为当时作注的通例。相反，只能是《辩疑》参用了《律条疏议》中的疏议文字，并做了删省或概括。鉴于此，笔者认为：现在所见《辩疑》版本不是它的原刻，而且不是刻版在明洪武年间，而是在《律条疏议》之后，即天顺五年之后。

（二）《律解辩疑》所引"释文"校读

《辩疑》中还有以"释文"标目的一栏，这一栏目全书仅4条。此4条"释文"出自何处？为何人之作？都是需要作一番考证才能把它弄清楚。如果能把这个栏目的问题弄清楚，恐怕《辩疑》是否原刻的问题也就会更清楚了。4则"释文"的内容照录在下面，分别做了校读，加按语在它们的后面：

1. 卷四"□创庵院及私度僧道"条下之释文

【释文】□□创□初也。还俗谓僧家，出家曰弃俗，而犯罪归宗，本俗为民。洛阳阿潘氏，《事物纪原》：汉明帝时洛阳妇人阿潘等出家，此中国为尼僧之始也。女冠李白，吴江女道士，愿载莲花泛海。太师蜀女真耶〔谢〕自然泛海，将诣蓬莱求师。舟为风飘，至一日见道人，指言天台。司马子真〔承祯〕，良师也，遂求于徽受度。

按其原文出自宋高承的《事物纪原》卷七。关于女冠李白载莲花泛海事，未查得。"蜀女真耶，自然泛海"，字恐有误。文中"子真"当为"承祯"。见《太平广记》卷二一"司马承祯"条，又见《续仙传》卷下"司马承祯"条。①宋高承的《事物纪原》明初有刻本多种，有正统九年的陈华刻本、正统十二年的阎敬刻本等。《辩疑》所用的是否宋本原刻？在无法确定的情况下，暂依宋本原刻看。

2. 卷六"逐婿嫁女"条下之释文

【释文】赘婿犹人体之有胘赘，舍书四等：一曰养老，谓终

---

① 此条资料的查考曾得到《汉语大辞典》编纂处金文明先生的帮助，在此深表谢意。

身在妻家做活也；二曰年限，谓约以年限，与妇归宗者；三曰出舍，与妻家析居；四曰归宗，谓年限已满，或妻亡，并离异归宗者。

按其释文见于元徐元瑞《吏学指南》。"赘婿"条下云："犹人身体之有疣赘也。《秦纪》，家贫子壮则出赘。今有四等：一曰养老，谓终于妻家，娶活者；二曰年限，谓约以年限，与妇归宗者；三曰出舍，谓与妻家析居者；四曰归宗，谓年限已满，或妻亡，并离异归宗者。"大致同，文字略有差失。

3. 卷一八"杀一家三人"条下之释文

【释文】考之《荀子》，云：此等自幼无妇〔所归〕，投身衣饭，其主以奴畜之。及其长成，因娶妻，此等之人随主为贯。

按其释文见于元徐元瑞《吏学指南》。"部曲"条下云："此等幼无所归，投身衣饭，其主以奴畜之，别无户籍，唯随本主籍贯，若此之类，名为部曲。及其长成，许得通娶良人。"文字略不同，也避去"部曲"之称。从文句即可判断，此"荀子"二字妄加。①

4. 卷二八"妇人犯罪"条下之释文

【释文】堕胎者，谓大而落之。考之《五脏辨论》，云：怀胎一月如白露，二月如桃花，三月男女分，四月形象全，五月筋骨成，六月毛发生，七月动右手，是男于母左，八月动左手，是女于母右，九月三转身，十月满足生。

按此"释文"均不见于《唐律释文》，也不见于宋孙奭的《律音义》。此则出处尚未查到。可供参考的有如《文子》卷三上云："人受天地变化而生，一月而膏，二月而脉，三月而胚，四

---

① 《荀子》云臧获，即奴婢也，此等并同畜产。见《荀子·王霸》。

月而胎，五月而筋，六月而骨，七月而成形，八月而动，九月而躁，十月而生。"

以上4则"释文"中有2则取材于《吏学指南》。《吏学指南》刊于大德五年（1301），收在明刊《居家必用事类全集》中。嘉靖时"阳明文库"《日用便览事类全集》也收此书在内。《辩疑》所用的是否元大德本？在无法确定的情况下，暂作元大德本看。

以上4则释文均不见于《唐律释文》或孙奭的《律音义》，何以标目为"【释文】"？有无这样的可能：以上4则文字或许正是《唐律释文》的佚文，是王元亮重编时所未见者？或者宋元间有人另作一本《刑统释文》，或者何广自己偶作释文以示与"议曰"、"讲曰"等相区别，这些都不得而知。但是将这几种推测比较一下，还是第二种可能性最大，也就是说它可能是《刑统释文》的遗文。王元亮重编时所未见者，他都未见，我们更不可捉摸。何广不可能自撰，其道理跟上一则所说的一样，若是自撰，理当把它们归并到"议曰"、"讲曰"、"问答"等栏目中去。

说它可能是《刑统释文》的遗文，是因为在元人徐元瑞的《吏学指南》中曾出现过这个书名。见此书"推鞫"一节，徐氏在解释"锻炼"一语时有引注曰："《刑统释文》曰'锻炼成罪，由〔曲〕屈架构也。'"检核今本《宋刑统》并没有"释文"，也没有单篇的《刑统释文》。而传世《唐律释文》卷三十则有"锻炼成罪"条，"锻炼成罪，犹曲屈架构也。"由此看来，《吏学指南》中所说的《刑统释文》实际上就是《唐律释文》。《刑统释文》很可能是在《唐律释文》基础上做了增删和改写，就如同《宋刑统》以《唐律》为蓝本那样。可惜这本《刑统释文》最迟在明初就已经逸失了，在明代的官私书目中未见记载。

（三）《律解辩疑》的序和跋

经过对《辩疑》所引"疏议"、"释文"的校读，我们可以得出这样一个初步结论：现在所见《辩疑》版本不是刻版在明洪武年间的本子，而是在天顺五年之后。再联系《辩疑》的序和跋，看一看作者何广的写作背景。

《辩疑》的开头是一篇何广的序，其中有云：

> 广日尝读律玩味，采摘疑难之句，申之以"律疏"，解其义拟，然未敢擅注于律。对款分条，编成别集，名之曰《律解辩疑》。其待识见高明之士观之者，尚冀校正无谬，以使迷惑涣然冰解，怡然理顺，岂非希升堂必自开户牖矣。凡莅官君子于议刑决判之间，庶望尽心慎求，以辅圣化，而至于无刑之效，斯亦是编之□□□。
>
> 洪武丙寅春正月望日松江何广谨序。①

序中所说的"律疏"，应该是指唐律或明律的释义文字。而且对前人的劳动成果是十分尊重的，他谦虚地说"未敢擅注于律"。问题是我们只见到上面引出的 6 条"疏议"，与申之以"律疏"，以"律疏"为本的说法相距甚远。

除这样一篇作者自"序"而外，还有四明卻敬的"后序"一篇，后序有云：

---

① 此序多脱文，今据杨一凡、吴艳红整理《律解辩疑》（收入《中国珍稀法律典籍续编》第 4 册，黑龙江人民出版社，2002）所载律文补。

> 松江何公名儒，书通律意，由近臣任江西新
> □□□□□。未仕之暇，于我圣朝律内潜心玩味，深究其
> 理，参之于"疏议"，疑者而解之，惑者而□之，释之为别
> □，名曰《律解辩疑》，辩明则不惑于行矣。吁！何子之用
> 心亦仁矣哉。

这里的"疏议"当指《唐律疏议》。后序中脱文多，"别"字下所脱当为一"集"字，与自序一致。在这里也称"别集"；"别集"是相对正集而言的，别集若是《律解辩疑》的话，那么正集又是本什么书？正集是《大明律》？是说《辩疑》相对《大明律》而言的另一个本子。这样的理解很牵强，《辩疑》与《大明律》两者不能对应。

奇怪的是在《辩疑》"照刷文卷罚俸例"后面又有一篇类似于序的文字，我们称之为无名氏序。该序无名作者在谈了刑书的流变之后这样说：

> 某尝伏读，潜心讲解，欲求其义而未能。常念忝属秋
> 官，专于棘寺，有年于兹而衰老及之，非惟无益于时，抑且
> 愧于职。是用讲明律之疑难，粗得一二，萃为一编，题曰
> 《律解辩疑》，实以遵奉讲明律条之意，非敢自以为当，与
> 同志共商榷之。

这是作者或编者的口气，说是"遵奉"而编，很谦虚，且编于编者的晚年。无名氏序中的"衰老及之"显然与上面后序中所说"未仕之暇"，很不相应。一说是编在老年期间，一说是

别集在未筮仕之时，相互矛盾，此无名氏也就不可能是何广自己了。在上面的自序和后序中说是编为"别集"，而无名氏序却直接说是"萃为一编"；如果说"萃为一编"的就是"别集"，那么特别要在序里说是"别集"就显得多余了；它们又都自称书名为"律解辩疑"，实际上一萃编，一别集，二者必居其一。看来只能是这样的情况：一是著，一是编，一先一后，著与编的出现自有先后。之所以二者会合序在一处，那是后编者（或出版商）的做法。

而且，"无名氏序"在记述刑书流变的时候还说了这样一句颂扬朱家草创大业的话："太祖高皇帝龙飞淮甸，肇造区夏。"直接称朱元璋为太祖高皇帝，当在朱元璋身后；鉴此，此无名序不可能写于洪武之当朝。若此，国图本《辩疑》就不可能是洪武原刻或翻刻本了。或许无名氏正是《辩疑》的重编者。

综上所述，校读《辩疑》中的"疏议"和"释文"引文，联系《辩疑》的序和跋，我们从中发现一些自相矛盾的问题，从而初步认定：现在所见国图本《辩疑》并不是洪武原刻，而是天顺五年之后的重编本。

十一　明代司法解释的指导书

——《大明刑书金鉴》

在明代的法律著作中有一部题名为《大明刑书金鉴》（以下简称《金鉴》）的书。此书现在存世的有两种，都是明抄本，一种是六卷本，在中国国家图书馆；一种是不分卷本，在上海图书馆。从抄本纸质、大小、字迹等方面看，它们同属一部书；只是散落于南北各一方。迄今为止，法史学界对此书未有介绍。①

另外，在上海图书馆还收藏有一本题名为《律条节要辨议》的抄本。从纸质、书迹以及有"辨议"一栏等方面加以考察，笔者以为此书与《金鉴》同属一书，因此将在下文中一并评介。

（一）明抄本《大明刑书金鉴》

中国国家图书馆所藏《金鉴》一册六卷，② 蓝格明抄残本。封面有"明抄本，黄裳装成自署"数字和黄裳印。它原本是黄裳于 1949 年在上海收得，被视为"珍藏善本"。其内容是明律"户律"中的田宅、婚姻、仓库、课程、钱债、市廛六个部分。

---

① 此书目在《明史》卷九七《艺文志》、《千顷堂书目》中均无著录。
② 不当称"六卷"。可能是原收藏者所妄加。

上海图书馆所藏的不分卷抄本《金鉴》，无著者名。蓝格明抄，正楷书写。共四册。不全，中间缺礼律、兵律和户律的一部分，因此也是部残抄本。书间有"映红楼珍藏"藏书印。上图本《金鉴》首列律目、篇目，在篇目下加有小注。以下是律文，在律文下加有著者"辨议"，其间有些部分再加有"贴法"。全书末尾附有《金科一诚赋》等材料。

经对比考察，上图本所缺"户律"部分正是国图所藏的那一册抄本。

另外，在上海图书馆还有一本题名为《律条节要辨议》（以下简称《节要》）的抄本。《节要》一册，是与《金鉴》相同的明蓝格抄本，不分卷，亦不署作者名。鉴于此抄本的用纸、大小、书迹均与《金鉴》相同，又同样列有"辨议"一栏，可以凭此断定它与《金鉴》属同一类书，可能是同一书的另一部分。

（二）《金鉴》是怎样的一部书？

《金鉴》是怎样的一部书？它在法学研究方面又有什么价值？

《大明刑书金鉴》，顾名思义是一部读法典的工具书，它提供的是宝贵的司法经验，就如同一面宝镜一般。我们概括它为：明律司法解释的指导书。

《金鉴》首列律目、篇目，在篇目下加有小注。再以下是律文，在律文下加有著者"辨议"，其间有些部分再加有"贴法"，贴法的条数少的一两条，多则十余条不等。全书末尾附有《金科一诚赋》、《为政规模节要论》和《文官服色、武官服色、官员月支俸禄》三则材料。

全书按名例及六部律目依次编写。此书开头数页蛀蠹严重，其后均完好。① 先举一例如下：

【造妖书妖言】（律文从略）

辨议

　　谶者，符也。直曰经，横曰纬。谓能符会其说以横乱正道也。妖，怪也。谶纬，妖书。妖言成帙谓之书，成句谓之言，皆妄谈国家存亡、世道休废，人己体咎与凡吉凶灾祥之事。其说易以惑人。汉张角以此乱天下，古有明验，故严禁之。造者，谓平空驾捏而纂成书，语不分传用不传用也。传用者，谓得他人纂成书，语而传惑于众及听惑之者，俱不分首从皆斩。"名例"云，称众者三人以上；若不及三人，以私有妖书论之。

贴法

　　一、如赵甲私纂《弥陀经》三卷，内云国家兴废事迹。商友钱乙传惑。孙丙、李丁、周戊俱各抄写，日逐讲议。周戊遗失一卷，吴己捡得，隐藏在家。引议云：赵甲、钱乙、孙丙、李丁、周戊俱依造妖书妖言传用惑众者律，皆斩秋。吴己依私有妖书隐藏不送官者律，杖一百、徒三年。

以上就是《金鉴》一书的大致写法，分"辨议"和"贴法"两大部分。在"辨议"部分中有字义解释以及它们在律文中的特定含义。上例中将"妄谈国家存亡"、"世道休废"都看

---

① 此抄本开头数页蛀蚀严重，上下文句看不太清，故装订出错。经细心核对，其顺序应该是这样的：现第5、6、7、8、9页的次序不符律文顺序，应依次将它的页码改为9、7、8、6、5。意思是现在的第5页当是第9页，现在的第6页当是第8页等。

作是妖书妖言的内容，这就在谶纬本义上增加了它的内涵。《说文》"谶，验也。"谶纬，是指阐述预言、验证方面的书籍。显然，这里的诠释不同于一般字书上的解释。在"辨议"中还时用史证，上例中的汉张角就是。更主要的是在定性量刑方面，"辨议"力图做出回答。如妖言不论"传用"与否，妖书则视是否"平空驾捏"；尽管说"平空驾捏"是很模糊的概念，但编写者定性的意图是明确的。上例中的"俱不分首从皆斩"是量刑处断。至于"贴法"，则属拟案性质，根据拟案情节，按律做出论断，予司法以指导。"贴法"方面的例子在下文中再会提到。

通览《金鉴》内容，我们以为，在指导司法解释方面它有以下几个方面的特点可供借鉴。

1. 释义

正如我们在上面说到的，律文中的语词解释与一般字书上的解释有所不同。字书上的字义解释是基本的，律文用字也以此为基础；没有这个基础法律就无法让群众所掌握。但是，它们在律文中又有其特定的含义，解释清楚法律语词的特定含义是注律者的主要任务之一。

罗列是一种最简单且稳妥的释义方法。在"交结近侍官员"一目中，对"近侍官员"的解释《金鉴》的编者就采取了罗列的方法："近侍者，乃内阁六科、尚宝司、鸿胪寺、锦衣卫并司礼监、尚衣监、尚膳监、御用监、司设监、直殿监、银作局、织染局、针工局、司苑局、宝钞局、都知监、神宫监、内官监、御马监、印绶监、乳牛厂、酒醋局、兵仗局、巾帽局、浣衣局、惜薪司、钟鼓司、混堂司、神帛司、安乐堂、诰敕房等各衙门官员、吏典、指挥、千百户、镇抚、总小旗尉之属是也。"照今人的看法这是个笨办法，罗列岂能穷尽？事实也是如此，"之属"

就表明还有许多同样性质的对象。不过，罗列也有好处，它如果能尽可能穷尽所要罗列的对象的话，将减少错失。

比较也是其方法之一种。如"二罪俱发以重论"条中对二罪俱发解释采用了与"徒流人又犯罪"作比较的办法作出解释。在"辨议"中这样写道："二罪俱发与徒流人又犯罪，二律大同小异。彼谓决□一罪，而又犯者，犯于既决之后也。此谓犯讫数罪，而发有先后者，犯于未发之先也。"主要着眼于"小异"，"小异"在于犯罪行为事发之先后时限上的不同。

释义重在分析。一般语词的解释可以就事论事，就其一点不及其余，而律文中的语词解释就得兼及其他，照顾全面，否则，挂一漏万，留下遗憾或不必要的伤害。如"本条别有罪名"条中的"别"字应作如何理解？"辨议"这样写道："名例者乃六律之纲领。盖律文贵简要，不欲重述，故以名例统之。若本例别有罪名，与名例或异，依本条科之。若本条虽有合律之罪，而所犯有规避，不必拘于本条，当从规避，重罪坐之。"这段文字从三个不同的层面上作出分析：①无"别"，以名例统之；②有"别"，以本条科之；③有"别"且犯有规避，则重罪坐之。分析全面，且井然有序。

释义要抓住要件。说要照顾全面，并不是不分主次，不抓要害。例如"漏使钞印"条则重要的是抓一个"漏"字，在"辨议"中说："通行宝钞例用印二颗，止用一颗是漏用也，全不用者坐乎违制之律。"

2. 量化

在司法实践中，如何准确量刑处断是难点。"量化"是解决方法之一。罪行程度、时限以及收赎折纳都有量化的规范。如"二罪俱发以重论"在"贴法"中就假设有多种不同性质的犯罪行为，对它们作了区分："如赵甲恐吓人银二两、诓骗人银二两"，"如赵甲诈取人银五两、诓骗人银五钱"，"如赵甲诓骗人银一两、局骗人银二两"，"如赵甲窃盗人银一两、掏摸人银二两"，"如官赵甲受钱乙枉法银五钱、孙丙枉法银五钱"等各种假设都有数量和时间界限，相当实际而且细致。又如有《大诰》减等的情况，"若先犯杖七十，合除多决过一十，准徒二十六日，合贴徒一十一月零四日"，以下类推："若先杖六十，合贴徒一年"，"若先笞五十，合贴杖一十、徒一年"，"若先笞四十，合贴杖二十、徒一年"，"若先笞三十，合贴杖三十、徒一年"，"若先笞二十，合贴杖四十、徒一年"，"若先笞一十，合贴杖五十、徒一年"① 等量化细密且繁琐，但对司法官员来说对号入座反来得稳当便捷。

3. 举例

《金鉴》中的"贴法"一栏其实就是举例。尽管"贴法"仅是假设，犯罪人用赵甲、钱乙、孙丙、李丁、周戊等代替，犯罪行为也是假定的，但处断则根据律文是严肃做出的；据此可以作为司法官员对照参用。这可能就是编写者的苦心所在。

这方面的例子上面已经举了一些，下面再举一例，见"恐吓取财"条下：

贴法：

一、如赵甲将嘉靖制钱一万文熔化铸造佛像，甲弟赵中知得，商同堂弟赵申向甲挟告。甲惧罪，将银十两与各均分。不举。引议云：赵甲比依弃毁制书者律，斩秋。赵中赵

---

① 句中数"笞"字，可能均是"杖"字之误。

申依恐吓取财、期亲以下卑幼犯尊长，以凡计赃、准窃盗论，免刺，一百二十贯加一等罪。止赵中为首律，杖一百、流三千里。赵申为从减等律，杖一百、徒三年。

如何定性量刑？首先确定法律适用。上例中的赵甲与赵中、赵申所做的是两种性质完全不同的犯罪行为，前者是弃毁制书，后者是恐吓取财和卑幼犯尊长，并且给赵中、赵申区别出首从。然后，按法律规定分别给予不同的量刑处断。如此看来，"贴法"的具体化，有很强的操作性。

4. 类推

上述"量化"部分适用类推。又如"犯罪存留"条中"辨议"云："某律杖若干、徒若干；《诰》后云决杖一百。审其有力无力发落，余罪依下条纳钞收赎。"在下条中有一张详尽的纳钞收赎表，依此类推即得："杖六十、徒一年（该赎钞一十二贯，除杖一百，准钞六贯，再赎钞六贯、纳银七分五厘）"，以下分别是"杖七十、徒一年半"，"杖八十、徒二年""杖九十、徒二年半"等等收赎纳钞的一份明细帐。

正因为这一点，在《金鉴》的最后再附上了一份"官员月支俸禄"表，可作有力无力的依据，也可作对照收赎之用。

当然，类推是应有其规范的。对纷繁复杂的民刑案件，须严格按法律规范做出类推才行。

5. 限制

限制也是法律规范的一部分。对不同对象有所不同的处理方式和量刑轻重，这是封建时代等级制度在法律中的反映。"八议"制在明律中依然存在，统治集团和封建官吏的特权依然得到法律的保护。

在量刑上的限制，如："立嫡子违法"条中"贴法"有这样两条：

　　一、如赵甲立继堂弟为嗣，引议云：赵甲依立嗣虽系同宗而尊卑失序者罪，亦如乞养异姓义子乱族者律，杖六十。其子归宗，受恩钱入官。

　　一、如妻生一子，妾生一子，通房生一子，奸生一子，分家财则以三股半均之。奸生子不得承祀也。

把堂兄弟关系改变成父子关系，是尊卑失序。以上实际上是对继承权者的界定和对财产分割的量定，也就是对不同对象义务和权利的限制。

（三）《节要》是怎样的一部书？

此书全名"律条节要辨议"，其实这书名与内容是不相符合的。此书跟《金鉴》一样以名例和六部分目，其中除"吏律"写作"律"之外，其他均写作"例"，户例、礼例、兵例等；对照书中的内容看，"吏例"是"吏律"之误写。因此此书并不以"律条"为考察的内容，而是以"例条"为辨议的对象的。严格地说它是"例条节要辨议"。《金鉴》是针对"律"的，《节要》是针对"例"的，二者互补，相辅相成。

《节要》的编写比《金鉴》单一。它在例目之下逐条按"节要"的概述形式写来。据统计：名例65条、吏律〔例〕28条、户例67条、礼例7条、兵例46条、刑例46条、工例7条，共计311条。例如"吏律〔例〕"的28条条目题头摘录如下：

（1）跟随内臣将官头目；

（2）军职五年一次考选；

（3）军职袭替；

（4）军官子孙告要袭替；

（5）保到军职应袭儿男弟侄；

（6）军官军丁；

（7）军职犯该人命失机并强盗事发脱逃；

（8）军职犯知强盗后分赃；

（9）军职将乞养异姓与用财买嘱冒袭军职；

（10）各处土官袭替；

（11）应袭舍人若父见在；

（12）校尉事故；

（13）京官假托雇役名色；

（14）内外大小衙门拨到吏典；

（15）吏撒泼抗拒；

（16）在京大小衙门；

（17）罢闲官吏在京潜住；

（18）各处司府州县卫所等衙门；

（19）应试生儒举人监生引用怀挟越舍；

（20）监生生员撒泼嗜酒；

（21）文职官吏监生；

（22）文武职官有犯避难；

（23）监生不分在监在历；

（24）在外赴任官员；

（25）官吏三年任满给由；

（26）在外大小文职；

（27）在外吏典；

（28）在军在外军民人等。

《节要》以"例"为辨议的对象，虽然相对对"律"的辨议、贴法来说，要简单得多，但是，"例"得到如此的重视是前所未有的，从这一点说意义不小。因为，自洪武以来《大明律》是被奉若圣明"万世不易"的国家大法，"群臣有稍议更改，即坐以变乱祖制之罪。"① 所以虽早在弘治年间就制定了问刑条例，但是其解释始终阙如。只有"律"注著作不断编撰、翻刻，而从来没有对"例"加以解释者。从提高"例"的法律地位而言，《节要》的编写是一次突破，不能低估了它对后代的影响。

当然，这样的突破很不易。按理说"例"的内容至明代中后期已相当的丰富，甚至形成由"以例辅律"向"例律并举"的局面发展。即使如此，《节要》的编写还是相当的谨慎、简略，而且处处得向"律"靠拢。比如："一、'做假茶五百斤以上'此条引用：假茶已得财问局骗，卖茶之人问诓骗，店户富顿得牙钱问赚骗，三者未得财俱问违制。"

内容简单明确是显而易见的。在这样的"辨议"中指出了问罪的性质：是局骗、是诓骗、是赚骗，还是违制，区别得一清二楚。至于具体的处断还得依律办理。

又如：

一、"军职卖放并役占军人二罪俱发"此条引用，俱问枉法引立功例。出钱人问行求卖放甚者事例，罢职充军，乃律中六七名罪止也，俱不及十名。并数通论十名止于降三

级，如占军五名该降一级，占余丁十名该降二级，从余丁重
者降二级也。其役占军人因国初以军伍为重，特制此例辅
律：役占十名至百名亦止降级，惟卖放及数始拟充军。可要
参破方妥。○及查律文：役占军人七名辄罢职充军，故涉太
刻。盖国初军伍为重，特敕此典，嗣以法重情轻，因置例而
折衷之。故役占十名以上至百名亦止降级，惟卖放及数始拟
充军。如犯此条，可照依在招尾后。如此说破可也。若从例
不从律依违制。

这一条把当时仍坚持向"律"靠拢的状况说得更清楚了，
不管是役占还是卖放，量刑均按律处断，正如在它的行文中所说
的"特制此例辅律"。从明初到明的中后期，不仅边地卫所的情
况有了变化，而且当时整个社会的经济发展状况也已不能跟二百
年前同日而语，"置例而折衷之"是势所必然，但又不能破律，
即所谓"从例不从律依违制"。这些都表明：在处理"例"与
"律"的关系问题上注释律例的学者是十分谨慎的。

（四）抄本编写于何时？

这个问题放在后面来谈可能会更容易说清楚。律例解释的时
间性很强，所以说解决"抄本编写于何时？"这一问题还是很有
必要的。

其实，抄本编写的时间问题我们在上文中也时有涉及，只是
没有作专题的讨论罢了。

抄本编写于何时？我们的答案是：万历条例制定之后。

首先，我们在《金鉴》和《节要》的行文中见到过"嘉

靖"、"世宗"字样。在上文第（二）部分的第 3 小节"举例"中有赵甲将嘉靖制钱熔化铸成佛像的事，点出了"嘉靖"二字。又例如，在《金鉴》的"上书奏事犯讳"条下，其"贴法"云："一、如新选官杨世宗谢恩御览出送法司问。引议云：杨世宗依庙讳为名字触犯者律，杖一百；存《大诰》减等，杖九十；系官，照例运炭赎罪，完日责令改名复职"，是一个很有意思的例子。不过这是假设的，不能当真。但是，从"嘉靖"、"世宗"字样的出现可以肯定此二抄本必编写在嘉靖之后，不会是"嘉靖"、"世宗"的当世。

更具体地说，当在万历条例制定之后。采用对照条例数目和顺序的办法来加以确定，这恐怕是个既简便又牢靠的办法。

《金鉴》按律目编次，与其他解释大明律著作的编排顺序相同。对《节要》条目的统计是：名例 65 条、吏律〔例〕28 条、户例 67 条、礼例 7 条、兵例 46 条、刑例 46 条、工例 7 条，共计 311 条。万历《问刑条例》的条目数则是：名例 91 条、吏例 31 条、户例 69 条、礼例 9 条、兵例 51 条、刑例 123 条、工例 8 条，共计 382 条。前者条目数均包容于万历《问刑条例》中，无一例外。以"吏例"的具体条款为例作对照如下：[①]

表 11－1　《节要》吏律〔例〕与万历《问刑条例》吏例对照表

编次	《节要》吏律〔例〕	万历《问刑条例》吏例	
1	（1）跟随内臣将官头目	（92）跟随内臣将官头目	∨
2	（2）军职五年一次考选	（93）军职五年一次考选	∨
3	（3）军职袭替	（94）军职袭替	∨

---

① 《节要》"吏律〔例〕"条款见上文的第三部分，置于前；而万历《问刑条例》"吏例"条款题头，置于后。

编次	《节要》吏律〔例〕	万历《问刑条例》吏例	
4	（4）军官子孙告要袭替	（95）军官子孙告要袭替	∨
5	（5）保到军职应袭儿男弟侄	（96）保到军职应袭儿男弟侄	∨
6	（6）军官军丁	（97）军官军丁	∨
7	（7）军职犯该人命失机并强盗事发脱逃	（98）军职犯该人命、失机、强盗……并强盗脱逃自缢	∨
8		（99）军职犯该侵盗钱粮	
9		（100）各处保送袭替军职务要严加查覈	
10	（8）军职犯知强盗后分赃	（101）军职犯知强盗后分赃	∨
11	（9）军职将乞养异姓与用财买嘱冒袭军职	（102）军职将乞养异姓	∨
12	（10）各处土官袭替	（103）各处土官袭替	∨
13	（11）应袭舍人若父见在	（104）应袭舍人	∨
14	（12）校尉事故	（105）校尉事故	∨
15	（13）京官假托雇役名色	（106）京官假托雇役名色	∨
16	（14）内外大小衙门拨到吏典	（107）内外大小衙门拨到吏典	∨
17	（15）吏撒泼抗拒	（108）吏典撒泼抗拒	∨
18	（16）在京大小衙门	（109）在京大小衙门	∨
19	（18）各处司府州县卫所等衙门	（110）各处司府州县卫所等衙门……久恋衙门	∨
20	（19）应试生儒举人监生引用怀挟越舍	（111）应试举监生儒……怀挟文字银两	∨
21	（20）监生生员撒泼嗜酒	（112）监生生员撒泼嗜酒	∨
22	（21）文职官吏监生	（113）文职官吏	∨
23	（22）文武职官有犯避难	（114）监生不分在监在历私逃回籍	
24	（23）监生不分在监在历	（115）监生不分在监在历……不许倩人代替	∨

编次	《节要》吏律〔例〕	万历《问刑条例》吏例	
25	（24）在外赴任官员	（116）官员赴任	√
26	（26）在外大小文职	（117）陞除出外文职	√
27	（25）官吏三年任满给由	（118）官吏三年任满给由	√
28	（27）在外吏典	（119）在外吏典	√
29	（17）罢闲官吏在京潜住	（120）罢闲官吏在京潜住	√
30		（121）凡王府发放一应事务	
31	（28）在京在外军民人等	（122）在京在外军民人等	√

表 11 - 1 中除编号 23 一条外，基本上都能从万历问刑条例中找到相对应的例条。其他编号 8、9、30 三条《节要》未作"辨议"。由此可以推定：《节要》大致编写于万历之初。另外，在万历六年的《大明律例》和万历年间编撰的《大明律集解附例》二书中也发现有"条例节要"字样，也可以看作《节要》编写于万历之初的旁证。

《节要》如是，《金鉴》当亦如是，编写于万历之初。

十二 张楷《律条疏议》考

在明代律注文献中，张楷的《律条疏议》是一部注律谨严、影响深远的巨著。只是因为《律条疏议》的原刻本今人不易得见，所以法学史界至今对此书的评述极少，以至于未遑发掘和利用它潜在的律学价值。在以前也见过几篇对此书的介绍文字，其中还存在着一些讹传的提法，是当及时予以澄清。

今细读《律条疏议》一过，做以下考辨文字，就教于方家以求共进学术。

（一）书名及版本

《律条疏议》书名多出，有称《大明律疏议》的，有称《大明律解》的。版本也有多种且卷数不一。

在唐枢《法缀》一书中著录有《大明律疏议》一书之名。《法缀》上说："本朝张公楷著《疏议》，则私所自成。故一遵朝制，不敢参附异同"，"中间考据沿革，详设问答，足述辨旨"。①显然，这是说张楷参照了《唐律疏议》的编撰体式，严格遵循

---

① 《木钟台集·杂集》。

明律律意对律文作了诠释，诠释中对律目的沿革变化作了说明，充分详审地对律文作了疏解，时加答问，概述律意。中间则不加个人的不同意见（按：其实不然）。从"考据沿革，详设问答"而言，正与现存《律条疏议》体例相合，所以，《大明律疏议》即《律条疏议》别称无疑。称《大明律疏议》的，又见日本《法律论丛》所引，称此本三十卷，为"成化七年南京史氏重刊本，欠卷十八、十九。台湾'国立'中央图书馆藏书"。成化七年，即公元 1471 年。

台湾《中国法制史书目》未列《大明律疏议》一目，而列有张楷著《律条疏议》三十卷，三册，[①] 为嘉靖二十三年重刊本，所据成化三年刻本。除天顺本大明律律文外，所增内容为今天顺本所无。[②]

另外，黄虞稷《千顷堂书目》称："张楷《大明律解》□□卷，又《律条撮要》□□卷"。《明史》卷九七《艺文志》著录有"张楷《大明律解》十二卷"。

沈家本在《〈律疏附例〉跋》中提到《大明律解》，他说：

> 明律之以"疏"名者，天一阁书目又有《律条疏议》，（原注：原目十卷。新目作"《疏义》存卷一至三〇"。）成化二年刊本，亦无撰人姓名。孙渊如《唐律疏议跋》称家藏有张楷《明律疏议》，不言卷数。《明志》载张楷《大明律解》十二卷。"疏"、"解"之名异。但孙氏因《唐律疏议》而及《明律疏议》，又系自藏之本，其名必不误，恐

---

① 黄彰健《〈大明律诰〉考》所据即此本。此本册数与天顺原刻本不符，天顺本为 6 册。
② 新增内容有：倪谦序、律条讲疑、详细目录、五刑之图、狱具之图、丧服图、例分八字、律诰该载等。而且在有些栏目下加有"疏议"文字。

《明志》或有误。①

沈氏所说《明志》，指的就是《明史》卷九七《艺文志》，《明志》记载之误是显然的。然而，孙星衍家藏本称《明律疏议》，而不称《律条疏议》，不知何故。

由此可见，张楷所著《律条疏议》一书异名多出，一说《大明律疏议》，一说《大明律解》，又有称之《明律疏议》、《律条疏义》的；且卷数不同，一说三十，一说十二，不一而足。但，笔者所见天顺本上明确题名作"律条疏议"（内页简作"疏议"），三十卷，故应以此为正。

今收藏于上海图书馆的《律条疏议》，三十卷，6 册。版框 15.1cm×23.8cm，半叶 11 行 24 字，大黑口，双鱼尾，四周双边，为天顺五年（1461 年）刻本。卷首有江西按察司副使张鎣序，此序写于天顺五年三月（以下简称天顺本）。书间有"曾在东山刘惺常处"、"彭城伯子"、"传经堂印"、"陆万纪印"等收藏印。

其他所见多为后刻本，如上所述成化三年（1467 年）王迪刻本，成化七年南京史氏重刊本，嘉靖二十三年（1544 年）又重刻王迪本等。另外还有坊间刻本、抄本等。

此外，还要提一下《律条撮要》。顾名思义，其书可以说就是《律条疏议》的删节本。在《法缀》中介绍此书说："此亦张公所集。又《疏议》之所润珠。"此书在雷礼《国朝列卿记》上称：《大明律条撮要》，却不提《律条疏议》，不知何故。

上列《律条疏议》重刻本多种，那么，它们与原刻天顺本

① （清）沈家本撰：《历代刑法考》第 4 册，《寄簃文存》卷七，中华书局，1985，第 2265 页。

有否不同？有。主要不同在增加了所谓的"律条讲疑"、五刑等图表、"律诰该载"和"钦定条例"等，而将"疏议"的内容有所删节，甚或删除。如：中国国家图书馆所藏《律条疏议》残本就只有"律诰该载"及"律条罪名图"，而无"疏议"。

中国国家图书馆所藏《律条疏议》残本，现存16卷。三册，二函。有张鎣序、周麟成化七年序。周麟序云："《律条疏议》都宪四明张楷所著，剖析详明，有裨治道。入官之初得而览之，了然无疑。荆门守秀水俞侯诰得之，惜其传之弗广，敬捐俸重寿诸梓，与四方共之。其嘉惠方来之意至矣，得者宜宝焉。"

此序未及内容，因此也不知此本之所自、所得是何种刻本。此书的主要内容是"律诰该载"、"照刷文卷罚俸例"及"律条罪名图"。该书中，"律条罪名图"计101页，占此书之大半。由此可见，所谓成化七年重刊本，并非原刻的重版，而是另一种书（有书贾作伪的可能）。除开卷张鎣的序相同外，其余都不同。从"律条罪名图"看来，倒有点与《唐律疏议》所附的纂例图表相似。是不是可以这样说，在张楷著成《律条疏议》不久就有人仿照《唐律疏议》所附的纂例图表的形式制作了"律条罪名图"。以致有人单刻此图，亦命之"律条疏议"以资实用。

今存天顺本《律条疏议》又有哪些特点？很值得作一些比勘和探讨。不过，在讨论这些问题之前，我们还先得了解一下作者。

（二）作者生平

张楷（1398～1460 年）① 字式之。慈溪人。在有关法学名著的介绍中提到张楷，都称：（张楷）永乐进士，宣德间拜监察御史，理狱摘〔擿〕奸，风振朝宇，正统中升任金都御史，卒于官。在《张公神道碑》中有关他的生平记载其情况大致如上。②

张楷一生似乎官运亨通，一帆风顺。其实不然，不然《明史》何以无传？

其一生，受打击最大的是在他生命的后十年。张楷曾于正统十四年（1449 年）坐罪免职。为什么？据《明英宗实录》卷一七五至一八四记载，当时任右金都御史的张楷与福建总兵官左都督刘聚奉敕进剿处州"贼徒"，但刘聚、张楷到建宁之后三个月未有尺寸之劳。为此被弹劾，结果免了官。具体罪行是："聚、楷之征福建也，敛兵建宁城，日以吟诗酤酒为乐，且大索府卫金帛，城中骚然，致有'城外贼徒打劫，城内京官打劫'之谣。及闻邓茂七诛，始进兵延平。楷复教聚伪造征夷将军印，妄报子应麟及家人擒贼功。浙江余寇复发命还兵讨之。未平，又妄以平奏。至是还朝，六科十二道交劾之，故命免官。"

正统十四年，张楷又作过《除夕诗》，为礼部给事中王诏弹劾而获罪。《除夕诗》中有这样的句子："静夜深山动鼓鼙，斯（一作生）民何苦际斯时。""乱离何处觅屠苏，浊酒三杯也胜无。""庭院不须烧爆竹，四山烽火照人红。"他"作诗以献宣宗，意欲求进。罪之，赖学士陈循力救而免，至是终以诗败。"

---

① 一说享年六十有六。见《慈溪县志》卷二六。据此推测张楷当生于公元 1395 年。
② 《皇明名臣琬琰录》。见《丛书集成续编》第 30 册，第 382 页。

显然这是一起文字狱无疑，但幸运的是当时捕风捉影罗织罪名还没有达到不可遏止的地步。坐罪免职的处理对这样一位都御史来说已是莫大的惩罚和耻辱了。①

不过，也有书上不是这么认为的，说张楷在剿"贼"过程中表现得有勇有谋，获得了巨大胜利："凡定三郡七县，破三十六寨，擒伪兵学士等官三百二十四人，招徕其民八十余万。"之所以被人弹劾是因为有人妒其能。"景泰改元（1450 年），班师至京，有妒其功者劾楷。初至耽诗玩寇以罪，罢归。"英宗复位仍旧按旧官致仕。② 除此记述外，还有《光绪慈溪县志》上的记载也或多或少地给予回护；其实这些曲意回护是没有必要的，历史自会作出正确判断。从上引《除夕诗》看，大致可推论出他逶迤不进的缘故，多少带有一点对斯民苦难的同情，在官逼民反的现实面前表现出的那种两难窘境。

《明史》编纂于清初，违碍于张公的这段经历，不将他载入正史，隐没其人其事免生枝节也在情理之中。

（三）《律条疏议》的内容

张銮在《律条疏议》序中说："四明张公式之因历官宪府，讲习之久而有得焉。遂考订始末，述沿革之由，著律文之义，设问答以辩其疑，为总说以详其意，编次成书，名曰疏议。"成化本开头的倪谦序中也说："（《律条疏议》）于律篇则述其沿革之由，于各条则析其致辟之旨，事有可疑则设问答以剖之，意有未尽则为总说以该之。"

---

① （明）沈德符撰：《万历野获编》卷二五《诗祸》。
② （明）雷礼：《国朝列卿记》卷八〇。

天顺本《律条疏议》三十卷，卷一为名例律，以下各卷按六部分为吏、户、礼、兵、刑、工六律目。各律目之下分别列出职制、田宅、婚姻等小目。

首先，在《律条疏议》之卷首并无《御制大明律序》，无刑部尚书刘惟谦的《进大明律表》，也无"五刑之图"、"狱具之图"、"丧服之图"、"本宗九族五服正服之图"等所谓的"二刑图"和"八礼图"，更无"律条讲疑"等。

天顺本《律条疏议》一开头开宗明义就是张鎣写的那篇序。序文不长，照录如下：

> 立法在乎简明。古者以有限之法，治无穷之情而政清民化，此简明之效也。后世科条数万，比例愈繁，吏便其可而易于舞，民难于避而易于犯者，岂非不简不明之过乎！我朝酌古准今，著为律令，□分汇聚，条目简明，诚万世之典常也。有官君子瘁心瘝视，熟讲而遵行之，奚敢上下其手而自为轻重者哉！但其文义简古，包括宏远，有非浅薄之见所能推、亿度之知所能测，故四明张公式之因历官宪府，讲习之久而有得焉。遂考订始末，述沿革之由，著律文之义，设问答以辩其疑，为总说以详其意，编次成书，名曰疏议。藏之私箧，或间有一二同志者得录其本，在他人则不能偏观而尽识也。然抄写舛误及经久磨灭，观者亦不免有以亥为豕、以鲁为鱼之叹。于是西江金宪宗鲁宋君慕其写本而憾传之不广，询诸寮友，考其差讹，正其条理，缮录锓梓，属予识之。嗟夫，法律之书繁简不一，汉魏以来或并包其类，或因革其名，至唐而始勒成一代之典，其防范详悉，总归于唐也。迨我圣朝铨量删定，通乎人情，达乎物理，增损得宜，

简明切要，又非唐律所可比似者。张公虑始学之难明，述为疏议，发其指归；而宗鲁尤虑抄录之弗偏，特锓诸梓以大其传，二公始终用心之广，同一揆矣。继自今士于入官之初而议事谳狱，得此书而参考之，则亦未必无小补云。

署名是：天顺五年岁在辛巳春三月甲子江西按察司副使云间张楷。

鉴丁序文中所言"抄写舛误"、"问有 二同志者得录其本"，可见在天顺五年之前尚未刻版，宋宗鲁刻本为最早。

在上文中我们已经提到过孙星衍家藏《律条疏议》的事。孙星衍在《平津馆鉴藏记》中说："《律条疏议》三十卷，前有序文称四明张公式之，因历官宪府，考订始末，述沿革之由，著律文之义，设问答以辨其疑，为总说以详其义，编次成书，名曰'疏议'。又称西江金宪宗鲁宋君募其写本，缮录锓梓。末页已缺，不知何人所作。据《明史》洪武初年儒臣详定《明律》，其篇目 准于唐。至洪武二十二年始分吏户礼兵刑工六律，而以名例冠于篇首。此本名例在前，当作于改编之后，黑口板，每叶二十二行24字。"

从孙氏鉴藏记中所说的情况看，其鉴藏记文句与序文句式相近，明显取自此序。孙氏藏本即天顺五年宋宗鲁刻本是也。

天顺本《律条疏议》有如下特点：

1. 《律条疏议》的全书结构简单齐整、合情合理

序文之后就是正文。正文律目之下有"疏议曰"，从法典编纂历史的角度说明了律目的变化和发展。虽对三十律目不同时期的情况均有详略不同的说明，但重心还在明律。如"诉讼"一节：

　　疏议曰：诉讼，自秦汉末有此篇，曹魏新律有告劾律、囚律，晋有告劾、系讯律，梁因之，北齐附于斗事，谓之斗讼。后周改为告言，隋因北齐，仍为斗讼，至唐不改。国朝以斗殴事多，难与讼混，析为斗殴、诉讼二篇，并"诬告反坐"、"小事招虚"、"诬告人流罪引虚"三条为一，而目曰诬告。"告祖父母父母绞"、"告期亲尊长"、"告缌麻卑幼"、"奴婢告主"四条为一，而目曰"干名犯义"。"为人作辞牒加状"、"教令人告事虚"二条为一，而目曰"教唆词讼"。他如"越诉"、"投匿名文书告人"、"罪囚不得告举他事"、"子孙违犯教令"等条则因其旧，又审其未备，增立"告状不受理"、"听讼"、"回避官吏词讼家人诉"等条，总名曰诉讼。

在明代之前的法典中，这一律目未曾单列。相近的，《唐律》中有"斗讼"一目，如下：

　　疏议曰：斗讼律者，首论斗殴之科，次言告讼之事。从秦汉至晋末有此篇。至后魏太和年，分系讯律为斗律。至北齐，以讼事附之，名曰斗讼律。后周为斗竞律。隋开皇，依斗讼名，至今不改。贼盗之后，须防斗讼，故次于贼盗之下。

两相比较，除详略不同之外，有此三点可供思考：①明律注重对律学传统的继承；②说明律目改动的现实原因；③举例证明明律律目确定的合理性。这就不是一般的复述或交代，而注意到律目确定的现实性和必要性。这在明代之前的律注文献中都是未曾有过的。正因如此，在明代后期的法律著作中都照录张楷所写的30篇律目的"疏议"文字。如《大明律例》、《大明律释义》的每条律目之下照录不误，其间相距已有80年。清人对此也未有足够的重视。清末薛允升、沈家本可能未见天顺原刻，也未曾论及。

律目"疏议"之后，张楷再逐条对律文写出"疏议"。对律文的"疏议"一般包括二个部分：先引律文，然后作"疏议"；在"疏议"后或作问答；然后作"谨详律意"。

在这三部分中有详有略，有的只有"疏议"而无问答，有的无问答却有"谨详律意"，详略多少的确定毫无疑问带有不少的主观因素，但从总体上说是从实际出发的，不是无的放矢。此外，这三者的结合则是有见地的，既加强了对律文字义、句义的解释，又从立法、司法的两个方面作出了解答和说明。这样作，不应只看作是对传统的继承，更应注意到律学研究的深化和对实际的影响，以及它在扭转明代初期重典治国负面影响中所起的作用。

2. 对传统律学经验的继承和发展

《律条疏议》全书三十卷，凡627叶，计60万字有余。

《律条疏议》的序文概括说："著律文之义，设问答以辩其疑，为总说以详其意。"对律文文义解释得清楚明白，采用问答的形式重点解决律文中的疑点难点，用"谨详律意"说明立法本意，很有针对性。

（1）著律文之义。

"疏议"体式为《唐律》所首创，此律注体式的构筑包括原注、疏议和问答，它为推动唐代法制建设、指导司法实践发挥了很大作用，为中华法典注释体式树立了楷模，这是无可磨灭的巨大贡献。

历史在发展，法律随历史的发展而发展。法律解释"因时而化"也是历史的必然，更是现实的需要。如果说张楷照搬《唐律》"疏议"作明律疏议的话，不要说为今人笑话，就是在当时也不可能为百千宪官所认可。有评论说《律条疏议》是刻意模仿了唐律，这并不公平。

明初对《大明律》的注释有《律解辩疑》、①《律令直解》②等，这是洪武年间的律注著作，前者重在答疑，后者作的是简注。毕竟它们出于明代初创阶段，注律难免匆促；然而，可以肯定地说张楷也吸收了它们的长处以丰富自己的著述。

下面仅就唐明律中"刑律·断狱·与囚金刃解脱"相类的一条作点比较：

　　《唐律》疏议曰：金刃，谓锥、刀之属。他物，谓绳、锯之类。可以自杀及解脱枷锁，虽囚之亲属及他人与者，物虽未用，与者即杖一百。若以得金、刃等故，因得逃亡，或自伤害，或伤他人，与物者徒一年；若囚自杀，或杀他人，与物者徒二年；若囚本犯流罪以上，因得金、刃等物而得逃亡者，虽无杀、伤，与物者，亦徒二年。

　　《律条疏议》疏议曰：金银铜铁之类，但有锋能伤物者皆谓之金刃。谓如狱卒以金之有刃者及他物如麻绳、毒药之

① （明）何广：《律解辩疑》，今中国国家图书馆有该书缩微胶片；又见《中国珍稀法律典籍续编》第4册，黑龙江人民出版社，2002。

② 《明史》卷九三《刑法一》："又恐小民不能周知，令大理卿周桢等取所定律令……名曰《律令直解》。"又，洪武二十八年刊有《大明律直解》一书。

类，凡可使囚自杀，及斧凿等具可以解脱枷锁者，付与囚人，虽不曾自杀，及不曾解脱，亦杖一百。因得器具解脱枷锁而囚在逃，或得金刃等物而自伤其身，及伤他人者，狱卒并杖六十、徒一年。若囚得金刃等物而自杀死者，狱卒杖八十、徒二年。因与器具以致囚人反狱在逃于狱内杀人者，狱卒处绞。若因与器具而囚在逃或反狱狱卒已行问罪，未曾断决之间能自捕获所逃之囚，及他人捕得，若囚自死及自出首者，各减一等，如囚在逃狱卒该杖六十、徒一年。今已推〔捕〕获，及自首自死，止杖一百，如囚反狱，狱卒该绞，今已捕获，及自首自死，止杖一百、流三千里。

这是随机抽样作个例子而已。虽说时代不同在具体量刑方面会有很多变化，但是从对"金刃"、"解脱"的理解、对"在逃"、"自伤"、"杀人"等不同情况的区分、对犯罪者以及狱卒的罪处方面都更加细密全面。毫无疑问，这些细密全面的解释对司法实践有极强的指导作用。

（2）设问答以辨其疑。

在我国律学的发展史上，以问答形式作注是我国律注文献的显著特点之一。在睡虎地出土的秦简中，《法律问答》就是秦人作法律解释的实践记录。《唐律疏议》中的问答凡118处，《律条疏议》中也采用了问答的形式来解答法律解释中的疑难问题。对此，我们以为衡量问答形式的优劣不在于它的多少而在于它有无极强的针对性，能否确实解决问题，举一反三。

《诉讼·诬告》中有问答数则，如：

问曰：无服平人随行累死者，何断？

答曰：平人与有服亲疏虽异，而随行之义、累死之情则同，举类而推，亦必坐以绞罪，断给家产。

又问：有人患废疾，或年七十以上犯加役流者，可照徒流并赎钱五十贯否？

答曰：加徒流役者，古之死刑，盖情有可矜，不忍置之死辟，故流远，就彼拘役三年。今既废疾年老不堪流役，故得准赎以全其生。合依杖流赎钞三十六贯，又依五徒共折杖一百，共赎钞四十二贯为当。若并流徒赎五十四贯，则是重于死罪之赎矣，岂律之本意哉！

在《唐律疏议》卷二四《斗讼》中没有相近的问答。在《斗讼》"囚不得告举他事"中只有这样一则问答：

问曰：有人被囚禁，更首别事，其事与余人连坐，官司合受以否？

答曰：（断狱）律云"被囚禁，不得告举他事。"此既首论身事，非关别告他人，纵连旁人，官司亦合为受。被首之者，仍依法推科。

从形式上看都采用了一问一答的方式来解决法律适用中的疑难问题，但是，从问题的确定到解答都已有了很大的不同。《唐律》重在该不该，《明律》着眼如何处断；《唐律》重在"连坐"，《明律》着眼"收赎"。这就表明在采用问答时的指导思想上的不同，《律条疏议》更注重实际，更多地影响司法。当然这仅是随机抽样举例，不能以点概面，一概而论，但更多地注意法律的应用、处断的具体规范，这是比较明显的特点。

（3）为总说以详其意。

《律条疏议》中有"谨详律意"一栏，这一栏的确立是张楷的创造，在他之前还没有将"律意"问题单独提出来加以讨论的。尽管说对"律意"一词的理解与今人有所不同，但是能在法律解释中将"律意"问题摆在总说的地位来对待，这是了不起的认识。从律意的角度来解释律条，更增强了它的正确性、公正性和权威性。在这一栏中作者虔诚而审慎地对待"律意"，也可见作者力图探讨法律的本质以及它体现统治者意志的动机。就以上引"诬告"一目为例，其中有这样一段"谨详律意"：

谨详律意：人无罪而辄告之，是罔人也，故随轻重以加罪，验所费以倍偿。已死者即抵死罪，未决者加役流配，应给而无所断给，罪而不偿，所以矜其贪。被诬而反诬其人，亦抵诬罪，所以治其诈。轻事虚而重事实，得免诬刑，轻事实而重事虚，以剩科罪，罪止者虽多不坐，告虚者虽多必加，实封有同于告虚，摭拾则加诬三等，所以防奸欺之弊，杜诬妄之源也。

"律意"的审慎诠释，实际上就是解决一个"为什么"的问题。即以上引的这一段文字为例来说，它就是在解答一个对诬告者为什么要加罪的问题。

3. 文字表述既简且明

在张鏊的序文开头就这样说："立法在乎简明。古者以有限之法，治无穷之情而政清民化，此简明之效也。后世科条数万，比例愈繁，吏便其可而易于舞，民难于避而易于犯者，岂非不简不明之过乎！"这是从立法的角度来说的。如果从法律解释的实践而言，为使法律掌握群众，律注文字的简且明就更显重要。事实上张楷做到了这一点。

有人说《律条疏议》"刻意模仿久不流传的骈体文体，过于注重儒家礼教理论说明律意，削弱了本书的实际应用性。"这样的评论是不符事实的。从上面所引用的许多材料，无论是"疏议"还是"问答"、"谨详律意"来衡量，即使用今天中等文化水平的人来读，除了一些专门术语以外也不会产生多少语言上的障碍。这正是它突出的优点所在，也正是序文中所概括的"简明"的特点，体现出著者很注意法律解释的实际应用性和可操作性。在此书中，骈文句式极少。有时在"谨详律意"部分的开头有几句总括提示下文的对句，如"犯有先后，罪有公私，一律以科，何将安措。"（见卷一"无官犯罪"）"财虽听而未受，心已蔽而不明，秽迹虽未昭彰，临事岂无偏徇。"（见卷二三"官吏听许财物"）等都不能看成是骈体的。至于说用儒家礼教理论来说明律意的问题，这是不言自明的客观的历史存在，是无须把它当为它的局限加以强调的。

在这里我们不妨再引一段"问答"和"谨详律意"的文字，进一步体会一下它文字表述既简且明的特点。

"诈伪·近侍诈称私行"

问曰：上条诈称内使等官在外行事者斩。此真近侍之人与诈官异，而亦坐斩罪，何也？

答曰：官虽有假有真，若诈在外体察行事，其欺诳官府、扇惑人民一也，故皆坐斩。

谨详律意：近侍为君上所使令，外人之所钦惮，诈称私

行而体察人民必至于惊疑；虽非无官而诈称，实亦乱民而惑
众，坐以斩罪，奸欺同也。

这段设问采用了比较法，真与假作同一处断，读者生出疑
问，很自然，有较强的针对性。从律意上作分析，"诈称"的性
质是同一的，作同一的处断也合情合理，无可辩驳。编者用语是
简明的，无须多作理论。

除上述的内容此外，还要提一下在其他所见翻刻本上的
"附录"问题，如：成化三年（1467年）王迪刻本，成化七年
南京史氏重刊本，嘉靖二十三年（1544年）重刻王迪本等刻本
中，附有洪武三十年制定的《钦定律诰》，其中有不准死罪共
114条、准赎死罪共33条，共计147条。但是，在今存天顺本
《律条疏议》中并无这些内容。再则，在这些本子中用很长的篇
幅列出了《律条罪名图》，是此类刻本的主要内容。由此看来，
假若据翻刻本所增附的内容来论证《律条疏议》具有与"律诰"
合编的编辑体例或将图表看作是"疏议"的内容，就大谬不然；
据此著文也难免以讹传讹。

（四）深远影响

尽管说《律条疏议》在继承唐律"疏议"体式方面是明显
的，而且它在刻版之后仅作为私家著作留传于世，并未升格为钦
定法典注本。其中原因是多方面的。但是，作为一部现行法律的
解释书，在当时乃至明代后期、清代初期都受到了它的影响，其
影响是深远的。

首先，强化了明律的绝对权威性。

　　大明律是明初制定的，随着时间的推移，一部力图"万世不易"的明律能不能适应社会政治、经济和军事的发展，是有问题的，它的不足是存在的。但是作为"历官宪府"的讲习官张楷并没有意识到这一点。事实上，历史的迅疾发展必然要求法制的更易以相适应，明代条例的不断出现就是历史的必然。《律条疏议》中的"疏议"部分是对明律地位的维护和强化，它既是对明初重刑治国方略的终结，又是对不断出现的纷繁条例现象的制约。

　　其次，影响明代乃至清初法律解释书的写作。

　　在万历初年巡抚山东监察御史王藻重刊本《大明律例》的注释表明，作者在为《大明律例》作注的时候参考了其前的法律解释书，《律条疏议》是重要的一部。

　　《大明律例》的按语中就有不少引证《律条疏议》的材料，基本上每节都提到了它，有说"按《疏议》谓：此条违限一年者，年字当准名例三百六十日说。虽违限三百五十九日亦不得坐绞罪"（见卷七·四），有说"此条参《疏议》、《辩疑》所注者"（见卷二○·二八），有说"此条注止从《疏议》解如此"（见卷二九·九）等等，具体的内容不必再引就清楚后人对张楷注文的重视。

　　又如，在王楠著《大明律集解》的时候就把张楷的《律条疏议》当作重要的一家来对待的。以致今人误将书中的"疏议"当作《唐律疏议》的内容来看待了。①又如在应槚的《大明律集解》每篇的律目下都将《律条疏议》的"疏议"文字照录了下

————————————

① 王重民：《中国善本书提要》（上海古籍出版社，1986）第180页左称《大明律集解》时说，书中"间引《唐律疏议》"，是误将张楷的《律条疏议》（简称"疏议"）当作《唐律疏议》看待了。

来。又，万历年间徐昌祚所辑《大明律例添释旁注》本的引用书中《律条疏议》也名列其中。

再则，它对带有半官方性质的《大明律集解附例》来说也有影响，集解中也吸收了《律条疏议》的部分内容，《大明律集解附例》的纂注中提到"疏议"一词的，如"七日答二十，如《疏议》说是。"此处所提"疏议"指的就是张楷的《律条疏议》，简称《疏议》；肯定了《疏议》的说法。有的还摆出不同意见。在《大明律集解附例》的纂注后有几处加了按语，如卷一"在京犯罪军民"条纂注后这样写道：

> 《疏议》谓京师密迩宫阙，军民皆须供应。如经决杖是有玷污，故必迁之，不令给役。然则杖七十以下是无玷污而可供役者乎？实不其然。（卷一·八四）

又如卷二三"官吏受财"条纂注后这样写道：

> 按《疏议》云，无禄人受不枉法赃一百二十贯减一等，杖一百、流二千五百里是也。但云与名例三流同为一减者不同，非也。盖议罪虽照流数等第，而《大诰》之下仍用同为一减之例，有禄人之徒三年则九十贯之罪也，无禄人之徒三年则一百贯之罪也。罪虽同而赃数则异，是亦减一等矣。《律疏》云，窃盗赃正与此同，若无禄人止减至流二千五百里，则窃盗为从之罪岂亦若是耶！不知律文明开不枉法一百二十贯之上罪止杖一百、流三千里，则一百二十贯减一等，止宜坐流二千五百里。若直拟徒三年，是减二等，非减一

等，恶乎可哉！况窃盗本分首从，而此则当各计入己之赃为罪者也。（卷二三·六）

以上的讨论针对《律条疏议》而发，是很有实际意义的。

《疏议》的影响直至清初。康熙三十年（1691 年）王肯堂《大明律附例笺释》刻本中引录了张楷《律条疏议》"谨详律意"的有关内容。如"职官有犯"、"军官有犯"条中除官衔名称稍作改变外，均原文照录。清初沈之奇编撰《大清律辑注》时就参考了诸如《疏议》这样一类的律注文献，而且在他康熙五十四年的序文中说"采辑诸家者十之五，出于鄙见者半焉。"《疏议》① 也列其中。

有如此巨大影响的律注著作只是因为我们难见原刻而使之蒙尘日久，实在是我国法学史上的一件遗憾事。

---

① （清）沈之奇：《大清律辑注》。序中写作《疏义》。

十三　陆柬《读律管见》辑考

在黄虞稷《千顷堂书目》卷一〇上著录有"陆柬《读律管见》"（以下简称《管见》）一书，并有小注云："祥符人"。祥符是指陆柬的籍贯。以《千顷堂书目》为基础编写的《明史》卷九七《艺文志》却未录此书，将它删去了。删去的原因估计无外两条：其一，认为它价值不大，没有必要载录；其二，《明史》卷九七《艺文志》的编者未见此书，可能认为此书已经散失。清初沈之奇在《大清律辑注》卷首却以《管见》为参考书目，显然《明志》有疏失。自清初至今我们未见《管见》全书及其评论，此书在清初之后佚失是可能的。至于它的价值究竟如何，尽管不能见到它全书的面貌，但是，我们可以从其他明律注本中辑佚到《管见》的部分材料，据此还是可以知其一二的。

据《词林人物考》卷一〇称：陆柬，字道函，号萝洲，大梁（与"祥符"同为今开封之别称）人。主要活动在嘉靖年间。曾任南昌、魏县县令，转大理评事等职。沈家本在《历代刑法考》中提到宁波天一阁藏书中有"陈诜《读律管见》，卷数未详"。[①] 可能非同一书。陈诜，清海宁人。字叔大，号实斋。康

---

① （清）沈家本撰：《历代刑法考》第2册，《律令九》，中华书局，1985，第1154页。

熙举人，曾任刑科给事中。但也有可能在康熙年间陈诜主持了此书的刊刻，而误将陈诜名冠于《管见》；当然这只是可能。另外，《明史》卷九七《艺文志》中著录有"应廷育《读律管窥》"一书书名，其书其人不详；与陆柬的《读律管见》可能属于同一类型的书，但至今未见存藏，大凡已淹没无存。

近读日本学者大庭脩《江户时代中国典籍流传日本之研究》一书，在此书的第三章作者提到，在宝永六年（1709 年）德川吉宗订购明律书籍的书单中有《大明律管见》，大庭脩说："《大明律管见》未能查到，或为附刻于律文后的陆柬的《读律管见》。"推测它可能是明律律文后的"附刻"。照此说来，在日本也没有《管见》单刻本的存藏；甚至大庭脩也不认为曾刊刻过单刻本。

《管见》至今亦未见有收藏原书者，但是在明代后期的律注文献中时常提到，在《大明律例附解》、《大明律例》二书的附录中还保留了它的部分文字，也就是大庭脩先生所说的"附刻"。这是我们据以辑考的主要依据。

（一）律注文献中所涉《管见》

在整理研究古代律注文献的时候，我们发现有多种本子提到《管见》。罗列如下：

（1）隆庆元年（1567 年）孟夏，巡按湖广御史陈省刊刻的《大明律例附解》将《管见》部分内容附于有关律例条文之后。

（2）《大明律例》（附解）万历元年（1573 年）梁□（一作许）刻本附录有《管见》部分文字。此为陈省本之辑刻。今存残本。

（3）万历六年（1578 年）巡按山东监察御史王藻校刻的

《大明律例》以《管见》为其附录的一部分；版式与梁□刻本大致相同，惟律条后多加大段"按"语。今存残本。

（4）万历年间徐昌祚所辑《大明律例添释旁注》也有引用。此书卷首列有引用书目清单，《管见》名列其中。[①]

（5）万历年间姚思仁《大明律附例注解》的注解中引及《管见》一些材料。[②]见该书卷一"称与同罪"条。

（6）《大明律例招拟折狱指南》卷二"吏律"开头提到《管见》，它是这样说的："是以本堂编辑《琐言》、《管见》以明义，做为假如以设问，参以审语，定以招拟，以等其罪名。"

（7）《大明律集解附例》卷一的"纂注"有2处提到《管见》。此书最初刻于万历二十二年，因其纂注取自陈遇文所刻的《大明律解》，所以在陈氏刻本中也同样有这些引证文字。

（8）沈之奇《大清律辑注》，作者在康熙五十四年（1715年）序中，将《管见》书名列于参考书目之首。

（9）薛允升《读律存疑》。此书完成于光绪二十六年（1900年），书中有6处征引了《管见》有关材料。

上引的第（1）、（2）、（3）项所言《管见》文字与《琐言》同时附于各有关条文之后，《琐言》在前，《管见》在后；《琐言》详，《管见》略。三书所录文字基本相同。只是在万历六年本的附录前还有作者"按"语，对有关条文做出考辨，其中引用诸如《辩疑》、《疏议》、《直引》等书的书证材料。

考察引用《管见》本子的上限时间，陆柬《管见》的写作时间最迟也应定在隆庆元年（1567年）之前。

在陆柬的当时及至清初的150年间乃至清末都如此重视

---

① 此书为万历宝善堂刻本，今中山图书馆存其残卷。
② 此书存藏于华东师范大学图书馆善本部。

《管见》，毫无疑问是看重陆柬"管见"文字的质量，它对明代律例的解释颇多独到见解，有助于律意的理解和对司法实践的指导。为此，在考察明代律注文献的时候我们对此不能等闲视之。

（二）《管见》中所涉律注文献

对《管见》中所涉律注文献的勾稽，其目的在于更好地了解《管见》所作考辨的背景，理解《管见》的律注价值及其贡献。以下勾稽的依据是笔者从《大明律例》中辑出的88则管见文字（见文末所附《〈读律管见〉辑存》）。《管见》文字中涉及的明代律注文献有：

（1）《辩疑》，全称《律解辩疑》。洪武间何广著。今存明初刻本。在辑存的《管见》中引用《辩疑》的有3处。

（2）《疏议》（议一作义），全称《律条疏议》。明张楷著。今存天顺五年（1461年）本。在辑存的《管见》中引用《疏议》的有2处。

（3）《琐言》，全称《读律琐言》。雷梦麟著。今存嘉靖三十六年（1557年）最早的汪克用刻本。在辑存的《管见》中引用《琐言》的有16处。

（4）《法家裒集》。明陈永辑。[①] 今存嘉靖三十年（1551年）刻本。在辑存的《管见》中引用《法家裒集》的有2处。

（5）《集解》。称"集解"的本子有多种，如《大明律集解》（王楠集解）嘉靖刻本、[②]《大明律解附例》也简称作"集

---

① 一说苏祐。
② 此书美国国会图书馆有藏。王重民《中国善本书提要》作了介绍。

解"、① 余姚杨简氏有"集解"等。在辑存的《管见》中引用
《集解》的有 2 处。②

(6)《读法》，全称《大明律读法》。孙存辑。已佚。孙存
案发生在嘉靖十一年。在辑存的《管见》中引用《读法》的有
19 处，引用文字为数最多。

根据以上罗列，《管见》的写作年代大致可以确定在嘉靖三
十六年（1557 年）之后，隆庆元年（1567 年）之前。从引用材
料的频率看，最受陆東注意的是雷梦麟的《读律琐言》和孙存
的《大明律读法》。然而，孙存案发生在嘉靖十一年，离《管
见》的写作仅二三十年，这表明孙存案对法律解释的冲击不大；
《大明律读法》并无全毁，而且影响不小。

(三)《管见》的写作时间及其遗存

上文依据隆庆元年（1567 年）巡按湖广御史陈省刊刻的
《大明律例附解》，将写作《管见》的时间下限定在隆庆元年。
因为它是能最早见到的引用《管见》材料的本子。至于写作
《管见》的上限呢？把它确定在嘉靖三十六年之后，是因为在
《管见》所引证的材料中《琐言》的本子最晚。不过，我们从
《管见》的现存文字中又见到他引有嘉靖四十五年（1566 年）
的题奏。此题奏见"卷二八"，《管见》曰："按此禁刑日，盖从
唐律也。《读法》所载：本朝禁刑仍有正五、九月，闰月上下弦
日，二十四气雨未霁、天未明，大祭享日。嘉靖四十五年题准，

---

① 胡琼纂。今存正德十六年本。
② 因"集解"本有多种，所以目前还不明白所涉及的两则"集解"文字之所出。

闰月不禁矣"，^① 由此我们可以确定《管见》的写作时间在 1566 年至 1567 年 4 月之间。

至今，我们从《大明律例附解》和《大明律例》中只见到《管见》的部分文字，而且文字全同。由此，我们产生了这样的疑问，《管见》会不会是作者随书评点的记录，会不会《管见》原本就不是单行的，就像现在我们见到的那样是附录在明律的注释本中的"附刻"。产生这样的疑问是很自然的。不过，从笔者所掌握的材料来看，《管见》应该是有单行本的，只是估计它在清初时就佚失了。^② 其理由有四：

（1）在黄虞稷《千顷堂书目》卷一〇上著录有"陆柬《读律管见》"一书书目。

（2）引用《管见》文字的明律注本中大都称其为"书"，或与其他明律注释的书（如在《大清律辑注》的序文中）相并提。

（3）在明人周弘祖编撰的《古今书刻》"书坊"一栏中列有《读律管见》书目。表明在当时的坊间有它的单刻本刊行。

（4）除我们从《大明律例附解》和《大明律例》中辑存的 88 则文字外（见本文附录），在其他的明律注释书中还见到此 88 则以外的《管见》文字。^③ 而且与我们从《大明律例附解》

---

① 见文末所附《〈读律管见〉辑存》，编号为 85。

② 〔日〕大庭脩：《江户时代中国典籍流播日本之研究》，杭州大学出版社，1998，第 203 页。该书的第三章称："（《读律管见》）见录于《续文献通考·经籍考》。"恐误记或误译。今查《续文献通考》，无见陆柬《管见》之书。

③ 如：万历年间姚思仁《大明律附例注解》提到《管见》，其卷一"称与同罪"条下说："律有先言故纵、后言受财，则故纵〔者〕未受财也；也有先言受财、后言故纵，则是因受财而故纵也。二者不同，此概言之，《管见》所云可从。"又如：《大明律集解附例》卷一的"纂注"有 2 处提到《管见》。卷一"给没赃物"条纂注内称："'……及缘坐人家口'四句，《疏议》、《管见》诸书，俱兼谋反、逆叛说，甚非，不可依"。又，卷一"称与同罪"条纂注内说："《管见》云，'三人受财故纵，将为首一人问与囚同罪，余二人除故纵为从问枉法。若受财故纵，继获囚犯，仍科受财枉法。'可从。"

和《大明律例》中辑存的 88 则文字并不相重复。由此可见，附刻于律文后的《管见》文字仅是陆柬《读律管见》书中的一部分，也就是说《大明律例附解》和《大明律例》中所引的《管见》文字仅是《读律管见》全书的部分。

鉴于此，《管见》应该说是有单行本的。

清末法学家薛允升可能未见此书。他所征引的 6 则《管见》文字，均可在我们的辑存中找到，这就说明薛氏所用材料没有超出《大明律例附解》和《大明律例》所附录的范围。薛氏若持有《管见》的单行本，而征引材料会不出辑存的范围，这种可能性不大。正因为这样，我们不把《管见》单行本的佚失定在清末，而是推定在清初修纂《明史》之时就佚失了。

（四）《管见》考析

《大明律例》中所引用的《管见》文字，可以看作是《管见》一书的主要部分，或可以说是它的精华部分。因为，后人在摘录、引用这些材料的时候已作了有针对性的选择，选择那些重要的、有独到见解的或有深意的部分。因此，我们在无法见到原著全貌的情况下，依据辑录的材料所作的考析也足能说明问题，不会也不可能背离原作者的本意。

最近，法律出版社出版了一套"中国律学丛书"，《读律琐言》是其中的一部。① 为便于读者比较，下面我选用《管见》中所提到的《琐言》16 处内容与之作一对照、分析，见表 13－1

---

① 法律出版社，2000。不过，在此书的"总序"中将陆柬误作"陆柬之"。此外，在新版的《读例存疑点注》第 12 页注 18"陆东之著《读律管见》"，注中"陆东之"亦为"陆柬"之误。

（表 13 – 1 中"《琐言》内容"栏内数字为法律出版社 2000 年版《读律琐言》页码）。

表 13 – 1　《读律管见》与《读律琐言》16 处内容对照表

卷次	《读律琐言》内容	《读律管见》内容	对照
卷一共犯罪分首从	又如夫与妾同谋共殴妻至死，虽未殴妻至死者绞；妾殴正妻加妻殴夫一等、死者斩。然二律皆首罪也，不得以二命偿之（50）	《管见》曰：《琐言》谓夫与妾同谋共殴妻至死，不得以二命偿之。余意事关人伦，难同凡人论，盖夫妾谋必缘昵妾之故。若妾伤重，拟斩，夫从从论，犹可说也；倘夫殴重，拟绞，妾以从论论，则是因妾起祸，家长、正妻皆死，妾得赎罪全生，非所以弼教也。仍从本律拟断为是	不同
卷一本条别有罪名	曰"规"者，为圆之法，"规避"者，谓圆转委曲，巧以避罪也（56）	《管见》曰：曰规避之规或训作求，或作规矩之规。《琐言》又训作圆转委曲。然规以为圆而已，何以言转而委曲乎？盖本文从《唐律》，按《韵会》规亦训蔽，《唐书》"规影徭赋"即隐蔽差役者也。此规避之规亦当训蔽尔	不同。可参见注①
卷二选用军职	调卫之例……此正统三年行者。考选军政之例……此景泰十三年行者，今因之（71）	《管见》曰：《琐言》曰，全引正统三年官员调卫例及景泰十三年考选军政官员例为解，俱系《大明会典》。今引列于前	附说
卷二文官不许封公侯	虽除大患亦不过因人成事，侥幸成功，而非有尽忠报国之实者，皆不许封侯谥公（73）	《管见》曰：既能除大患，纵使因人成事，亦不得谓其侥幸；盖知人善任、发纵指示者，功皆当首论。如《琐言》所议，恐来谗贼忌嫉之口，而阻忠臣义士之心，窃以为过矣	不同

---

①　其后的《大明律集解附例》对"规避"一语又提出了不同看法："规避二字，见《唐律》，规与窥同，古字通用。规有所求探，避有所回避。二字活看，不可以'规'专为求利，'避'专于脱罪"。此条原出胡琼《大明律解附例》，其后还有"又不可以规矩训规为作法度以避罪也"一句。

卷次	《读律琐言》内容	《读律管见》内容	对照
卷二官员袭荫	细玩律文，并与犯人同罪，似兼承教令、搀越两边（74）	《管见》曰：《琐言》疑"并"字兼承教令、搀越两边说，不然何以言"并"字。只承教令，盖教是教诱之者，今是使令之者，亦是两项人	不同
卷五盗卖田宅	但田宅，言侵占而不言强占，设有用强霸占显迹者，当此依强占官民山场等项律（138）	《管见》曰：《琐言》谓田宅，言侵占而不言强占。设有强〔霸〕占显迹者，当比依强占官民山场等律；然山场言强占而不言侵占，设有侵占者，亦当比侵占田宅律也。《读法》谓两节互见之，有犯当互比是也	不同
卷六强占良家妻女	又"奸"字句绝。虽不占为妻妾，但奸亦坐（157）	《管见》曰：《琐言》谓此条"奸"字句绝。虽不占为妻妾，亦坐。余谓律意，妻女为豪势夺去为妻妾，既制于其家，即使其奸非强，而夺之来也，则强故，亦如强奸者罪，拟绞。若但奸之不占为妻妾，则既有强奸本律，此何用赘。窃意，奸、占通读为是。若先系聘娶之妻，或悔，或休，及既改嫁而复夺之，难引此律，问不应事重可也。因而抢财伤人，各自依本律为断。或谓夺人妾者，减等，按违禁取利、准折人妻妾、子女者，杖一百。强夺者，加二等。因而奸占妇女者，绞。此明兼妾而言，是不得减等也此律。上请为是	不同
卷一四申报军务	及中途逼令来降之人逃窜以灭其口者，斩（246）	《管见》曰：《琐言》解"逼勒逃窜"曰，逼令来降之人逃窜以灭其口。余意，逼勒者，逼取其财物自致，其逃窜未必令之也，亦不必皆有灭口之意	不同

卷次	《读律琐言》内容	《读律管见》内容	对照
卷一四毁弃军器	况军人卖者已拟充军，而弃毁者安得末减从徒也？其曾经战阵而于阵内有损失者，出于不得已，不坐其罪。亦不赔其器（258）	《管见》曰：《琐言》疑军人各又减一等，谓军人卖者已拟充军，而毁弃又安得末减从徒也。余意，卖者图财故，当重论。毁弃者或势穷，力有所不逮，虽有心弃毁图便，非图财也，故罪稍轻。若军官，则视军人不同，当知军器之为重。有事，则当坚利先士卒；事已，即有人代之收执。乃至毁弃不重可罪耶？遗失误毁，亦各有间	不同
卷一七多支廪给	使客该支廪给者……若非官者，支口粮（291）	【会典】【凡使客该支廪给者……】《管见》曰：《琐言》全引《会典》。今录《会典》，《琐言》不重书	附说
卷一九造畜蛊毒杀人	所教令之人习学有成与未成，其事有能专与否，故不著定其罪也（351）	《管见》曰：《琐言》谓，所教令之人习学有成与未成，其事有能专与否，故不著定其罪也。盖所教令之人，即上文造畜蛊毒者，或自有其术，或有人教令，但造畜堪以杀人，及教令者，即斩。何谓不著定其罪	不同
卷一九斗殴及故杀人	执持枪刀等项凶器，不必其有重伤也，盖凶器伤人，在例已该充军矣，安论其致命与否耶？亦有致命重伤，不必其尽凶器也（354）	《管见》曰：《琐言》谓，执持凶器者，不必有重伤；有致命重伤者，不必其尽凶器，皆当引例。又谓，若凶器殴伤致命，则下手之伤孰有重于此者，即当论绞矣。余观例意，本谓两人共殴者，皆有凶器，皆有致命重伤，故以伤多者抵死；其亦有重伤者充军。若谓凶器伤重即当论绞，则两人皆绞乎？如《琐言》意，是两人必有一有凶器，抵死；一无凶器，乃免。引例泥矣。惟有凶器又殴有致命伤者，方充军。其虽有凶器而无重伤及虽有重伤而无凶器者，皆不得剪摘例文妄引矣	不同

卷次	《读律琐言》内容	《读律管见》内容	对照
卷一九威逼人致死	律言威逼期亲尊长，不言子孙威逼祖父母、父母，妻妾威逼夫之祖父母、〔父母〕及夫，非故遗之也，诚以父为子纲，夫为妻纲，以祖父母、父母及夫之尊，于其子孙、妻妾，殴之可也，出之可也，致之死可也，乃为其威逼死焉，尚可以为纲乎？且子孙之于祖父母、父母，妻妾于夫及夫之祖父母、父母，其事皆不得自专，曷因事而用威也（362）	《管见》口：《琐言》谓，律不言子孙威逼祖父母、父母，妻妾威逼夫之祖父母、父母及夫者，以三纲所系，殴之、出之、致之死，可也。乃为所威逼死焉，尚可以为纲乎？且子孙、妻妾其事皆不得自专，曷因事而用威乎？今例，子孙比殴律矣，妻妾将何比？要亦不必比尔。若然，则逆子悍妇逼死所尊，皆可置而不问矣。盖律之不载，诚以理之所无也。然实有之，则比律曷可以不用？近时，议者皆以妻妾威逼夫死，比期亲尊长。夫虽三年之服，然律文止于期亲尊长，故他无可比，比此亦不为失。且《琐言》下文因奸威逼又谓，女与妻妾，与人通奸而恣其骄悍之性，逼挟其父母与夫，无可奈何；或反诬以抑勒之情致自尽，是自与曷因事而用威语相背矣。况或老疾则不能殴之、致之死。义在三不去，则不可出。若妻非应死又不得擅杀者，其情有不容已而死者矣，曷得责以不能正纲，遂任其死而下问耶？查有嘉靖十六年题例，妻妾殴骂夫致自尽者，坐绞，著为令。但重修条例未见收入，亦附例后备考	不同
卷一九同行知有谋害	知同伴人欲有谋害，谓谋财害命、欲致人于死者（365）	《管见》曰：《琐言》解谋害为谋财害命。余意，不但财也。或有怨恨，或因奸情，或杀人而夺之官凭文引图为假官，为商规避罪犯之类，皆是	不同
卷二〇殴受业师	受业师者，吾儒亲承诗书之教，与工匠得受艺能之传者，皆是。若僧道、女冠、尼僧于其受业师，与伯叔父母同，不用此例（379）	《管见》曰：《琐言》说是	同

卷次	《读律琐言》内容	《读律管见》内容	对照
卷二〇盗决河防	河防者，乃国家积水以资漕运者也（509）	《管见》曰：《琐言》谓：河防乃国家积水以资漕运者。余意：凡江河近处为堤以防泛滥，虽非运道所由者，皆是。故下文止曰：毁害人家，漂失财物，淹没田禾。运船则非专为漕河言也	不同

从表 13 - 1 可以看出，《管见》的最大特点是：提出了与雷氏不同的独到见解，对以往的明律解释作了考辨。表 13 - 1 中 16 处就有 13 处提出了与雷梦麟不同的看法。

本文文末所附《〈读律管见〉辑存》佚文 88 则，① 在其中的 44 则中提到的明代律注文献有 6 种。诚然，这与《大明律例》作附录者的选择有关，但从引证律注文献所占有的很大比重看，《管见》作者陆柬所探讨的明律注释问题比较全面，有较强的针对性，具有考究原委、辨析是非的鲜明特点。

1. 着重探讨了法律术语解释的准确性及其法理内涵

法律术语的解释历来受到律学家的重视。法律术语的解释固然有它的自身的特点，但是其最基本的还是字义的正确解释。例如在表 13 - 1 卷一"本条别有罪名"条下对"规避"一语的解释，历来有多种不同的说法。有的把规避的"规"训作求，有的训作规矩的规，还有的如《琐言》又训作圆转委曲。陆柬则针对圆转委曲的解释提出了质疑，认为既然说"规"解释作圆转，又怎么会引申出"委曲"来呢？很显然用圆转委曲来解释"规避"是自相矛盾，不正确的。为此陆柬引证了《唐律》，他

---

① 不包括《大明律附例注解》中的 1 处、《大明律集解附例》中的 2 处。

说："盖本文从《唐律》，按《韵会》规亦训蔽，《唐书》'规影徭赋'即隐蔽差役者也。此规避之规亦当训蔽尔。"将"规避"解作隐蔽逃避。这一解释尚可商榷，但是，从注重法律术语的正确解释而言，可以说这是我国汉字解释学优良传统的继承。

法律术语的解释又不同于汉语语词的解释。毫无疑问，它们的主要区别就在于法意的存在与否。陆㮚注意到了这一点。如表13－1卷一四"申报军务"条下，严格区分了"逼勒"与"逼令"的不同，力求正确理解"逼勒逃窜"的法意内涵。又如表13－1卷一九"造畜蛊毒杀人"条中提到"教令"一语，从法意角度去理解它，它就包括"教诱"和"使令"两个方面。陆㮚认为在解释"教诱"和"使令"的时候无须论及有成与未成、能专与否的问题，据罪行性质论定就可以了，这是对的。这条解释在表13－1卷二"官员袭荫"条下。

2. 注重法律解释的完整性

在表13－1卷一九"同行知有谋害"条下，《琐言》解释谋害为"谋财害命"，而《管见》就指出谋害不仅有为财的，还有为"怨恨"，为"奸情"，为"假官"，为"商"事等原因的。《管见》虽然还不能自觉穷尽其所有，但从解释条文的角度论，考虑穷尽其可能发生的犯罪行为是必须的。

法律术语的解释，不能就事论事，孤立的对待它，对它的理解要上下联系、照顾全面。如卷二六"嘱托公事"条下，对嘱托而不曲法者勿论这一点说明，强调是否"曲法"是关键；即使是"以故人之义匡正""为亲识之枉关白"，而未曲法，也不论罪。①

---

① 卷二六"嘱托公事"条下有云："《管见》曰：《集解》谓，又见言曲法嘱托者笞五十，则嘱托而不曲法者勿论可知矣。盖官府行事容有见之不明、处之未当者，或以故人之义匡正，或为亲识之枉关白，是皆嘱托者而实非曲法。揆之士夫廉静之节，虽不宜，而于官府之政实无所妨也，故不坐"。

上下律文解释的一致性十分重要，这是保证法律有效实施的前提。表13-1卷五"盗卖田宅"条下陆柬肯定了《读法》的解释，"《读法》谓两节互见之，有犯当互比是也"，认为应该将"强占官民山场"与"侵占田宅"两节应当联系起来看，这种联系是相互的，不能只讲一面，不能片面地看待它。一部法律是一个完整的整体。

再说，在陆柬的解释文字中有这样一句话值得玩味，他在表13-1卷一九"威逼人致死"条的解释中说："盖律之不载，诚以理之所无也"，说的虽是子孙威逼祖父母、父母，妻妾威逼夫之祖父母、父母及夫的行为，但作者所看问题的视角却有高人之处。"盖律之不载，诚以理之所无也。"强调了律与理的必然联系，也就是说：律，即合理；不入律，即不合理。法律条文的制定，是以是否合理为准则，强调了法律的公正性和权威性。当然，作者所说的"理"受着时代的限制，其中不免夹杂有维护封建伦理、轻视妇女等思想的局限。

3. 注意到如何处理人伦道德与法律乃至政治权力的关系问题

表13-1卷二〇在"殴受业师"一节中，陆柬针对《琐言》的观点提出了自己的看法。《琐言》上解释说："受业师者，吾儒亲承诗书之教，与工匠得受艺能之传者皆是。若僧道，女冠、尼僧于其受业师，与伯叔父母同。不用此律。"《管见》在肯定雷氏观点的同时，又指出："《辩疑》、《疏义》皆谓工艺不入此条。"的不妥。认为"不当偏重于儒师而轻忽于工艺也"。这一点，又较《辩疑》、《疏义》作者的看法要正确得多。

表13-1卷一"共犯罪分首次"条下，《管见》作者从人伦出发，将"夫妾同谋"不作凡人论。毫无疑问，他的这一看法

是其严重封建意识的反映，但是它也正揭示出了人伦道德与法律
问题在封建时代所存在的无可调和的矛盾。

表13-1卷二"文官不许封公侯"条下，《琐言》认为：即
使是铲除了大患的人，也不能封侯，因为他可能是出于侥幸。但
陆柬不这么看，他针锋相对，严肃指出：既然能铲除大患，就应
"功皆当首论"。他说话的口气很重，甚至严厉指责《琐言》的
这种观点，是来自"谗贼忌嫉之口"，是打击、阻遏"忠臣义士
之心"的谬论。很可惜，我们不能知道他们是否有所确指，但从
字里行间看，所说的"除大患者"极可能是某一政治集团中的一
员，是政治权力之争的焦点之一。也说明政治权力之争在法律解
释中的表现；无庸讳言，法律解释也无不涂上了鲜明的政治色彩。

陆柬提出的管窥之见，是在占有了大量律注文献材料的基础
之上做出的，他敢于提出自己的独立见解，难能可贵。这也反映
了在明代法律解释方面的自由开放程度，以及所出现的繁盛景象。

4. 对"例"、"会典"的关注

陆柬注意到对"例"做出正确解释的重要。以往都把对
"例"的解释看成是其后王肯堂《大明律笺释》的首倡，其实在
雷梦麟、陆柬的当时就已受到关注和重视。如卷一九"斗殴故
杀人"条对《问刑条例》中"同谋共殴人"条的解释就是。他
既重视对"例意"的理解，但又不能像《琐言》那样"泥"于
例，"皆不得剪摘例文妄引矣"，反对对"例"断章取义，任意
解释。此外，《管见》将"令"与律例的关系也交代清楚了，他
说："令有已入律及与律殊者，皆依律。近有例与令殊者，亦依
例尔"，可见在明代中后期"令"已名存实亡。[①]

---

① 参见卷二八"断罪引律令"条下。

　　表13-1卷二中提到正统三年、景泰五年的例，说是取自《大明会典》。于是，"今引列于前"。这"今引列于前"五字值得注意！我以为，这不能只看成是一般的补充相关资料，而应该将它看作是陆柬《读律管见》一书的组成部分。"今"说明是在写作《管见》的当时；"引列于前"又表明《管见》的取材范围以及结构安排。

　　再看表13-1卷一七又提到《会典》，而且说"今录《会典》，《琐言》不重书。"正说明《管见》在安排材料上与《琐言》有所不同，除了引用律文、条例之外，还引有《大明会典》中的相关法律规定。

　　不仅如此，在表13-1卷一九"威逼人致死"条下陆柬这样写道："但重修条例未见收入，亦附例后备考"。这样看来，《读律管见》与《琐言》的另一个不同点在于它增添了重修条例（嘉靖29年例）之外的有关题例。

　　在上文第三部分的结尾，我说"《管见》应该是有单行本的。"现在再从《管见》与《琐言》的对照中更可得到确信，它的内容较《琐言》详赡，还包括有《大明会典》和一些相关的题例。这样的内容结构倒很与《大明律例》相类；是不是可以做个大胆的推测：《大明律例》体例可能取法于《读律管见》。

附：《读律管见》辑存

　　辑存依据的是《大明律例》隆庆刻本和万历六年王藻校刻的本子（均注明卷次）。"辑存"省去律文，仅照录律目下的各篇篇名和《管见》内容。卷次和编号加注于每则之末。

【五刑】

《管见》曰：赎罪钞有律有例，律钞稍轻，例钞稍重，复有钱钞兼收，各折算不同，不得混收。近时，惟京师钱钞便，乃兼收；在外钱钞不便，故奏定折银。至如过失杀人者又有定例，兼追钱钞。不可执一论也。（卷一）1

【职官有犯】

《管见》曰：一应"行止有亏"所包者广，往往失于出入。如在外问犯赌博者，多坐"行止有亏"、卑幼殴尊长者，却止科其罪，不论行止。余见京师法司问赌博，官吏、监生人等皆还职役。先年校尉杨学殴兄，引行止有亏例，调卫充军。即此二事可例其余矣。（卷一）2

【犯罪得累减】

《管见》曰：按《读法》，缺员及裁减者，照全如数递减；添设者，不作数。（卷一）3

【犯罪自首】

《管见》曰：按于法得相容隐者、为首及相告言者，听如罪人身自首法。观得相容隐字，则惟亲属；尊长为卑幼、卑幼为尊长首，及相告言者，皆准首、免罪，或减等科之。其奴婢、雇工人为家长首，及告言者，亦准首，为其得为家长容隐也。若家长，则无容隐奴婢、雇工人之文，是不得准首矣。其曰逃叛而自首者，逃字，兼犯罪事未发而逃言。犯罪未发在逃与已发在逃者不同，未发在逃是自知所为有罪而逃者，已发在逃乃已被囚禁而解脱枷扭越狱在逃者，故未发而逃自首者，减罪二等坐之；事发而逃者不得，首所犯罪，止减在逃二等之罪。律内凡犯罪在逃不拒捕者，皆不加等，详见"罪人拒捕"律下。（卷一）4

【犯罪共逃】

《管见》曰：按《疏义》得相容隐之人有获共逃重罪亲属首官者，虽准免罪，各依事发在逃自首止减逃走二等之罪。若因捕获有所杀伤，各从本法。若卑幼原罪轻者，仍以"干名犯义"律论罪。《读法》曰，谋反、叛逆，缌麻以上亲捕送，依捕前律论。（卷一）5

【共犯罪分首从】

《管见》曰：《琐言》谓夫与妾同谋共殴妻至死，不得以二命偿之。余意事关人伦，难同凡人论，盖夫妾同谋必缘昵妾之故。若妾伤重，拟斩，夫从从论，犹可说也；倘夫殴重，拟绞，妾以从论论，则是因妾起祸，家长、正妻皆死，妾得赎罪全生，非所以弼教也。仍从本律拟断为是。（卷一）6

【犯罪事发在逃】

《管见》曰：犯罪在逃，律文原不加二等，但曰：众证明白，即同狱成，则依原招坐罪已矣。（卷一）7

【吏卒犯死罪】

《管见》曰：此条盖国初惩元之顽民用重典也。后，此犯者不用矣。（卷一）8

【杀害军人】

《管见》曰：按《读法》，此谓杀无罪者。若有罪者，便不抵充，盖有罪军人被杀皆抵充，则军人当肆无忌矣，何以御之。（卷一）9

【本条别有罪名】

《管见》曰：曰规避之规或训作求，或作规矩之规。《琐言》又训作圆转委曲。然规以为圆而已，何以言转而委曲乎？盖本文从《唐律》，按《韵会》规亦训蔽，《唐书》"规影徭赋"即隐

蔽差役者也。此规避之规亦当训蔽尔。（卷一）10

【选用军职】

《管见》曰：若事由求委之人而发，则问罪；引例、降调不由求委人发者，不必追求，只依律，罪当该官吏。后，大臣专擅选官放此。（卷二）11

【问刑条例】【一、军职五年一次考选见任管军管事……】

《管见》曰：《琐言》曰，全引正统三年官员调卫例及景泰十三午考选军政官员例为解，俱系《大明会典》。今引列于前。（卷二）12

【文官不许封公侯】

《管见》曰：既能除大患，纵使因人成事，亦不得谓其侥幸；盖知人善任、发纵指示者，功皆当首论。如《琐言》所议，恐来谗贼忌嫉之口，而阻忠臣义士之心，窃以为过矣。（卷二）13

【官员袭荫】

《管见》曰：《琐言》疑"并"字兼承教令、搀越两边说，不然何以言"并"字。只承教令，盖教是教诱之者，亦是两项人。（卷二）14

【事应奏不奏】

《管见》曰：按《读法》朦胧奏准未行者，以奏事不实论。有规避及得财者，以不枉法论。因而动事曲法者，以枉法从重论。可补律之未备。（卷三）15

【照刷文卷】

《管见》曰：律内止言正官，则府州县佐贰皆是，盖皆正设之官也，与首领别矣。罚俸应与掌印官同。（卷三）16

【漏使印信】

《管见》曰：借用印信者，见礼律"上书陈言"条下。军职

当印，有例见"违禁取利"条下。若倒用印者，当同漏用法；观后倒用钞印可见。（卷三）17

【人户以籍为定】

《管见》曰：诈冒二字可分可合。诈是诈自己之籍；冒是冒他人之籍。或诈作军民，止于诈尔；或冒顶他人户籍，止于冒尔。又或本军也，诈非军而冒他人民籍；本匠也，诈非匠而冒他人灶籍，则诈冒为一事矣，皆随时随处避重以就轻也。（卷四）18

【立嫡子违法】

《管见》曰：按《法家裒集》，遗弃小儿成人后，所生父母孤老告认者，断给收养父母；盖弃则绝恩矣。问冒认良人为子罪，余谓子无绝父母之理，不必问罪；至其死犹当收葬。若收养父母别有子，所生父母仍不当绝。（卷四）19

【隐蔽差役】

《管见》曰：豪民非资雇役工食以为生者，乃无故令子孙弟侄跟随，官员意本规避差役，故可罪也。若系自己审编户役，则为应役之人无罪矣。若豪民无故自跟官者，亦须充军，免杖。（卷四）20

【禁革主保里甲】

《管见》曰：律意重在生事扰民，故杖而迁徙。若但妄称主保等项名色，无生事扰民实迹者，难拟迁徙，问不应事重足矣。（卷四）21

【盗卖田宅】

《管见》曰：《琐言》谓田宅，言侵占而不言强占。设有强〔霸〕占显迹者，当比依强占官民山场等律；然山场言强占而不言侵占，设有侵占者，亦当比侵占田宅律也。《读法》谓两节互

见之，有犯当互比是也。（卷五）22

【典卖田宅】

《管见》曰：田不过割，亦有卖主与之通同者，业主取赎。亦有限未满而违约者，非独典买之罪也，有犯者，亦当罪之。（卷五）23

【大明令】【"凡嫁娶……"三条】

《管见》曰：指腹割衫襟者，并行禁止。禁者，禁于未结婚之前。若已结婚，则当以违制论。其婚不听悔也。议者或许其悔，试以别项罪犯论之律令，皆有禁也，皆可听其悔乎？若已完聚，可遂离之乎？（卷六）24

【逐妻嫁女】

《管见》曰：按《法家哀集》，若军职定婚，悔嫁已成婚者，恐碍后日请封，止断倍追财礼，其女姑令后夫领回完娶，盖事在不可改正亦权宜处之也。（卷六）25

【父母囚禁嫁娶】

《管见》曰：按礼律"弃亲之任"条下，若祖父母、父母年八十以上及笃疾，别无以次待丁而弃亲之任，及妄称祖父母、父母老疾，求归入侍者，并杖八十。若祖父母、父母及夫犯死罪被囚禁而筵宴作乐，罪亦如之；则此奉命嫁娶而筵宴者，当如弃亲之任律，杖八十。（卷六）26

【强占良家妻女】

《管见》曰：《琐言》谓此条"奸"字句绝。虽不占为妻妾，亦坐。余谓律意，妻女为豪势夺去为妻妾，既制于其家，即使其奸非强，而夺之来也，则强故，亦如强奸者罪，拟绞。若但奸之不占为妻妾，则既有强奸本律，此何用赘。窃意，奸、占通读为是。若先系聘娶之妻或悔、或休，及既改嫁而复夺之，难引此律，问不应事重可也。因而抢财伤人，各自依本律为断。或谓夺人妾者，减等，按违禁取利、准折人妻妾、子女者，杖一百。强夺者，加二等；因而奸占妇女者，绞；此明兼妾而言，是不得减等也比此律。上请为是。（卷六）27

【守支钱粮及擅开官封】

《管见》曰：原（隆本作"元"）封官司不必见在，只该管官司即是。如布政司银，虽经按察司官查封，或前官所封，其布政司掌印官，若后官，皆可开封。或有应移文请开者，亦同。（卷七）28

【起解金银足色】

《管见》曰：若通同受贿故不收足色者，当计赃论。（卷七）29

【盐法】

《管见》曰：律文，私盐事发止理见获人。"盐法"谓，有榷货无犯人者，其盐没官，不须追究。盖禁之虽严，必以入网者论罪。今勘问盐犯者，常于招后照捕辄数十人，殊非律意。（卷八）30

【问刑条例】【一、豪强盐徒聚众至十人……不必禁捕。】

《管见》曰：此例重在人命，故称杀人及伤人至三命者，比照强盗已行得财律，皆斩。杀人谓拒敌时杀死伤人，至三命谓被伤之人死至三命者，乃引此例。今议者多以被伤而死一人者即为杀人，伤三人未死者即为三命，其误不小。（卷八）31

【问刑条例】【一、越境兴贩官私引盐……问发。】

《管见》曰：越境谓越过行盐地方，如淮盐而至浙盐地方、广盐而至福盐地方。是已至二千斤以上，不论有引无引皆引例充军。议者多以此县至彼县即为越境，误矣。若尔，则有引官盐亦不得出县界矣。故必越境，又至二千斤以上者，方可引例。若虽

越境，盐不及二千斤；或私盐二千斤，而未越境，止当依律科断。（卷八）32

【匿税】

《管见》曰：按《读法》旧制，府州城门外各置引帖。如有客商物货入城，先吊引帖照验收税。如见在货物与引不合者送问。若不吊引，是匿税也。如此说，意颇长。则"吊"字不训"至"，训"至"者，从《书》"惟吊兹注"也，其字入声，与"适"同音。此"吊"字当属去声尔。（卷八）33

【舶商匿货】

《管见》曰：物货并入官当止不尽之数，非谓尽船货也。（卷八）34

【毁大祀丘坛】

《管见》曰：丘坛，神所舍也；壝门，神所居也。故凡损者即有罪，与毁同。但丘坛重至流，壝门减二等，徒矣。神御之物则杀，于坛壝，故惟毁者有罪，亦稍轻。至损则不罪矣。损，小坏也；毁，大坏也。议者当有别也。（卷一一）35

【僧道拜父母】

《管见》曰：丧服等第谓五服也，不但父母祖先已尔。（卷一二）36

【直行御道】

《管见》曰：按《读法》，在外衙门陈设龙亭仪仗有犯者，当依此科断是已。若擅至龙亭所，则难依擅入宫殿律，盖龙亭虚位，虽至其所，无害也；若所行虽非真御道，其不敬均矣。（卷一四）37

【申报军务】

《管见》曰：《琐言》解"逼勒逃窜"曰，逼令来降之人逃

窜以灭其口。余意，逼勒者，逼取其财物自致，其逃窜未必令之也，亦不必皆有灭口之意。（卷一四）38

【从征违期】

《管见》曰：按《读法》，故自伤残咸〔成〕废笃疾者，依律收赎。勾壮丁起发，其说可用。（卷一四）39

【军人替役】

《管见》曰：按《辩疑》谓，守御替身，杖六十，收籍充军；正身，杖八十，仍充旧军，谓之各减二等，误矣。律盖谓守御军及冒代者，各减也；若替身当充军，则律文收籍及仍旧充军之文当在守御军人雇人代替之后矣。今收籍之文在前，而强牵附于后，不无深文。（卷一四）40

【激变良民】

《管见》曰：按《读法》，若不曾失陷城池或激变军人反叛者，比依守御官抚驭无方致有所部军反叛律，杖一百，追夺，发边远充军。上请其说，可备引用。（卷一四）41

【毁弃军器】

《管见》曰：《琐言》疑军人各又减一等，谓军人卖者已拟充军，而毁弃又安得末减从徒也。余意，卖者图财故当重论。毁弃者或势穷，力有所不逮，虽有心弃毁图便，非图财也，故罪稍轻。若军官，则视军人不同，当知军器之为重。有事，则当坚利先士卒；事已，即有人代之收执。乃至毁弃不重，可罪耶？遗失误毁，亦各有间。（卷一四）42

【从征守御官军逃】

《管见》曰：守御军额设旧军也，不当与充发军同论。今议者多以充发军三逃者拟绞，虽以惩凶狡，恐非律例。观守御逃在兵律充军例，在刑律奚可通用耶？况守御军初逃止杖八十，仍充本卫军，再逃杖一百，发边远；而充发军逃，即枷号三个月，改发极边。其初不同如此，至三犯何得强而同之，亦仍发极边可尔。若曾经拨发从征守御者，则各从本律。（卷一四）43

【夜禁】

《管见》曰：拒捕、打夺，迹若类而实不同。拒捕者犯夜，人自为之；打夺者，旁人也。旁人打夺虽或为犯者，非犯人使之也。旁人论打夺犯者，止依本律。（卷一四）44

【关津留难】

《管见》曰：按《辩疑》，若渡操备军勒要船钱以致杀讫，当依故杀律，仍将正犯户丁抵数充军。余〔余〕意，律虽以故杀论，与真犯无异。只从故杀本律为是，不必用名例律抵数也。盖若止杀一人，则可抵矣；倘举船而没，则稍水之家安得有如计户丁抵数？恐窒碍难行矣。（卷一五）45

【畜产咬踢人】

《管见》曰：故放杀伤人者，减斗杀伤一等；畜产固亦他物也，尊长、卑幼相犯，各依本律减。（卷一六）46

【私借官畜产】

《管见》曰：按《读法》，雇赁钱不得过其本价；借官畜而死，依毁弃官物论。在场公然牵去者，依常人盗论。其说明悉。（卷一六）47

【邀取实封公文】

《管见》曰：实封公文，律止言上司邀取，不言下司者。名例律云，所属官被上司非理凌虐，亦许开具实迹，实封径直奏陈，此恐上司倚势位而强拒止之也，故罪拟极重。设有下司畏上司劾奏而邀取者，当比此律上请。（卷一七）48

【会典】【凡使客该支廪给者……】

《管见》曰：《琐言》全引《会典》。今录《会典》，《琐言》不重书。（卷一七）49

【附例】【成化十二年奏准……】

《管见》曰：关防，钦给公差关防也，非各官私刻关防。盗之者，有例见"诈为制书"条下。（卷一七）50

【盗内府财物】

《管见》曰：内府财物必在库监者方是，若进纳内府钱物，虽入皇城，犹未进库，止可依常人盗。此律甚重，要详"内府"二字。（卷一八）51

【盗军器】

《管见》曰：应禁军器，如旗纛、号带之类，恐不在军士家；如火筒、火炮所值无几，积至十一件，即当杖一百、流三千里。若并赃论盗官物，则反轻，惟用本律似妥。至盗内库军器，则以盗内库财物论为是，盖内府物不计多寡科罪矣。（卷一八）52

【盗园陵树木】

《管见》曰：按公取、窃取，皆为盗。条内言木石重器非人力所胜，虽移本处，未驮载间，犹未成盗；则此虽园陵，若他人故茔内树木，亦须驮载方以盗论。若已伐而未驮载者，《读法》以毁论是已。（卷一八）53

【监守自盗仓库钱粮】

《管见》曰：两人同监守，甲盗，乙挟分其赃。甲依本律，乙依作诈取所监守之物律。若乙受甲非仓库物买免，则依受财故纵律。两人以上可类推矣。赃虽多，甲可引例，乙不同例也。若非监守之人而挟分，有职役及巡风应捕，皆依枉法；余人依知盗后分赃。（卷一八）54

【常人盗仓库钱粮】

《管见》曰：此须自仓库盗出者，方坐盗官钱粮、官物之罪。若从他处不知其为官物而盗者，自依窃盗法。官畜产亦同。（卷一八）55

【诈欺官私取财】

《管见》曰：诓赚、局骗二事若相类而实不同。"诓"之字，与"诳"同欺也。赚，卖也；博所以行棋者为局，其外有垠萼周限跃上马为骗。骗，乘也，盖设为欺言而卖其人，如古所谓卖友者。因得其财曰诓赚。若指称衙门打点，实不过付官吏而自用之之类。设为可行而有拘限之事，使人不能出其拘限，因得其财而乘之，曰局骗。如数人假言买物而取其物，或假言卖物而取其银之类，要在有所分别，虽罪同而情则异也。（卷一八）56

【夜无故入人家】

《管见》曰：按《读法》，有故而入，不曾扬声以致杀伤者，依过失杀伤论。可从。（卷一八）57

【大明令】【窃盗已经断放……】

《管见》曰：窃盗刺字充警者，章其过，激之使图改也。巡警缉盗以其智相及而易获也，此弭盗之良法也。二年、三年许令保勘，起除刺字者，取其能改，开自新之路也。禁此法皆不行，固宜盗之日繁矣。（卷一八）58

【谋杀】

《管见》曰：按《读法》，加功还是助力下手之人。若在场了望、喝采、推逼、恐吓，只作同谋，盖"功"字照"杀"字看，谋者不必亲杀，致命则下手者。若以了望等项俱作加功，恐百十人俱坐绞矣。此旧说之误，其意明切可守。（卷一九）59

【谋杀祖父母父母】

《管见》曰：杀祖父母、父母，勿问谋、殴，皆人伦之大变也。然又有变外之变，如：继母如母，本为父妻也；倘继母杀父，则既绝于父，而子亦凡人矣，义当复仇。若子还杀者，难从杀母律，当依擅杀行凶人论。若亲母，则仍拟杀母，上请。（卷一九）60

【杀死奸夫】

《管见》曰：律止言奸夫。自杀其夫，奸妇不知情，绞。然亦有奸妇自以别故杀夫，奸夫实不知情者，妇有正律，凌迟处死；奸夫但拟奸罪可也。若奸夫奔走而逐杀之，问不应奔走；而拒捕，依罪人拒捕律。凡奸夫，自本夫外同居及亲属皆得捕捉；惟外人非应捕者，以凡人论。此议出《读法》，可补律之未备。（卷一九）61

【杀一家三人】

《管见》曰：按《读法》，三人若不同居，果系父子，兄弟至亲亦是。又曰，若将一家三人先后杀死，则通论。若本谋杀一人，而行者杀三人；不行之人造意者，斩。非造意者，以从者不行减行者一等论。仍以临时主意杀三人者为首，皆是。可从。（卷一九）62

【造畜蛊毒杀人】

《管见》曰：《琐言》谓，所教令之人习学有成与未成，其事有能专与否，故不著定其罪也。盖所教令之人，即上文造畜蛊毒者，或自有其术，或有人教令，但造畜堪以杀人，及教令者，即斩。何谓不著定其罪？（卷一九）63

【斗殴故杀人】【问刑条例】【一、凡同谋共殴人，除下手……】

《管见》曰：《琐言》谓，执持凶器者，不必有重伤；有致命重伤者，不必其尽凶器，皆当引例。又谓，若凶器殴伤致命，则下手之伤孰有重于此者，即当论绞矣。余观例意，本谓两人共殴者，皆有凶器，皆有致命重伤，故以伤多者抵死；其亦有重伤者充军。若谓凶器伤重即当论绞，则两人皆绞乎？如《琐言》意，是两人必有一有凶器，抵死；一无凶器，乃免。引例泥矣。惟有凶器又殴有致命伤者，方充军。其虽有凶器而无重伤及虽有重伤而无凶器者，皆不得剪摘例文妄引矣。（卷一九）64

【威逼人致死】

《管见》曰：《琐言》谓，律不言子孙威逼祖父母、父母，妻妾威逼夫之祖父母、父母及夫者，以三纲所系，殴之、出之、致之死，可也。乃为所威逼死焉，尚可以为纲乎？且子孙、妻妾其事皆不得自专，曷因事而用威乎？今例，子孙比殴律矣，妻妾将何比？要亦不必比尔。若然，则逆子悍妇逼死所尊，皆可置而不问矣。盖律之不载，诚以理之所无也。然实有之，则比律曷可以不用？近时，议者皆以妻妾威逼夫死，比期亲尊长。夫虽三年之服，然律文止于期亲尊长，故他无可比，比此亦不为失。且《琐言》下文因奸威逼又谓，女与妻妾与人通奸而恣其骄悍之性，逼挟其父母与夫无可奈何；或反诬以抑勒之情致自尽，是自与曷因事而用威语相背矣。况或老疾则不能殴之、致之死。义在三不去，则不可出。若妻非应死又不得擅杀者，其情有不容已而死者矣，曷得责以不能正纲，遂任其死而下问耶？查有嘉靖十六年题例，妻妾殴骂夫致自尽者，坐绞。著为令。但重修条例未见收入，亦亦附例后备考。（卷一九）65

【同行知有谋害】

《管见》曰：《琐言》解谋害为谋财害命。余意，不但财也。

或有怨恨，或因奸情，或杀人而夺之官凭文引图为假官，为商规避罪犯之类，皆是。（卷一九）66

【斗殴】

《管见》曰：一人两处相殴而死，若死于当时，则后次人抵死，先次者有伤问斗伤，无伤问不应，过后死者检验致命伤重者抵之。（卷二〇）67

【问刑条例】【一、斗殴伤人辜限内不平复……奏请定夺。】

《管见》曰：辜限外人命要看例文"情真事实"四字，若情事可疑、审究不的者，俱不得过拟渎奏。（卷二〇）68

【殴受业师】

《管见》曰：《琐言》说是。然，《辩疑》《疏义》皆谓工艺不入此条。夫彼既师之矣，若习成其业足以赡家，则终身享其教授之恩，乃至有犯以凡人论，可乎？使吾儒教中未尝以礼义训诲，徒使能文章，亦艺而已；至殴业师，与工艺不学礼义者何殊！是不当偏重于儒师而轻忽于工艺也。（卷二〇）69

【听讼回避】

《管见》曰：婚姻之家不必有服皆从回避。（卷二二）70

【有事以财请求】

《管见》曰：有犯罪者被亲属告发，应从自首减免，却乃以财买免告者。其前犯罪虽可减免，其以财行求之罪俱当论也。（卷二三）71

【因公擅科敛】

《管见》曰：按《读法》，钱粮赏赐，如军粮、布花之类未散擅克，罪坐监守盗；已散复收，罪坐此律，其意明备。（卷二三）72

【犯奸】

《管见》曰：指奸，若系奸妇自告有孕；若已招出奸夫者，

虽非奸所捕获，仍依奸论。（卷二五）73

【纵容妻妾犯奸】

《管见》曰：本夫、义父抑勒妻妾乞养女与人奸不从，而奸夫用强成奸，律本无文。以其强出于本夫、义父也、事由抑勒其成奸时，鲜有不用强者。以此议罪，恐强奸之狱繁矣。止杖八十为是。（卷二五）74

【诬执翁奸】

《管见》曰：欺奸者，欺其卑幼而陵制以成其奸也。翁与夫兄犯之，当斩。故诬执者反坐以斩，不用诬告律矣。然须闻于官乃坐。（卷二五）75

【居丧及僧道犯奸】

《管见》曰：妇居姑舅丧犯奸者，当依此律。《读法》谓僧道无度牒者以凡论，仍尽私度律还俗。（卷二五）76

【官吏宿娼】

《管见》曰：官员子孙兼文官之承荫、武官之应袭者言。（卷二五）77

【嘱托公事】

《管见》曰：《集解》谓，又见言曲法嘱托者笞五十，则嘱托而不曲法者勿论可知矣。盖官府行事容有见之不明、处之未当者，或以故人之义匡正，或为亲识之枉关白，是皆嘱托者而实非曲法。揆之士夫廉静之节，虽不宜，而于官府之政实无所妨也，故不坐。（卷二六）78

【应捕人追捕罪人】

《管见》曰：按应捕人，止是巡捕军应捕弓兵马正役或衙门快手，官府选充。捕盗者，亦是皂隶，乃跟官之人。民壮，则城守之役与保。长总甲、里邻皆临时差遣之人，不得概以应捕人

论。（卷二七）79

【罪人拒捕】

《管见》曰：按此律，专为罪人拒捕设。解律者误认"各"字，遂谓犯罪逃走及拒捕者各加二等。律意本谓，在逃拒捕者各于所犯徒、杖、笞罪上加二等。后人蒙"及"字之误，牢不可破。惟《集解》《读法》皆谓，不拒捕者不加等。《辩疑》解名例律"事发在逃"谓，被囚禁而越狱及解脱枷扭在逃者，本律原加二等，故自首不减本罪，得减逃走二等之罪。盖罪人拒捕与脱监反狱者，名例律皆该之，其曰，知人欲告及逃叛而自首者，减罪二等坐之，则谓罪人在逃者也。曰，事发在逃不在自首之律，则谓囚禁在逃者也。囚禁而逃，其罪已定，若因其逃首得减，是教人以逃也。故虽自首，不免本罪，止减逃罪。罪人逃而自首，则犹知畏法，故减罪二等坐之；若谓逃者毋问拒捕与不，皆加罪二等，是教人以拒捕也。盖拒亦加，不拒亦加，则拒者或得以避本罪，不拒者反又得加罪，其谁肯不拒捕哉！一字之误，其害应不浅。（卷二七）80

【徒流人逃】

《管见》曰：充军人逃，此律无文；以从军守御军在逃律论又轻，故立例以辅之。有至配所而逃者，依违制律引例改发。（卷二七）81

【死囚令人自杀】

《管见》曰：祖父母、父母家长虽已招服应死，为子孙、奴婢、雇工人犹望其有生，为之自杀。是以死视之矣，故不分令杀辄杀，不分首从，皆斩。即伤而不死，亦是不得与亲故及雇倩之人同喻矣。雇倩者，临时雇倩非本家原雇工之人也。（卷二八）82

【辩明冤枉】

《管见》曰：狱情枉滥，其故多端，故辩明有律，调问、会问有例。至五年审录并故失入罪官吏皆不追究，惟求人之不冤也。然形迹易见，情节易明及证佐具在者可辩明，否则，辩明之为难。故又于矜疑者诈为奏请，惟恐其人之或宽〔冤〕也，或乃拘成案避嫌疑畏，问官明知其冤枉而不辩，矜其疑情，其事而不为请，第诿曰：吾见之未定，不敢易也。夫既见之未定，则疑矣；疑当惟轻。所谓与其杀不辜，宁失不经也，此律例意也。（卷二八）83

【断罪引律令】

《管见》曰：令有已入律及与律殊者，皆依律。近有例与令殊者，亦依例尔。（卷二八）84

【《会典》：每月禁刑日期……三十九日、三十日。】

《管见》曰：按此禁刑日，盖从唐律也。《读法》所载：本朝禁刑仍有正五九月、闰月上下弦日，二十四气雨未霁、天未明，大祭享日。嘉靖四十五年题准，闰月不禁矣。（卷二八）85

【吏典代写招草】

《管见》曰：犯人果不识字，许令不干碍之人代写。则吏典代写者，虽情无增减，罪无出入，犹当论罪。罪以违制可也。（卷二八）86

【冒破物料】

《管见》曰：律称多破物料入己者不坐。此律矣，乃用擅造作下计料工不实之律。（卷二九）87

【盗决河防】

《管见》曰：《琐言》谓，河防乃国家积水以资漕运者。余意：凡江河近处为堤以防泛滥，虽非运道所由者，皆是。故下文

止曰：毁害人家，漂失财物，淹没田禾。运船则非专为漕河言也。（卷三〇）88

十四　应槚撰《大明律释义》
之动因考

　　《明史》卷九七《艺文志》著录有"应槚《大明律释义》三十卷。"应槚（1494～1554 年），字子材，号警庵公。处州遂昌人，曾任湖广提学副使，[①] 累迁山东布政使，擢兵部右侍郎，两广军务总督。因督剿僮僮（粤西少数民族中的反官府活动）有功，加大司马、兵部尚书。[②] 著有《谳狱稿》共五卷，时任刑部署郎中。

　　应槚《大明律释义》（以下简称《释义》）完成于嘉靖二十二年（1543 年），是明代的重要律注文献之一。在《释义》序中记述了他写作此书的经过，他说："槚自丁亥备员法曹，幸无多事，而素性偏（褊）狭，不善应酬，乃得暇日，究心于律文，每有所得，随条附记，积久成帙，大率本之《疏议》、《直引》诸书而参之以己意而已。"丁亥年，即嘉靖六年（1527 年），他进士后的第二年。写作《释义》的时间较早，到刊刻成书，其

---

① （明）雷礼：《国朝列卿记》卷一〇七。又见《国朝献征录》五八《墓志铭》。嘉靖进士，授刑部主事。拒绝私谒。这里所说的"督剿僮僮"就是史书所称：谕降樊家屯马江等剧贼，讨破七山诸寇。
② 《明史》卷三一七《广西土司一》。

间有 16 年之久。而且，他曾参予江南录囚多年，有丰富的监察、司法实践经验。旧稿经整理后，请人誊抄成书，刊刻印行。

今传有《释义》嘉靖二十八年（1549 年）李迁校正重刊本。今收在《续四库全书》"史部·政书类"中的，是上海图书馆所藏嘉靖三十一年的重刻本。

据应槚《释义》序所说，他撰写《大明律释义》一书，只是做点读律的笔记，来排遣公务之余的"暇日"时间，难道真是这样吗？笔者以为应槚撰《大明律释义》之动因有三，考述如下：

（一）动因之一：维护"律"的权威和"例"的严肃性

应槚在《释义》序中表明：刊行《释义》的目的在于"少为治狱之助"。作为"治狱之助"的书在当时并不少见，事实上，当时在社会上流传的明律解释书有很多种，如他所提到的《疏议》和《直引》二书就是。《疏议》指的就是刊刻于天顺、成化年间的《律条疏议》。《直引》，即《大明律直引》，撰者不详，存世有嘉靖五年刻本。他既然说"大率本之《疏议》、《直引》诸书"，也就是说他对《疏议》、《直引》诸书是采取了基本肯定的态度，并且谦虚地说自己是在《疏议》、《直引》诸书的基础上所作的编纂。既然如此，应槚何以还要去注律，去做前人已经做过的事呢？

1. 正视《疏议》和《直引》的影响

他为什么特别要提到《疏议》和《直引》这两部书？

（1）法律文本的刊刻必须适应社会发展的需要，而《疏议》和《直引》诸书距今的时间已经久远。张楷的《疏议》初刻于天顺五年（1461 年），其后有成化三年本、七年本等，距应槚当时已有 60～80 年时间。若再拿洪武三十年（1397 年）颁行的《律条直引》来说，距应槚当时则更遥远，有 130 多年了。

（2）《疏议》和《直引》的刻本，已面目全非。

其实，应槚推崇的《疏议》和《直引》诸书，指的并不是流传在社会上的《疏议》和《直引》重刻本、翻刻本、坊刻本，当时能看到的《疏议》和《直引》已不是它们的原刻本，已经面目全非！以《直引》为例，今存世除《大明律直引》日本尊经阁文库藏嘉靖丙戌（五年）本外，[①] 还有《律条便览直引》陈氏校刊本。它们当都以洪武三十年颁行的《律条直引》为蓝本的。《大明律直引》已经是一部以律例合编为体例印行的书，此书所收内容比较庞杂，除律文和解读的内容外，还有法医检验、为政规模节要论等。不仅如此，它还将弘治条例之后正德年间的增修条例都混编在一起。正德年间的增修条例不合立法程序，它不具有合法性。[②]《律条疏议》成化三年以后的重刻本，也都加进了不少其他的内容，失掉了原刻的本来面貌。

（3）强调"律"的权威性。《疏议》、《直引》的写作在弘治之前，毫无疑问不可能附有"例"。这与应槚强调"律"的权威不无关系，应槚所撰《释义》就只有"律"和律注，不附"例"，尽管在当时嘉靖之初弘治《问刑条例》早已颁行天下，他还是坚持自己的主张，予"例"于不顾。[③]

---

① 杨一凡在《明代稀见法律典籍版本考略》一文中评论说："《大明律直引》，不著撰人，凡 8 卷。日本尊经阁文库藏嘉靖丙戌（五年）本。该书字体稚拙，舛错疏漏遍布全书，疑为民间书坊刊印。"

② 嘉靖登极，有诏书云："一依《大明律》科断。""除弘治十三年三月初二日奏准通行外……新增者悉皆革去。"

③ 此"不顾"是指，不将弘治《问刑条例》附于《释义》一书中。胡琼纂《大明律解附例》，4 册，30 卷。今存。刊于正德十六年（1521 年）。

2. 对《大明律解附例》视而不见

除《疏议》和《直引》二书外，特别还要提到胡琼所纂的《大明律解附例》。不知它是不是包括在应槚说的"《疏议》、《直引》诸书"所指的诸书中。令人不解的是，胡琼的书刊于正德十六年（1521年），距离嘉靖六年（1527年）仅六七年时间，可以说与应槚属同一时代，但是，世间即使流传有胡琼的《大明律解附例》，应槚还是视而不见，坚持亲自注律，"究心于律文"、"随条附记"，而且，在"序"中缄口不言胡琼书，可以推想，在注律方面他自有与胡琼不同的理解和看法。其实，他对现存的各种明律注释书是并不满意的。

胡琼，字国华，南平人。正德六年进士，历按贵州、浙江有声。因哭谏席书为尚书，受杖而卒。《明史》有传。胡琼在《大明律解附例》的序中说，他侍御贵阳时，在听政之余，"取诸家之说折衷之，删繁节要，略其所易知，补其所未备，而以条类附焉。"疏解律意，并附例于各律条之后，是律例合编的本子。从目前所见到的律例合编本，要数胡琼的《大明律解附例》为最早。但是，《大明律解附例》存在的最大问题是在类附有弘治《问刑条例》外，还将弘治十三年后、十八年前的后增修条例，混编于一书中。①

3. 从孙存案中汲取了教训，引以警惕

问题是《释义》只是对"律"做了疏解，而对"例"却避而不论。除了对胡琼做法——把正德年间的增修条例杂乱地塞进了书里，有所不满外，另外，他又可能从孙存案中汲取了教训，

---

① 在胡琼纂《大明律解附例》中，将弘治《问刑条例》和正德所谓的增修条例混编在一起。另外，仅就书中重复的所附条例而言，就有33处之多。可见此书有庞杂而不严谨的严重毛病。

引以警惕。在明嘉靖十一年（1532 年）荆州知府孙存上其所集《大明律读法书》。结果反被嘉靖皇帝所斥责，嘉靖以《大明律》乃圣祖钦定，认为孙存等乃敢擅自增释，辄行刊刻，以紊成典。为此受都察院的查办，孙存获罪投狱，"书板毁之"。其书名虽然是"大明律读法"，其实它还附有现行条例，此现行条例当指《弘治问刑条例》，而且他还采用加注的形式将弘治十八年以后的所谓"正德新例"也刊刻其间。毫无疑问，这就是"擅自增释"，有犯当朝刻书的大忌了。

正德十六年（1521 年），嘉靖登极，曾下诏书云："一依大明律科断"，"除弘治十三年三月初二日奏准通行外，新增者悉皆革去。"

4. 对律例合编抱谨慎态度

法律如何适应社会政治、经济的发展固然是个问题，但是从《疏议》仅有律文而无附"例"的做法，已明显不适应"以例辅律"律例合编的体例要求了。但是他对律例合编所抱的态度是十分谨慎的：既认为律例合编的必要，又一再强调必须以律为主。

那么，应槚对法典的编撰又有哪些不同的理解和看法呢？应槚并没有直接说明。不过，其后不久，应槚下江南录囚，此时他积极用世，曾写过不少奏章，"审录疏稿"就是其中的一份，从这份"疏稿"中我们约略能看到他注释明律的动因。这是个钞本，书名《审录疏略》。这篇奏疏的写作时间，据推测在嘉靖十五年左右。[①]"疏稿"中这样写道："孝〔宗〕敬皇帝辑《问刑

---

① （明）应槚等撰：《审录疏略》，明钞本。1 册，不分卷。半叶 10 行，每行 22 字。此本今藏国家图书馆善本部。书中除应槚的"疏稿"外，还有"林郎中疏略"一份，合编于一册中。另外，可参见应槚的《谳狱稿》。文中加方括号的字据《谳狱稿》校补。这篇奏疏的写作时间，据推测在嘉靖十五年左右。之所以将上限定在嘉靖十五年，是因为在钞本《审录疏略》的另一篇"林中郎疏略"中注明有嘉靖十五年十一月初六的题本。

条例》以辅律。二〔书〕者，盖治狱之准绳规矩，讲解贵精，引用贵当，使轻轻重重各得其情。"充分肯定弘治《问刑条例》的合法性及其辅律作用；其言外之意是十分清楚的，他否定了正德年间的增修条例。这里说的"二者"，指的就是"律"和"例"。弘治《问刑条例》正式立法并颁行于弘治十三年（1500年）。《明史》卷一六《孝宗本纪》称："（十三年二月）庚寅，诏更定刑部条律。"指的就是弘治《问刑条例》的修订和刊行。①其主要依据是天顺八年至弘治七年共31年间各部院的题奏。弘治《问刑条例》的制定是为稳定社会秩序的需要，为适应当时法制整饬的需要而开展的一次重要立法活动。自洪武至弘治的100多年间明代条例纷出以致到了"滥"的地步；条例滥出，法司无所适从，奸伪之徒则乘虚而入，法制已到了非加整饬的时候了。弘治《问刑条例》的制定及至形成律例合编的法典体式，成了明代法制的显著特点之一。但是，其后不久，又在正德年间有过"增修"，这一次增修是在刘瑾擅权之时，对当时的法制是一次很大的破坏。胡琼的《大明律解附例》就是在这样的情况下产生的，而且，胡琼把正德年间的增修条例也杂乱地塞进了书里。有感于此，应槚自嘉靖六年开始就关注律例合编和释义问题。因此，他说"二者，盖治狱之准绳规矩"，强调了律例二者的规范和权威，更强调律的权威，而暂时不作合编。他不反对合编，不仅不反对而且主张合编，只是他不赞成私编，而主张"推原律例之意，分附于各条之下"，必须"待圣心裁定之后，颁示天下"。

为维护律例的权威性和严肃性，是应槚作《释义》的动因

---

① 另见（明）陈洪谟《治世余闻》上篇卷四。

之一。

（二）动因之二：指导司法实践

应㯽在序中又说："迨后，奉命录囚江南与历典诸名郡。虽亦得力于此，然卒因于簿书，而此集弃已久矣。往岁过都下，间有知此集欲得之者。因归而观之，窃谓一得之愚或可少为治狱之助。"据《谳狱稿》可知，① 应㯽"奉命录囚江南与历典诸名郡"，主要有应天、直隶徽宁池苏松常镇、广德等府州等地。为此他写下奏折若干。

《审录疏略》中还说到：

> ……今臣等经历江南九府一州，审录轻重罪囚亦数千，② 见其中多背戾，民不聊生，每切疚心，姑举一二论之。

江南九府一州，包括杭嘉湖地区在内是国内最富庶的地方。丘浚曾引用韩愈的话说：赋出天下而江南居十九，以今观之，浙东、西又居江南十九，而苏松常嘉湖五府又居两浙十九也。今上委予应㯽以重任，严肃司法，整饬吏治，责任重大，他也不负皇恩，满怀信心去清肃法纪，为民申说，大有为民请命的意气。

---

① 《谳狱稿》卷一的开头由时任常州府通判的周南作小序，序云："南曰：警庵公以法曹借陆锦衣，被简命来审录江南刑狱，援证律例，多所平反，先后凡九疏。刻于双江聂公者二：其一请免补伍军人；其一请宽苏松重囚盖公莅事始奏也。其后七疏，虽朝议行之，而未有传。嘉靖乙未岁，予判常州而公已出守于兹，因得见其全本。故并刻之，俾与司刑者共览焉。西峰南谨识。"嘉靖乙未，即嘉靖十四年，1535 年。

② （明）应㯽撰：《谳狱稿》卷一上作"千数以上"。卷二称共 1647 名口。

　　应槚亲自审录罪囚数千人，在《审录疏略》中作了记录的有审录苏松二府罪囚 154 名、处大辟罪囚 197 名。在《谳狱稿》中还有"常、镇等处会审疏"、"应天、太平、广德等处会审疏"等，他从亲自参与的审录中对司法不公乃至腐败的吏治感触尤深。然而，"二十年不视朝"的嘉靖帝统治下之政治出现腐败是必然的事，杨爵在他的上书谏言中就列数朝野弊端，他说："今天下大势如人衰病已极。腹心百骸，莫不受患。即欲拯之，无措手地"。①

　　为此，应槚罗列出在实际司法中出现的 13 个方面问题，采用对照的方法，有针对性地说明了不能正确理解律意而造成的判断事实错误，有理有据，对司法中存在的问题作了深刻的揭露和批评。②

---

① 《明史》卷二〇九《杨爵传》。

② 〇律凡准窃盗赃，止并论一主之重，余弗计也。今则有过计其各主之数而并论之，出杖入徒而追赃三四者。1/〇枉法不枉法赃，止计入己之数，不入己者弗论也。今则有通计其不入己之赃而并论之，由笞入徒而追赎于一二年者。2/〇准枉法准不枉法赃，罪止杖一百、流三千里而已。今则有加之绞、准徒五年者。3/〇受财枉法，谓受有事之人财而曲法以断其事，盖法枉于受财之后，非枉于受财之前也。今则有以不当受而受，遂谓之枉而辄加以徒五年者。4/〇盐法止理见获，获人不获盐，获盐不获人，不问；所以息诬告之风，杜争端也。今则有论于二三年之后而监追其余利于三四年者。5/〇卤可作盐，犹铜可铸钱；钱法有铜禁，盐法无卤禁；犯铜者不可以钱治，则犯卤者不可以盐治，明矣。今则有招犯卤之情，加私盐之罪者。6/〇车船、头匹并入官，见于"拒捕"之下，不见于挑担驮载之后，则挑担驮载之车船、头匹不入官也，明矣。今则有一概入官至于没人。7/〇附搭焰硝船只者、劫囚者皆斩，盖在狱之囚非在途之囚也。今则有中途打夺徒犯而拟以劫囚皆斩者。8/〇诬告抵充军役，盖诬人以律中之军，如私卖军器、私出外境、掳掠为从者，俱杖一百，发边远充军；诬告人以此则抵充也。今则有诬告人以例中之军而亦抵充者。9/〇强盗窝主分赃必有造意共谋之情者斩，所以诛其谋也；若去造意共谋四字，则非律意矣。今则有招盗后分赃之情、摘窝主分赃之文而处以死者。10/〇私盐拒捕者斩，原无皆字之文，则为从者固得生也。而例称盐众拒捕杀伤，俱枭首示众者亦必指律该处斩之人，未有去律从例，枭生人之首者。今则有泥例俱枭首之文，忘律分首从之法，而概处以死者。11/〇守掌在官之物虽未入仓库，而已至于官，与在仓库同，故有侵欺者以监守自盗论也。今则有轻收粮里诓自民间，亦引前例治罪，甚至有引沿边腹里盗银一十两二十两事例而发边远充军者。12/〇例称府州县、卫所主文书算、快手皂隶、总甲门禁、库子人等久恋衙门者，亦必有说事过钱、把持飞诡、起灭陷害等事，方发附近充军，然又必俟其事发，有显迹情重者，则充军；情轻者则枷号，未尝泛以加诸人，立例之意甚厚也。今则止摘久恋衙门四字，或泛加害民二字，而遂问以充军者。13/（文字前的"〇"符号和文字后的阿拉伯数字是笔者所加）

限于篇幅，我们从 13 个问题中选出第 10、11 两个方面，用应㯍录囚中的实际案例做例证，做一点分析说明。

第 10 方面的问题是："强盗窝主分赃必有造意共谋之情者斩，所以诛其谋也；若去造意共谋四字，则非律意矣。今则有招盗后分赃之情、摘窝主分赃之文而处以死者。"

《谳狱稿》卷三中有这样一则案例：事情发生在嘉靖八年，丹徒县民汤景和、胡文理容住打劫为盗者陈荣、马銮等，并且收买了部分赃物。嘉靖九年，马銮等又打劫曹庄人家，汤景和、胡文理又接受了他们馈送的赃物。嘉靖十年正月，陈荣、马銮等打劫赵港人家，胡文理又收买了部分赃物。后来陈荣、马銮等在胡文理家被抓获。审理结果定陈荣、马銮等"强盗得财"罪，定汤景和、胡文理"强盗窝主分赃"的罪名，均处以"斩罪，详允监候"。

应㯍主持会审，"情亦无异"，发回陈荣、马銮等监候外，查嘉靖九年汤景和、胡文理接受盗犯馈送的赃物一事，是在赦限之内。并据《大明律》"强盗窝主造意"一条，认为："窃惟律之本意，专罪其造意共谋也。汤景和、胡文理既无造谋之意，又无共谋之情……亦未尝的知其为盗之实。今乃摘去'造意'二字，问以前罪，招情虽真，拟罪未合。"结果按"不应得为而为之"之罪处杖八十，再"俱有《大诰》及遇蒙恩例"通减二等，各杖六十。

从问斩罪到改判为杖罪，其关键是对律文中"造意共谋"四字的理解和把握。汤景和、胡文理收买和接受盗犯馈送的赃物，事先并不知道是赃物，他们招供说，知道他们是游手可疑之人，但是并不知道他们打劫为盗之事，所以不能把他们视为同谋。

第 11 方面的问题是："私盐拒捕者斩，原无皆字之文，则为从者固得生也。而例称盐众拒捕杀伤，俱枭首示众者亦必指律该处斩之人，未有去律从例，枭生人之首者。今则有泥例俱枭首之文，忘律分首从之法，而概处以死者。"

《谳狱稿》卷二中有这样一则案例：嘉靖八年，太仓州民殷鼎跟从龚腾贩卖私盐，官府的巡军在追捕过程中，巡军吴旺保被戳伤，审理结果是："问拟鼎私盐拒捕斩罪，照例枭首。"但是经过应槚的审录，"查得鼎见获私盐止有五包，其余具未见获。其称戳伤吴旺保一节……查原呈，俱不曾指出何人之手，况该州验伤之时去吴旺保称伤之日，隔越五个月日。"应槚主张改判，按律犯私盐者，杖一百、徒三年，又"有《大诰》及遇蒙恩例"通减二等，各杖八十、徒二年。

从问斩罪到改判为徒罪，其关键是对"律分首从"四字的理解和把握。律文"私盐拒捕者斩"中有没有一个"皆"字，会对拒捕的从犯者产生直接影响。此外，对"拒捕杀伤"的认定，必须取得当时的验伤证据，不然，即使示以额上疤痕，也终属暧昧，无以为凭。

以上仅仅举了 2 个事例，就足以说明司法实际中存在着的严重问题。应槚提出的这 13 个问题都是老百姓容易违犯的事，然而司法官员缪戾舛错，冤情不断。应槚推究司法官员犯错的原因时，力图从法律解释的角度去发掘其弊端的根由，他认为"盖因律文深奥，例文简略，而各该官司得以随意讲解，任情引用"，以致"政非画一，官无定守"。由此可见，应槚有感于司法的不公乃至腐败，潜心写作《释义》为指导司法实践作出努力。

（三）动因之三：主张法律解释的统一

在《审录疏略》中应㮮又强调说：

> 古者赵冬曦有曰："立法贵乎使人尽知，则天下自不敢犯。何必饰其文义、简其科条哉？科条省则下人难知，文义深则法吏得使，下人难知则暗陷机阱矣，安得无犯法之人？法吏得便，则比附而用之矣，安得无弄法之臣？"①斯言也切中今日治狱之弊。臣等请命法司大臣假以岁月，将律例二书条为之什、句为之解，直陈其事，显明其义，推原律例之意，分附于各条之下，纂集成书，待圣心裁定之后，颁示天下，使政出画一，官有定守。一〔开〕卷而义意〔意义〕了然，虽有玩法之臣（而）不敢随意讲解、任情引用，庶几轻重出入各当其情，而小民无知者亦得晓知其义，易避而不敢犯矣。

引用唐神龙年间的左拾遗赵冬曦的话，作为自己立论的依据。主要的意思是：主张法律的公开化，法律解释的通俗化。其实法律公开化的问题早就在春秋时期就提出来了，而且在明代法律、条例也是及时颁行天下的，为什么应㮮还要强调这一点呢？那就是因为文移不畅，官吏渎职而造成上情不得下达的状况，法律、条例被置之一旁。他强烈地感受到文移之往来多虚应故事，

---

① 赵冬曦，唐人。《新、旧唐书》中均无此段文字的记载。但也表达过同样意思："夫法易知，则下不敢犯而远机阱；文义深，则吏乘便而明附盛……律明则人信，法一则主尊。"（《新唐书》卷二一三《儒学下》）

阳奉阴违，以至于法律成为了具文。他在《审录疏略》中写道：

> ……申明律例通行中外，不为不多……询之有司，多不
> 周知；索之文移，或亦无存。远且不论，只如申明越境兴贩
> 私盐一例，不及四年未见不〔有〕越境而得免军者。此无
> 他，奉行之意轻官吏之更换不常故也。由已然观之，则文移
> 之往来亦虚焉而已矣。此臣等之愚，所以必欲注释成书，庶
> 几有司奉行不敢怠，久远而无失也。……迂疏之见，倘或以
> 为可采，乞即下法司会议，奏请施行。

补文移之虚，实际上是对官员渎职的严厉批评。

很值得我们注意的是，在上面那段话里他主张要尽快做好律
例的编辑、注释工作。为什么要急于编辑律例的注释书呢？应槚
认为律例没有统一的、合乎法意的解释，是造成下人犯法、法吏
弄法的根源。

以上文太仓州民殷鼎“私盐拒捕者斩”一案的审录为例，
也正能说明这一点。应槚在处理私盐拒捕问题上，一切按律办
事。他认为律文中没有一个“皆”字，意在分出主从，而对例
文的理解也应该如此，不应“去律从例”。在弘治问刑条例“课
程”目下是这样规定的：“其豪强盐徒聚众，撑驾大船，张挂旗
号，擅用兵仗响器者，巡捕、巡盐官兵寻访捉捕，若拒敌杀伤人
命者，俱枭首示众。”对此，应槚认为尽管例文中用了“盐众”、
“俱”这些用语，但是决不能“泥例俱枭首之文，忘律分首从之
法”一再坚持应以“律”为基础，律例有不够一致的地方首先
得以“律”为主，强调了《大明律》的权威作用。

那么怎样才能统一律例，做出合乎法意的解释？

　　他提出的具体做法是：以法司为主组织编写，编辑成册。再由皇上裁定，颁行天下。按此步骤去做的话应该说是能编出一部官定的法律解释书的。但是未有下文，此议可能并未能得到臣僚的普遍支持。① 看来，他并未甘休，自己单枪匹马仍默默地在做着注律的工作，最后，他以私人著作的形式面世，了却了他这个美好的心愿。

① 应槚关于纂修法律解释书的主张，其影响是显然的。隆庆五年（1571 年）刑科给事中王之垣等倡言纂辑律例书，他们认为："律解不一，理官所执互殊，请以大明律诸家注解折衷定论，纂辑成书，参以续定事例，列附条例之后，刊布中外，以明法守。"万历二年（1574 年）五月给事中邹升等又请将大明律注参酌考订并续增条例详议上请。参见《续文献通考》卷一三六。

十五 《大明律例》考略

　　《大明律例》是明代法律文献的一种。但是，以"大明律例"为书名的法律文本，并不只是律和例的单纯合编本，明人往往把它们的注解，或集释，或按语也包罗了进去。因此我们对所谓的《大明律例》的讨论，实际上也是对《大明律例》注本的讨论。《大明律例》注本有很多种，我们不可能面面俱到，只能就其所见，侧重在"附解"的这一种上。

　　最近，笔者在上海图书馆发现《大明律例》王藻校本，它就是一种"附解"本，可惜残损严重。此书是明代中后期一部颇具特色的明代律例的注释书，明代人曾对它的"附解"做过大量工作，书中注解详审，多有辨议，还引录有《琐言》、《集解》、《管见》等原文材料（可用于校勘和辑考）。今阅读一过，试对《大明律例》（附解）的现存刊本、体例及相关内容、背景材料作尽可能全面的考析。

（一）《大明律例》的现存刊本

　　在《明史》卷九七《艺文志》上著录有"范永銮《大明律

例》三十卷"。① 不过，今存中国国家图书馆善本部的是范永銮的《大明律》三十卷。《续四库全书》将它收录在第八六二册中，仍称"大明律"。其实，此书中除"律"之外还包含有"例"，因此，上述范本《大明律例》可能就是此书的原名，称"大明律例"它才名副其实。

《大明律例》（附解）的注本及其辑本、残本，现存刊刻大致有以下几种：

（1）今存中国国家图书馆的《大明律例附解》一书，书口作"大明律例"，隆庆元年（1567 年）陈省刻本（以下简称"隆本"），十四册，　函。此书后附有"律例类抄"一卷。书尾有陈省"恭书律例附解后"一文，说明刻书原委。在这篇"书后"中这样说："省按湖南，检核案牍，失者常八九，深病夫粗心浮见者之祸斯民甚矣！乃取内本律重校刻之。""贻诸有司，使读而绎思焉。以求刑罚之中，弼盛世之教，仰副皇列圣慎刑重民命之心。"在它的注中引有"琐言"、"集解"、"释义"、"管见"等先年的法律文献材料。

（2）《大明律例》（附解）三十卷，六册。为明万历元年（1573 年）梁□（一作许）刻本（以下简称"梁本"），未署著作者名。此为残卷本，存 28 卷，缺失第 2、3、4 卷。此书所附"律例类抄"一卷，与上述隆本《大明律例附解》所附相同。书末有陈省《重刻大明律跋》，跋有云："我朝《大明律》之颁，意盖若此。而今又辅之典例，次之注解，议狱者昭然可考焉。先是省尝刻之湖广，乃兹御史梁君又请原本翻刻之"。此本亦藏中国国家图书馆。

---

① 与明末清初人黄虞稷撰《千顷堂书目》卷一〇所载同。不过，《千顷堂书目》上另又著录"《大明律例》七卷"，不署名，不明所以。

（3）此外，就是本文开头提到的今收藏于上海图书馆的另一《大明律例》残本（以下简称"王藻本"），此书书口也标有"大明律例"四字。仅存三册，缺第1～6卷、第13～19卷。①万历六年（1578年）巡按山东监察御史王藻校。此本版式与上述梁□刻本大致相同，但是书中引有万历三年、万历六年的"奏题事例"，很明显它在梁本的基础上做过了较大的整理，特别是在附注中加了著者"按"语一栏。其按语考辨详赡，颇具见地，为隆本、梁本所未有。

以上三种《大明律例》（附解）本子都只有刊刻者或校勘者，而著者或注者均不明。

（4）又，台湾出版的《中国法制史书目》著录有江西布政使汪宗元所辑《大明律例》一书。此书三十卷，附续集一卷，书后有嘉靖三十三年（1554年）潘恩跋。既然是辑本，那么与原著注本会有所不同。

（5）又，台湾出版的《中国法制史书目》著录有《大明律例附解》一书。此书六册，十二卷。著者不明。此书"先对律文逐句注释，次引解释明律诸书，如疏议、辩疑、直引、明律旧小注等有关之文作为按语，再以大明令、大明会典、嘉靖以前诸例……列出比对参照。"②此本缩微胶卷原据日本所藏重刊本，重刊本书后有日本仁孝天皇文政十三年（1830年）冯璞跋。

（6）还有，在《明史》卷九七《艺文志》上著录有林兆珂《注大明律例》二十卷本。明确表明是注本，但存佚不明。

另外，今广州中山图书馆存有《大明律例添释旁注》一书、

---

① 此本至今未加拓补，甚是可惜。
② 张伟仁主编：《中国法制史书目》，台湾"中央研究院"历史语言研究所专刊之67，1976，第19页。

华东师范大学图书馆藏有《大明律附例注解》。前者为明徐昌祚辑，明万历宝善堂刻本；今存 27 卷，缺的是第 28、29、30 卷，是一个残本。后者为明姚思仁著，三十卷，万历十五年后刊刻。他们的体例与上述隆本、梁本、王藻本均不同，都加有旁注。

鉴于以上版刻的复杂情况，在不能尽读的情况下，我们只能仅就所见讨论《大明律例》（附解）的律注特点。本文所据以万历六年的王藻本为主，兼及其他。

（二）《大明律例》的体例

《大明律例》（附解）王藻校本不同于一般的律例合编本。一般的律例合编本或将"例"按内容分布到各律目、律条之下；或采用分开编辑的办法，前面几卷是律，后面几卷是例。注释多用旧注。

今所见王藻校本，其实应依全称作《大明律例附解》，因为著者作注用力颇勤，它的重心在"附解"上。它采用了将"例"按内容分布到各律条之下的合编办法。隆本、梁本所附的"律例类抄"，已被删除。

王藻校本的律文、例文照录，在律文中的原注也照录，用小一号字夹注其中；同时，作者的新注则采用双行夹注的办法处理。注者新注有疏通、连贯文义的作用，如卷二〇《斗殴》律中的一条：

　　〇殴期亲尊长
　　凡弟妹殴兄姊者，杖九十、徒二年半；伤者，杖一百、徒三年；折伤者，杖一百、流三千里；刃伤及折肢，若瞎其

一目者，绞；死者，皆斩。若侄殴伯叔父母、姑，及外孙殴
外祖父母，各加一等。其过失杀伤者，各减本杀伤罪二等；
故杀者，皆凌迟处死。<u>若与外人谋，故杀亲属者，外人造意
下手，从而加功，从而不加功，自依凡人故杀律科罪。余条
准此。</u>【其若与外人同谋，故杀亲属者，自依凡人故杀律
科罪。卑幼依故杀期亲尊长者，不问造意下手，从而加功
不加功，并凌迟处死。余条亲属并准此。】○其兄姊殴杀
【期亲之】弟【在室期年之】妹及伯叔姑殴杀【期年之】
侄并【小功之】侄孙，若外祖父母殴杀【缌麻之】外孙者，
杖一百、徒三年。【以见殴至折伤及笃疾者，皆不坐罪。】
故杀者，杖一百、流二千里。过失者，【不问弟妹、侄、侄
孙、外孙。】各勿论。【以见殴至笃疾者律，既无文，并不
坐罪。】

以上引文中下加横线的文字在原书中单行小一号字体排列，
外方内圆括号内的文字在原书中用双行小号字排列。双行夹注写
得尤为详细，有的地方连一个字一个词都做了疏通，使上下语义
得到贯通，如上面引文中的"'期亲之'弟'在室期年之'妹"
句等。

以下再加著者的"按"语，对自洪武以来的数家律注作出
评论或辨议。如卷二六《杂犯》律中"失火"条下：

　　按：此条注止从《疏议》解如此。《疏议》又以此条因
而致伤人命者杖一百，明矣。设有失火而伤本宗及外姻，作
何拟断？如律内祖父母、父母于子孙，夫之祖父母、父母于
子孙之妻妾，兄姊于弟妹，伯叔姑于侄并侄孙，外祖父母于

外孙，夫于妻妾，妻于妾，若家长及家长之期亲外祖父母及缌麻以上亲于奴婢、雇工人过失杀者，尚不坐罪。失火杀伤，勿论为宜。若奴婢于家长过失杀者，尚绞。其子孙于祖父母、父母，妻妾于夫之祖父母、父母过失杀，亦流。而况失火，坐视不救以致杀伤，合依过失杀者律，坐以绞、流。弟妹于兄姊，侄于伯叔父母姑，及外孙于外祖父母，若奴婢、雇工人于家长之期亲外祖父母，及雇工人于家长过失杀伤，各减本杀伤罪二等。今因失火杀伤，亦依过失减坐，俱奏请。余人皆科：失火致伤人命，为首，杖一百。凡议此等罪名，俱须依旧小注作比，依过失各条论。又按，《讲解》以延烧山陵内宫阙者，亦绞。若因失火而抢夺人财物，见"白昼抢夺"条内。○一、点放花火爆仗，问《违制》。成化二年十二月行。

在这段"按"语中，引有《疏议》和《讲解》，其下，还直接引有《琐言》、《集解》、《管见》中的有关文字。所引《琐言》文字尤详，《集解》较少。

从上面所引材料可见，《大明律例》所作注解包括有：注释，以及各注家的不同说法，并直接引用《琐言》和《管见》的文字作为补充。此外，它与其他几种注本比较，它的最大不同在于增加了"按语"部分，在"按语"中又大量引用了前人的研究成果，并直率地表达了自己的看法。

（三）所引注家

王藻本《大明律例》所引注家有：

（1）原注。

或称"本注"，可见卷二八·二二中的按语等。在卷二八·二二的按语中还提到"原进呈之律注"，所指即原注。

（2）旧小注。

见卷八·九、卷二〇·一八、卷二〇·二六的按语等。

（3）自注。

或称"愚前注"，见卷八·一六、卷九·二的按语等。

（4）《疏议》。

全称《律条疏议》，张楷撰。

（5）《辩疑》。

全称《读律辩疑》，何广著。

（6）《直引》。

全称《大明律直引》。

（7）《集解》。

以"集解"为书名的有多种。据考，称"集解"的本子有《大明律集解》（王楠撰）、余姚杨简氏"集解"、胡琼《大明律附解》（也称"集解"）等。但依据隆本《恭书律例附解后》所述，当指余姚杨简氏"集解"，但此本不详存佚，待考。

（8）《讲解》。

全称《大明律讲解》。今存世有朝鲜光武七年（1903 年）法部奉旨印颁本，撰者不详。

（9）《琐言》。

全称《读律琐言》，雷梦麟著。

（10）《管见》。

全称《读律管见》，陆柬著。

（11）《释义》。

全称《大明律释义》，应槚著。

据此，可证以上所引各家注本均刊刻在万历六年之前。时间的跨度很大，从洪武到万历将近有 200 年之久，可以说它囊括了明代初期、中期法学研究的主要成果。此外，从版本的角度看，它所提到的《讲解》虽至今未见有明刻本，但据此可证明此本早在万历六年之前就已有传世；尽管我们今天只看到了朝鲜光武七年（1903 年）本。又比如《管见》，据沈家本引天一阁藏本中有《读律管见》，署名陈诜；① 陈诜清人，可见非同一书。陆柬《读律管见》今已佚，可据此辑存一＿。

（四）王藻本中的"按语"

三个本子，孰优？三个本子是指隆本、梁本和王藻本。据梁本书末陈省跋所说，梁本是隆本的"翻刻"。两相对照，刊刻的时间两本相距仅 6 年，梁本不仅删除了原刻中的序、表、题稿以及"五刑图"等图表，保留了附录，改了版式，改写了夹注。

王藻本与梁本的版式相同，律例注释也同。只是删除了"律例类抄"，增写了"按语"。王藻本与梁本的刊刻时间相距 5 年。

以笔者之见，"按语"是王藻本的精华部分。此按语在第一部分（5）介绍台湾所藏缩微胶卷《大明律例附解》时提到过，在书目中介绍说："次引解释明律诸书，如疏议、辩疑、直引、明律旧小注等有关之文作为按语。"此缩微胶卷《大明律例附解》依据的是日人重刊本，书后有日本仁孝天皇文政十三年冯璞手跋。文政十三年相当清道光十年，即公元 1830 年。从书目

---

① （清）沈家本撰：《历代刑法考》第 2 册，《律令九》，中华书局，1985，第 1154 页。

的介绍可知，王藻本中"按语"影响之久远。但是，书目介绍说它是六册、十二卷，所引用的又只是"嘉靖以前诸例"，所以我们排除了它是王藻本的翻刻的可能，王藻本则为三十卷，且引有万历三年、万历六年奏题事例。

王藻本《大明律例》"按语"中的作者评议是独具特色也是最具价值的一部分。今试作摘要说明并略加考辨。

1. 王藻本十分推崇《律条疏议》

在王藻本的每卷律目之下，直接抄录了《律条疏议》的说明文字，从律目的发展变化说到明律律目制定的依据等。如"营造"律目下：

> 营造，自秦以前无其目。汉有擅兴造作之事附焉，历魏、晋、梁、北齐，皆为擅兴。后周始名兴缮。隋开皇复为擅兴，唐因之。国朝分吏、户、礼、兵、刑、工六类，特立营造之目，系之工律。取唐擅兴律"兴造言上"、"非法兴造"、"工作不如法"、"采取不任用"四条，损益其制，易为"擅造作"、"造作不如法"、"虚费功力"、"采取不堪用"、"织造违禁龙凤文段匹"。又审其未备，增立"冒破物料"、"带造段匹"、"修理仓库"、"有司官吏不住公廨"四条。总名曰营造。

此类律目的说明文字在隆本、梁本都未录用，而唯独王藻本将其照录不误。张楷的《律条疏议》版刻于天顺五年（1461年），距万历六年（1578年）已一百多年，王藻本重新采录此书文字，既可见《律条疏议》一书的潜在价值，同时也看到王藻本推崇《律条疏议》的意义所在：重振律注文献及律学研究的余威，以划一解释，防范玩法之臣任情引用。

律目的说明文字是如此，就是王藻本"按语"引述材料最多的也是《律条疏议》，这在本文中所引用的"按语"中也可见到，这里不再征引。

2. 广泛吸收各家不同见解，择善而从

从上引十种注文或引证材料而言，基本上收集了万历朝之前的主要律注著作。有洪武年间的《辩疑》、天顺年间的《疏议》，相对较早，是明初的律学代表作。嘉隆间律注著作很多，但最具独到见解的要数《琐言》和《管见》，三种《大明律例》刻本都大段照录，郑重其事。

在此基础上所作的集注就较一般个人所作的注本其质量自然要高得多。可以这样说，王藻本中的按语是集体智慧的结晶，是明代法学研究的集大成者。其后虽然说有万历后期的《大明律集解附例》的刊行，但就其"纂注"而言，其深广度远不如王藻本。

3. 考析细致入微，勇于发表自己独到的见解

如卷二八·二二"官司出入人罪"条中提到"若增轻作重，减重作轻，以所增减论；至死者，坐以死罪。"在"按语"中王藻本征引了《疏议》、《辩疑》等的说法，坚持官司兼官吏说。作者在作了假设分析之后说："窃疑：如官因受人财及法外用刑，故出入人罪，审果吏不知情者，故出入人罪，止坐原问官；其吏宜从失出入人罪为首拟断。若吏因受人财及法外用刑，故出入人罪，审与官委无干，止将故出入人罪全坐承行吏。庶与前注合，情理亦无亏也。"

尽管说王藻本赞同官司兼官吏说，但同时又将官与吏所承担的不同责任分清，这很重要。这是很有见地的认识。

就在这段按语中还有一段有关折杖收赎的文字，分析得相当
细致：

> 又按《疏议》以此官司故出入增减人罪与前诬告人折
> 杖入至徒者虽无不同，入至流者自有或异。彼诬告人反坐，
> 所剩入至流者，"本注"止曰三流，并准徒四年，通折杖二
> 百四十，依此收赎。而此官司故出入人罪至流者，"本注"
> 不曰三流，并准徒四年，通折杖二百四十，止曰每流一等准
> 徒半年。见得此故出入人罪三等流，共该准徒一年半。……

这样细致的分析及前后照应对司法实践来说，有现实的指导
作用。在清代王明德的《读律佩觿》中就又有发展，折杖收赎
的"量化"看来是必不可少，而且要求愈来愈细。

（五）王藻本《大明律例》的编纂背景

王藻本《大明律例》（附解）校刊于万历之初。按常理而
言，在此之前已经有隆本、梁本存在，前后相距不过 11 年，何
以不用现成的，而要去另作"按语"，重加评说？

1. 应槚曾经著有《大明律释义》一书

早在嘉靖二十二年（1543 年）湖广提督副使应槚曾经著有
《大明律释义》一书。此书在二八年、三一年都曾有过重刊。在
写作此书的同时他曾奉命去江南各地录囚，在他的一份"审录
疏稿"中说：

> 臣等请命法司大臣假以岁月，将律例二书条为之什、句

为之解，直陈其事，显明其义，推原律例之意，分附于各条之下，纂集成书，待圣心裁定之后，颁示天下，使政出画一，官有定守。一卷而义意了然，虽有玩法之臣而不敢随意讲解、任情引用，庶几轻重出入各当其情，而小民无知者亦得晓知其义，易避而不敢犯矣。

应槚主张要尽快地做好律例的编辑、注释工作。但是他所编纂的《大明律释义》并不包括"例"，这可能是他对正德十六年刊行的胡琼《大明律解附例》的反拨，胡琼《大明律解附例》中所列出的"例"存在着不少的复沓和混乱，因此它不再附"例"；而且，时过境迁，"例"已经作了重修。但是，"将律例二书条为之什、句为之解""使政出划一，官有定守"，这在当时则是问刑官吏们共同关心的事，王藻本《大明律例》的编者、注者和校刊者其心情是一样的。可以说隆本、梁本到王藻本的加注、校刊是应槚《大明律释义》的延续，是从嘉靖到隆庆到万历，为立法者、司法者和律学研究者一以贯之的研讨课题。

2. 对"大明律例"及其注的编纂的关注

万历之初，刑政官员对"大明律例"及其注的编纂也十分关注。如：从万历二年四月开始，各司就将预设《大明律例》一部，挑选老成博雅者一二人作为表率，堂事之暇，读习讲解；每月还要面试，检验效果。又如：万历二年五月，刑科给事中邬升就上奏，主张："将《大明律注》参酌考订，并续增条例，详议上请，共成一书，颁行中外。"成为不刊之典。而且他在题奏中特别提到了作注的问题，他说："诸家注释往往各执己见，纷如聚讼。""窃恐巧文之吏任注释而背律文，犹经生弃经任传，其弊不可言矣。"对律例注本的重视，由此可见一斑。再如：万历三月六月，户部给事中申光樵在他的陈条中也提到了刑部的《问刑条例》，他说，"除律例简切易晓、引用无差者，照旧遵行。如有含蓄深远当为剖析、该括不全当为推广者，通用斟酌，因事讲求，务要文义明悉，情罪通均，庶鞫不爽，人鲜冤狱"。①

3. 首辅张居正力主改革

万历初年，神宗年幼，国家大事都有首辅张居正主持。他既要对嘉靖朝的衰微穷乏和隆庆朝的混乱无为拨乱反正、重整旗鼓，又要在政局变故的关键时刻力争处于有利的地位，所以他一再强调的就是"遵守成宪"，整饬纪纲。在他上书的《陈六事疏》就有"振纲纪"、"重诏令"两条，力图以伸张法纪为中心，做到"事权归一，法令易行"，重振朝廷的权威，推行他的富国强兵政策。鉴于此，法司官员对《大明律例》的注释和刊刻工作对他的改革来说是一种支持，有利无害。当然他也知道，"法之不行也，人不力也，不议人而议法何益？"万历初年，他大权在握，即积极地加快了他的改革步伐，律学的研究和法律文本的刊行应该说对他推行考成法，加强边防，整顿财赋，注重漕运，一直到推行条鞭法是一个强有力的法律保证。

（六）附考

有意思的是，在读《大明律例》律注文字的时候笔者发现一些与律注关系不大但有考辨必要的问题，故作附考若干于下：

1. 《大明律例》中的注

上面提到王藻校本《大明律例》一书中的夹注有原注（或

称"本注")、旧小注、自注（或称"愚前注"）等名目。这些夹注名目是否如笔者在括号里注明的那样归并，尚无把握。自注，想必是作者自己的注；它与原注、旧小注当然不同。但是，原注和旧小注又有哪些不同，不得而知；或许是指旧注的先后吧，原注在前，旧小注在后，对自注来说，他们又都是旧注。

书中用小一号字单行排列的是原注，毫无疑问，因为用较早的《大明律》刻本一对照，就能将它肯定下来。以及与《律条疏议》、《大明律释义》中的夹注相对照也是完全相同的。从这一点看，在明初大明律的"注"是较早就存在了，而且影响深远。它并不如我们以前所推想的那样，说大明律没有统一的"注"；现在看来，不仅有统一的"注"，而且延用时间之长，可以说是除唐律的疏议外非其他律注可比。上面提到过"原进呈之律注"，这就表明原注的公布是按一定的报批程序进行并得到批准的，这是"官"注；而其他的"自注""愚前注"之类则是"私"注了。当然其"原注"相对说来比较简单，明代各朝多有补充作注者，律学研究的热情不能说不高涨。这也很正常，时代在不断发展，对律学的研究和对律文的理解、解释也会有所变化和发展。

2. 《条例节要》是本怎样的书

在《大明律例》卷八《课程》律"监临势要中盐"条下云："《辩疑》以此辈转买盐引中盐同私盐法，杖一百、徒三年。故云盐货入官。但请买盐引勘合，要追交原买价银，须入官。然贪官污吏要查例申详，定夺发落。旧小注亦云：官吏起送吏部查例发落。愚揭查《条例节要》，自天顺八年起至弘治七年止，并无前项事例，止有豪势家人捏作军民报中者枷号，似与官吏无干，恐俱不可依。"

这里提到了《条例节要》一书，《条例节要》是本怎样的书？

《条例节要》，自天顺八年起至弘治七年止。表明此书内容所包含时间的上下限。这一时限正好与现存的明抄本《条例全文》、《皇明条法事类纂》相合。这不是偶然的巧合，却却说明前者是后者的节录本。可惜，《条例节要》今已不可得见了。

不过，笔者在上海图书馆见得《律条节要辨议》明抄本一册。此册，名为"律条"，实是条例，读一读它的内容就会明白它的名不副实。此书已按六部为序，凡 311 条；[①] 仅有简单的条例标题，以下就是"辨议"的内容。在《户例·课程》中有"豪强盐徒聚众至十人以上"条的辨议。

既然是"节要"，那么它就应有全本为前提。明抄本《条例全文》在前，尚未分出六部；《皇明条法事类纂》在后，已分六部。鉴于此，《条例节要》应以《皇明条法事类纂》为据，并必制作于嘉靖六年之后，因为在《皇明条法事类纂》中掺有嘉靖六年的条例题奏。

《条例节要》可能是为制订问刑条例所准备的。《律条节要辨议》可与之对照着读。明代中后期，有条例"全文"、有"类纂"、有"节要"，又有"辨议"，如是看来，在制订问刑条例之前的立法准备是充分的，对条例的制定相当重视，其做法也有可借鉴处。

---

① 据不完全统计，《条例全文》收有自天顺八年起至弘治七年止的条例 1200 余条。

十六 《大明律集解附例》 "集解"考

集解，顾名思义是各家注解的总汇。《大明律集解附例》（以下简称《集解》）是明律注释的集大成者，它在明代众多律注文献中最具影响力，以致清代之初沿用此书书名为《大清律集解附例》。光绪戊申年（1908年）夏五月，沈家本还主持《集解》的重刊，作"重刻明律序"。①

《大明律集解附例》编纂于万历年间，编纂者未署名。卷首目录之下注明此书由当时的巡按浙江监察御史郑继芳等3人订正、浙江布政使司左布政使洪启睿等11人校定，由巡按浙江等处都察院右佥都御史高举发刻。② 此为万历三十八年（1610年）刻本，此本为通用的常见本子。沈家本重刊《明律》所据即此本。沈氏云："（此本）乃所见明律最后之本，假付手民，以公诸世。所愿诵此书者，寻绎乎变通趣时之义而无惑乎偏重之说，斯可与知人论世矣。"能否从中取得知人论世之义，很难说；不过，此举为助当时立法修律之参考则是当用之书。

《大明律集解附例》中的"集解"情况较为复杂。本文有侧

---

① 《重刻明律序》，见《寄簃文存》卷六。
② 高举，人名。有将它误作为"高举发"者。

重的考证并明确了与"集解"有关的几个问题：其一，《大明律集解附例》"纂注"（即集解）出于陈遇文的《大明律解》；其二，明代以"集解"命名的本子有四种，用《大明律解》中所引"集解"与《大明律集解附例》"集解"相对照，证明"集解"的来源不一；其三，考察《大明律集解附例》"集解"中的引证材料，笔者概括出"集解"所具有的四大特点。

（一）《大明律集解附例》的版本及"纂注"

除万历三十八年本外，《集解》的版本还有：日本内阁文库藏明郑汝璧注《大明律集解附例》万历二十二年（1594 年）刊本，尊经阁文库藏明衷贞吉等纂注的《大明律集解附例》万历二十四年（1596 年）刊本，还有中国国家图书馆藏万历二十九年（1601 年）巡按直隶监察御史应朝卿校正本。① 对流散在海外的本子进行考校有待异日。在这里，要解决的主要问题不在于所载条例的多寡变化，而是从本题出发解决它们的"集注"是否是一家的问题。如果是出于同一原注本，那么，就易见的万历三十八年本或重刊本所作出的考察也不会出现太多的出入，当然这是迫不得已的办法。

现在，就所见万历三十八年本而言，其"集解"包括"纂注"、"按"和"备考"三部分。其中，纂注最为主要。

《集解》中的纂注，经查对，它出于陈遇文的《大明律解》。《大明律解》，也称《大明律附解》。此本刻于万历二十二年，今

---

① 杨一凡：《22 种明代稀见法律文献版本述略》，载《法律史论集》第 1 卷，法律出版社，1998，第 496 页。

吉林大学藏有残本。① 在陈遇文的"序"中这样说："万历壬辰岁，余受命按江南，虑属吏之或蹈前弊，爰取《律解》梓之，通行颁布，俾常目在之，不谬于律。"壬辰年，即万历二十年（1592 年）。与《集解》的郑汝璧本、衷贞吉本以及郑继芳订正本相比较，陈遇文本为早。据此推测，数种《集解》刊本的"纂注"很可能均本于陈遇文的《大明律解》。

不过，陈遇文的《大明律解》中的"解"即解释部分是否是陈遇文所作，还有待考究。台湾出版的《中国法制史书目》上称：陈遇文著《大明律解》5 册，8 卷；很肯定地把陈氏看作为此"解"的著者。但是，我们从吉林本的陈氏序中"爰取《律解》梓之"句还看不出他就是作者自己。

陈遇文，生平不详。仅从序的落款知道，当时他担任巡按直隶监察御史之职。安邑人。如果书序旁一方"丁丑进士"印是其所钤，那么，他是在公元 1517 年即正德十二年中的进士。

（二）"集解"之所指

明代众多律注文献中以"集解"命名的有多种。《大明律集解附例》与其他以"集解"命名的本子是否有继承关系，这也是首要弄清的问题。

正德十八年（1521 年）刻本《大明律解附例》，又称《大明律集解》，也称作《大明律附解》。胡琼纂。4 册，30 卷，白口，单框，书口作"律解附例"。此本律例合编，除弘治条例以外还混编有弘治七年之后及至正德年间的后续定例。作者所作解

---

① 此本今藏吉林大学图书馆古籍部。共 8 册，残卷，缺 18～21、27～30 各卷。查考过程中曾得到吉林大学图书馆古籍部及研究生罗海山的帮助，在此聊表谢意。

释文字之前均用一"解"（阴文）标出。今中国国家图书馆
有藏。

在胡琼《大明律解附例》的序中说："近时疏解者无虑十余
家……如《辩疑》、《解颐》、《疏义》、《集解》最称明备。"此
序中所言《集解》，不明所指；但必刊于正德十八年之前者。

提到"集解"的还有陈省辑刻的《大明律例附解》，此本刻
于隆庆元年，在其后序中提到"余姚杨简氏《集解》……有互
相发明补所未备者，采而附之，贻诸有司使读而绎思焉"。此杨
简氏是否就是胡琼所引《集解》的著者，不得而知。至今不
可考。

另外，有名《大明律集解》的王楠本传世。三十卷，原题
"巡按河南监察御史臣王楠编集"。据王重民考证：此书刻于嘉
靖二十六年至三十一年间。由王楠随文作解，"双行刻于每条之
后，且冠阴文'解'字以别之。"① 从阴文"解"字字样看，与
胡琼本相像，但未见原书不能确证。很可惜，《大明律集解》今
国内无有存藏。陈遇文的《大明律解》以"解"命名，又与此
一"解"字似乎有某种联系；不过，在吉林本《大明律附解》
中所作注文，并无阴文的"解"字。

照此看来，以"集解"命名的明律注释书最少就有此四种，
它们可简称为：郑继芳本（或称高举本）、胡琼本、杨简本和王
楠本。

后三种与郑继芳本的关系，从目前所看到的材料而论，是出
于不同的编纂者。

---

① 王重民撰：《中国善本书提要》，上海古籍出版社，1983，第 179 页。此王楠刻本今藏美
国国会图书馆。

（三）《大明律例》所引"集解"

《大明律例》，今中国国家图书馆、上海图书馆都藏有此书的残本。前者是明万历元年梁□刻本，后者是明万历六年王藻校本。与之同属一版刻系统的还有《大明律例附解》。《大明律例附解》今中国国家图书馆藏有隆庆间陈省刻本。[①]

在《大明律例》（王藻本）中引有"集解"文字若干。如：

> 卷二二"教唆词讼"条按语后云："《集解》曰，受财者，计赃以枉法从重论。或云只承雇者言。愚谓，此二句当总承上文作词、受雇二者；若不总承，则令有受人之财而为其作词者，将何律以拟之？"

又如：

> 卷二三"因公擅科敛"条下除引《琐言》、《管见》外，还引有《集解》云："因公科敛入己者，是将法度所当用者入己，则是于法有亏矣。非因公务科敛入己者，不过敛其财物而已，于法无亏，故其罪有轻重之不同也。"

按图索骥，将上述两条引文与《大明律集解附例》中"教唆词讼"、"因公擅科敛"条的纂注文字相对照，显然是不同的。这就表明《大明律集解附例》所作集解并未沿用前人之说。由

---

① 版刻的情况介绍见本书《〈明史·艺文志〉刑法类书目考异》一文。

此也可证"集解"并非一种。至于《大明律例》（王藻本）中引有"集解"文字是属胡琼本、杨简本还是王楠本，有待另考。

（四）《大明律集解附例》"集解"所引书

《大明律集解附例》"集解"集了哪几家，不注明出处的我们不能贸然确定，标明出处的则有 8 家。这 8 家是：《辩疑》、《疏议》、《律疏》、《律解》、《读法》、《琐言》、《管见》和《释义》。

这 8 家用了简称，恢复它的全称就是：《律解辩疑》、《律条疏议》、《律疏附例》、《律解附例》、《大明律读法书》、《读律琐言》、《读律管见》和《太明律释义》。其中，《大明律读法书》、《读律管见》已佚，所以"集解"的引句还不能全部核对清楚。

以上引书在《集解》"纂注"中出现的次数：《辩疑》2 处、《疏议》18 处、《律疏》3 处、《律解》3 处、《读法》1 处、《琐言》4 处、《管见》2 处和《释义》1 处，共 34 处。从统计看，在"集解"中直接引众注材料所占比重很小。"集解"文字大凡是融会各家之长，以间接引用的办法，用著者自己的语言作了表述。

现在，我们将所引书的卷次及内容同异列表 16－1（意见相同者，写作"同"；意见不同者，写作"异"；仅为引证，作"附说"）。

表 16－1 所示，纂注者提出不同看法的地方有 12 处，所占引书总数的三分之一强，总的说来分歧意见也并不多。主要的分歧意见出于：

表 16 - 1　8 书在《大明律集解附例》纂注中出现的次数及见解同异

卷次	律小目	辩疑	疏议	律疏	律解	读法	琐言	管见	释义
卷一	流囚家属		同						
	给没赃物		异					异	
	犯罪共逃					附说			
	在京犯罪军民		附说						
	称与同罪							同	
卷二	大臣专擅选官	异	异						
卷三	制书有违						同		
卷四	人户以籍为定						同		
	赋役不均		异				同		
卷七	转解官物	同	异						
卷一一	祭享		同						
卷一二	乘舆服御物								同
卷一二	上书陈言		同、同						
卷一三	行宫营门		异						
卷一七	多乘驿马		同						
卷一七	公事应行稽程		同						
卷一八	谋反大逆				同				
卷一八	欺诈官私取财				异				
卷一八	发冢							同	
卷一九	戏杀误杀……				同				
卷一九	车马杀伤人		异						
卷二二	教唆词讼			同					
卷二二	诬告充军……		同						
卷二三	官吏受财		附说	异					
卷二三	私受公侯财物			异					
卷二三	官吏听许财物		附说						
卷二八	狱囚衣粮		同						
卷二八	决罚不如法		异						

（1）对律文句义的不同理解。如卷二三"私受公侯财物"条纂注后加按语称："按律言处死，不著绞斩。《律疏》云，当请自上裁是也。然……"认为"当请自上裁"说法不妥，因为已有定罪量刑的规定。

（2）法律术语语义范围的大小有不同认识。如卷四"赋役不均"条纂注内称："《疏议》以税粮差役分配，则与首条赋役之说不合矣"，纂注者认为"赋役"应包括"赋"（差）、"役"（差）两种。

（3）上下文结构的分析，是承上还是启下有分歧。如卷一"给没赃物"条按语称："《疏议》、《管见》诸书俱兼谋反、叛逆说，甚非。不可依。"之所以认为"兼谋反、叛逆"，是承上读的缘故。上下句句意是否相连，律意的理解就会有出入。

由此可见，分歧虽然不多也不大，但作为法律的解释文本，为律文作解释是相当的谨细；在明代中期明律的解释书不少，但始终未能形成"定本"，也正反映出立法者在法律解释的"法定"问题上的谨慎态度，宁可让私著的各种解释书四处流传，官方也不加干预。有说《集解》一书为地方官府所颁发，属官方性质。虽然说书前有巡按浙江监察御史、浙江布政使司左布政使等官衔，但他们只是订正者、校定者或发刻者，充其量是"编校"本，而非创制的明律注本。再说，《集解》的"纂注"全以陈遇文释文为本以及保留分歧意见的做法，就很难说它就是官方的定本。

除以上有明确的引书书名外，还有以"诸书云"为标志的若干引文。如卷一四"兵律·军政·从征违期"条中说"按诸书俱为伤残至笃废疾者，开役定勾本人壮丁补役起发，此律外意也。不知必欲勾取本人壮丁补役，不惟有误期限；而新补之役，恐又不教之兵，不若一面于别伍见役内拨补出征，一面勾取本人壮丁补伍，庶期限不误，而军有实用耳。"

又如，卷二三"刑律·受赃·家人求索"条云："诸书云，'若家人自有官者，仍依官吏受财论，不在减等之限。'不知既以官断，又何以为家人？况又非部内也，不可依。"

以"诸书云"为引证是一种泛指，既可能在上述已表明引书书名的8种内，也有可能超出8种的范围。体现了《大明律集解附例》"集解"的综合性特点。

（五）"集解"释文的特点

"集解"的释文，除了从语言文字的角度对法律术语作出解释、着重律意的说明以及分清律文法律适用的界限等一般的特点之外，《大明律集解附例》的"集解"还具有以下几个方面的显著特点。

1. 结构分析法的运用

上文中我们提到过引书中的分歧，有的分歧是出于对上下文结构的不同理解造成的。除此而外，每每在《集解》"纂注"的开头首先做的就是结构分析。从结构着手，分清总说、分说，以及分说的上下句关系。如：卷二二"刑律·诉讼·诬告"条的"纂注"这样写道："此条作四段看，自'诬告'起，至'加役三年'，以无罪全诬者言；自'若告二事以上'至'犹以诬告论'，以有罪而诬告者言；'若各衙门官'一节，又通有罪、无罪言；末节专自已问结者言之。"先剖析律文的结构，理清律文脉络，从总体上把握律文的要害和层次。上面分成四个层次："以无罪全诬者言"、"以有罪而诬告者言"、"通有罪、无罪言"、"已问结者言",层次清楚,泾渭分明,读者一目了然。这是将文章学中的结构分析方法运用到法律注释之中来的典型实例;反过来看它又是文章学实用价值的体现。在明代之前尚未有如此详赡的结构分析,而在明律的解释书中则时有运用,但表现最为充分的要数《大明律集解附例》的"集解"了,这份创制的功劳应记在陈遇文的账上。以致后来的王肯堂《大明律附例笺释》一书也大段大段地摘抄了陈的成果。

2. 集中明代前期、中期的注律经验,采用集解的方法,熔各家律注之优长于一炉

正如我们前面说到的在明代中后期的法律解释书中多有以"集解"命名的本子,这是明代律注文献的特点之一,同时也表明:法律解释水平的提高,集中法律文献学者智慧是十分必要的。《集解》的方法主要有:①直接引用。除上引的 8 种注释书外,还有旧注的引用、《唐律》"疏议"的引用等。②间接引用。正如上文所说的,纂注者往往综合了各家的说法用自己的语言作出表述。③表达纂注者自己的意见;有必要时还略作考证。如引《说文》索解字义,引《文献通考》的史料为据等。

从文献学的角度来审视"集解"的注律经验,应该看到它是我国古代经注传统在法律范畴中的延伸。尽管明代的经注在日益衰微,相反,注律的活动则相当繁盛,这与当时的社会经济发展和经世致用思想密切相关。

3. 容许不同意见的并存

读《唐律疏议》,在它的"疏议"中我们不能见到在法律解释方面的丝毫不同意见,诚然这与当时高度的中央集权政治和它是法定颁发的官方文本有关。与之不同的是明代律注都容许不同意见的存在,应该说这与明代士人思想的解放直接有关。

4. 注重法律解释的综合性、一致性

综合性的特点在上文已经提到。这种将各注家融于一体的做法，其实在万历之初的王藻校刻本《大明律例》的"按语"中已见端倪，他引证有《疏议》、《辩疑》、《直引》、《讲解》等，而且很看重旧注的诠释。至《集解》的"纂注"出现，其综合性的特点还不仅仅体现在材料的收集上，而且在法与理、法与情的关系处理上也有所体现。如讲伦理礼仪，纂注者就引以《礼》、《大明集礼》的说法，增强了说服力。

法律文本的一致性是立法技术中至关重要的一环。《集解》"纂注"在这方面的做法值得关注。其做法有：

（1）律例的统一。如卷二二刑律·诉讼"干名犯义"条下云："此条当与'亲属得相容隐'及'犯罪自首'二条参看。"像这样的例子还可见卷五"检踏灾伤田粮"条、卷一三"辄出入宫殿门"条、卷六"男女婚姻"条等的纂注。

实际上，除律与例、律条与律条之间的统一之外，还须注意到与其他法令、法规等的一致，如明《大诰》、《大明令》、《大明会典》等。

（2）与"例分八字"相扣。如卷一四兵律·军政"军人替役"条下的"纂注"中分析了"若"字的用法，但又指出不能泥于"若"字，以求前后律意在理解上的一致。其他诸如"皆""各"等纂注者多有涉及。

（3）与"名例律"相应。自李悝创设"具法"一目以后，至唐将"名例"置于律首，提供种种适用刑罚的法例，刑罚的重重轻轻都可以在"名例"规定的适用范围之内作出比附。《明律》亦然。《集解》的纂注者更将与"名例"的比附在注文中作了具体的说明。如卷一三"兵律·宫卫·冲突仪仗"条云："此

条典仗护卫官军不觉者，本减犯人罪三等。本犯既以得实免罪，则典仗护卫人亦得免科。盖'名例'所谓因人连累致罪者，若罪人自首告，不及原免，或蒙特恩减等收赎者，亦准罪人原免减等赎罪论"。此条"纂注"很说明问题。如果不作这样的分析比附，就有可能误判。

（4）此外，纂注者还注意到释文与《明律》旧注的一致。

在本文结束之前，我们还要提一下王肯堂的《大明律附例笺释》。在王氏的书序中说，此书的初稿成于辛亥三月，辛亥即万历三十九年（1611 年）。照此看此书的印行要晚于《集解》，沈家本所言"（此本）乃所见明律最后之本"，恐有误。

附：《大明律集解附例》"纂注"引书辑录

卷一"流囚家属"条纂注内称："《疏议》甚是，当从之。"1

卷一"给没赃物"条按语称："《疏议》、《管见》诸书俱兼谋反、叛逆说，甚非。不可依。"2、3

卷一"犯罪共逃"条备考称："……仍依'干名犯义律'论。《读法》云：谋反、叛逆，缌麻以上亲捕送依'捕首律'论。"4

卷一"在京犯罪军民"条纂注内称："《疏议》谓'京师密迩宫阙，军民皆预供应。如经决杖是有玷污，故必迁之，不令给役。'然则杖七十以下，是无玷污而可供役者乎？殆不其然。"5

卷一"称与同罪"条纂注内称："《管见》云，'三人受财故纵，将为首一人问与囚同罪；余二人除故纵为从问枉法。若受财故纵，继获囚犯，仍科受财枉法。'可从。"6

卷二"大臣专擅选官"条纂注内称："《疏议》《辨疑》知

情受假官之说，不必依。”7、8

卷三“制书有违”条纂注内加按语称：“按《琐言》曰，‘凡问制书有违，须是制命之词，出自宸衷者方是。若出自臣下裁定奏准通行者，不得谓之制书，观弃毁制书条可见。今问刑者，于违例之人，皆问违制，误矣。’其说可从。”9

卷四“人户以籍为定”条纂注内称：“《琐言》称‘充军之意，全在诈称。国初军强民弱，诈冒军人便有倚强之意，故遂坐允军之罪。不然，脱户止杖一百，何据〔遽〕充军哉？’”10

卷四“赋役不均”条纂注内称：“《疏议》以税粮差役分配，则与首条赋役之说不合矣”，“《琐言》谓‘此条附于户役之下，专以差役言。验户口者，役之出于力者也；验税〔田〕粮者，役之出于赋者也。役出于赋者为多，故总谓之赋役。’足破诸说之误矣。”11、12

卷七“转解官物”条纂注内称：“此说本《辨疑》说，得字亦切当。《疏议》较泛。”13、14

卷一一“祭享”条纂注内称：“按盗大祀神御物坐斩，若盗中祀神御物亦拟斩罪，似涉太过，还依《疏议》，止指下条为是，余字不必太拘。”15

卷一二“乘舆服御物”条纂注内称：“前项所犯并临时奏闻区处，不许辄自断决。按《释义》云，并临时奏闻区处，惟此与上条有之，此则有深意也。”16

卷一二“上书陈言”条纂注内称：“按本衙门不便事件，知而不言，不著其罪者，《疏议》谓纠察是实，论以事应奏不奏，杖一百。陈言事理，虚饰繁文，亦不著其罪者，《疏议》谓审其奏情，如有希求进用意者，坐杖一百；如情轻者，止以违令论，答五十。”17、18

卷一三"行宫营门"条纂注后加按语称："按《疏议》云，'行幸处无离宫、别殿，牙帐门即御在所，不可更引擅到御所之律。'不知律止称牙帐门，而门之内尚有圣躬所止宿处，安得不为御在所耶？"19

卷一七"多乘驿马"条纂注内称："末节只承倒死马匹一边，《疏议》说是。"20

卷一七"公事应行稽程"条纂注内称："……至四日皆不坐罪，至七日笞二十。如《疏议》说，是。"21

卷一八"谋反大逆"条纂注内称："又按《律解》云，丈人谋反、女婿窝藏者，依知情隐藏，斩。"22

卷一八"诈欺官私取财"条纂注内称："《律解》云'通承上文'，非也。"23

卷一八"发冢"条纂注内称："《琐言》以'以致'二字贯下数句，而以残毁等项，俱属之他人。"24

卷一九"戏杀误杀过失杀伤人"条纂注后加按语称："按《律解》云，谋杀卑幼，误至尊长，以尊长论；谋杀尊长，误至卑幼，亦以尊长论。"25

卷一九"车马杀伤人"条纂注内称："《疏议》等诸书，将因公务急速伤人，兼乡村而言。"26

卷二二"教唆词讼"条纂注后加按语称："《律疏》文，依有事以财行求科断，可从。"27

卷二二"诬告充军及迁徙"条纂注内称："按《疏议》云，年七十以上、十五以下、废疾之人诬告充军者，既不可以抵充，当如官吏将平人冒顶军役，以故出入流罪收赎钞三十六贯。盖准'名例'也，于义为可从。"28

卷二三"官吏受财"条纂注后加按语称："《疏议》云，无禄人受不枉法赃一百二十贯，减一等，杖一百、流三千五百里，是也。但云与'名例'三流同为一减者不同，非也。《律疏》云：窃盗赃正与此同。若无禄人止减至流二千五百里，则窃盗为从之罪，岂亦若是耶？"29

卷二三"私受公侯财物"条纂注后加按语称："按，律言处死，不著绞斩。《律疏》云，当请自上裁是也。然……"30

卷二三"官吏听许财物"条纂注内称："《疏议》云，各减一等。但指未满贯赃而言。"31

卷二八"狱囚衣粮"条纂注内称："《疏议》谓，干证之人应保候，功臣及五品以上官应入视。不知此条专谓病囚言，观《大明令》可见。"32

卷二八"决罚不如法"条纂注内称："《疏议》诸书俱谓，官与行杖人均征。盖泥'均'字，非也。"33

十七 《明史·艺文志》"刑法类"书目考异

　　《明史》卷九七《艺文志》（以下简称《明志》）与历代史志的最大不同之点是它专记一代著述。

　　万历年间，焦竑曾修撰明史，辑有《经籍志》一卷，号称详博。"然延阁广内之藏，竑亦无从偏览"，而且所记上承《隋书》卷三二《经籍志》，"赝书错列，徒滋伪舛"。所以，在《明志》的序言中作者突出强调了有别于《经籍志》的不同特点："故今第就二百七十年各家著述，稍加厘次，勒成一志。凡卷数莫考、疑信未定者，宁阙而不详云。"

　　其实，《明志》作者所说的270年各家著述，主要是依据了黄虞稷的《明史艺文志稿》。在康熙十八年（1679年）明史馆开馆之初，开博学鸿词科，延揽天下名士，组织编写。黄虞稷由内阁学士徐元文推荐，主修《明志》，原因是黄虞稷已经在他父亲所编的《千顷斋藏书目录》的基础上编就了《千顷堂书目》三十二卷。黄氏进明史馆后，增广私家书藏，编成《明史艺文志稿》。但是，在明史馆重新开馆之后，总裁张廷玉则以王绪鸿《明史稿》（大半出于万斯同之手）为主，对《明史艺文志稿》

中的材料横加增删，以成《明史艺文志》。①

《明志》史部"刑法类"记载有明代法律书 46 部，凡 509 卷。

今读明代法律文献和有关书目类著作及公私藏书，对照《明志》所载，发现一些缺漏、失实的情况，特作考异如下。

（一）《大明律》三十卷、《更定大明律》三十卷

《明志》记《大明律》两种，一种称"九年"，一种称"二十八年"更定。《大明律》的更定情况究竟如何？尚未说清。

洪武年间《大明律》主要作过三次大的修订：其一，洪武七年律；其二，洪武二十二年律；其三，洪武三十年律。三十年律为有明一代"万世不易"之大法。

的确，洪武"九年"也曾有过修律事，"厘订《大明律》九十三条，余如故，凡四百六十条"。但是，《明志》上加小注云："洪武二十八年，命词臣同刑官参考比年律条，以类编附，凡四百六十条。"此注实际上只是在《千顷堂书目》的原注上作了删节而写成的，编者未加考订。《明史》卷九三《刑法志》上只说："三十年，作大明律诰成。"所撰御制大明律序在洪武三十年五月。"二十八年"更定之说有误。

今《中国古籍善本书目》（以下简称《善本目》）史部"法令"类中以"大明律"三字为名的书有十一种。均为明刻本。

---

① 因此，《明史》卷九七《艺文志》给后人留下了许多缺憾。黄虞稷《明史艺文志稿》的附编部分被全部删除了。其实，《明史艺文志稿》除集中有明一代三百年的著述外，还弥补了《元史》、《宋史》的缺失，将辽、金、元时所仅存的著述，萃其目录为一编，作为附录。

卷数除编号为 13321 的不分卷、编号为 13345 的为二卷（残）、编号为 13346 的为十二卷（残）外，其余均为三十卷。又，编号为 13330 的《大明律》为明胡琼集解，可视作另一书，名《大明律集解》，又称《大明律解附例》。① 在此，我们必须将附有"条例"的《大明律》视作后出的"大明律例"或"大明律附例"，之所以要将它们区分开来，原因是在洪武年间不可能有律例合编本。尽管以后的合编本所依据的也是洪武年间的律文，但不可能附有"例"，因此必须将它们排除出去。这样，真正可以以"明律"单独出现而命名为《大明律》的就只有少数几种了，如编号为 13323（上海）、13325（南京）的即是。书目理当将它们分开编列。

上海本《大明律》三十卷，二册。14.4CM×21CM，每半叶 10 行 20 字。白口，双鱼尾，四周双边。有洪武三十年五月所撰御制大明律序。有洪武七年刑部尚书刘惟谦的进大明律表。以下是总目，凡 460 条，30 卷。"五刑之图"、"狱具之图"、"丧服总图"、"例分八字之义"图等。

南京本《大明律》三十卷，分上下二册。上册卷一至卷十二，下册卷十三至卷三十。黑口，丁丙旧藏。上册末附有《钦定律诰该载》。

另外，今存于《皇明制书》（明张卤辑）内的《大明律》，亦为单刻。

（二）何广《律解辩疑》三十卷

《明志》将"辩疑"的"辩"写作"辨"。此字在《千顷堂

---

① （明）胡琼：《大明律解附例》。卷一"名例律"卷首有"监察御史胡琼集解"字样。

书目》、《明史稿》上也写作"辨"，可互通。黄虞稷作小注云：
"（何广）上海人。洪武中湖广参议。"书首有松江何广序，作于
洪武十九年（1386 年）春；松江，属今上海松江区。据过庭训
《本朝京省人物考》介绍："何广，上海人。洪武中以明经被选，
知任丘县，卓有惠政，邑称循良。升江西佥事，再升湖广参
议……尝著《律解辩疑》，法比家宗之。"在《（正德）松江府
志》上也明确指出何广著有《辩疑》一书："（广）以知县擢御
史，至陕西按察副使，宽厚有容，博学多识，尤精于律学……所
著《律解辩疑》行于世。"

清人王明德在他的《读律佩觽》卷四上提到《辩疑》一书，
认为"未著以姓氏，莫知所自"，"似非明代文人之笔。观于注
引《辩疑》为解，则必非故明定律者所作可知"。此见独具只
眼。但断然将它说成"非明代文人"之作，未免绝对。今读日
本学者大庭脩《江户时代中国典籍流播日本之研究》一书，在
此书的第三章作者提到，在宝永六年（1709 年）德川吉宗订购
明律书籍的书单中有《律解辩疑》，大庭脩说："《律解辩疑》当
为杨简所著"。[1] 照此说法，此书日本可能有藏，作者署名则为
杨简。杨简生平未详。只是在陈省辑刻的《大明律例附解》后
序中曾提到："余姚杨简氏《集解》……有互相发明补所未备
者。"此书刻于隆庆元年（1567 年）。又据《（光绪）余姚县志》
记载，明成化年间有杨简其人；若杨简是此书作者，王氏"非
明代文人"作者之说，则不能成立。此书作者是否果真是杨简，
说何广只是托名，还有待补证。还有一说认为"《律解辩疑》
一卷，明魏铭撰"，见明范邦甸《天一阁书目》卷二。不过，

---

① 〔日〕大庭脩：《江户时代中国典籍流播日本之研究》。杭州大学出版社，1998，第 203
　页。

把《辩疑》的作者说成是杨简或魏铭的观点，并没有为学界所接受。

《律解辩疑》今存刻本，一般据序文年份称之为洪武本，不过还有称刻于永乐或洪熙、宣德间的，说法不一。①

此外，在中国国家图书馆《辩疑》的缩微胶片上还有一段类似序文的文字，既然已经有了何广的自序，何以又冒出一段类似于作者的无名氏序来了呢？该序的无名作者在谈了刑书的流变之后这样说：

> 某尝伏读，潜心讲解，欲求其义而未能。常念忝属秋官，专于棘寺，有年于兹而衰老及之，非惟无益于时，抑且愧于职。是用讲明律之疑难，粗得一二，萃为一编，题曰《律解辩疑》，实以遵奉讲明律条之意，非敢自以为当，与同志共商榷之。

这是作者或编者的口气，说是"遵奉"而编，很谦虚，且编于编者的晚年。无名氏序中的"衰老及之"显然与《辩疑》后序中所说"未仕之暇"② 很不相应。一说是编在老年期间，一说是别集在未筮仕之时，相互矛盾，此无名氏也就不可能是何广自己了。在上面的自序和后序中说是编为"别集"，而无名氏序却直接说是"萃为一编"；如果说"萃为一编"的就是"别集"，那么特别要在序里说是"别集"就显得多余了；它们又都

---

① 杨一凡：《22 种明代稀见法律文献版本述略》，《法律史论集》第 1 卷，法律出版社，1998，第 501 页。

② 四明却敬的"后序"云："松江何公名儒，书通律意，由近臣任江西新□□□。未仕之暇，于我圣朝律内潜心玩味，深究其理，参之于《疏议》，疑者而解之，惑者而□之，释之为别□，名曰《律解辩疑》，辩明则不惑于行矣。吁！何子之用心亦仁矣哉。"

自称书名为"律解辩疑",实际上一萃编,一别集,二者必居其一。看来只能是这样的情况:一是著,一是编,一先一后,著与编的出现自有先后。之所以二者会合序在一处,那是后编者(或书商)的做法。

而且,无名氏序在记述刑书流变的时候还说了这样一句颂扬朱家草创大业的话:"太祖高皇帝龙飞淮甸,肇造区夏",直接称朱元璋为太祖高皇帝,当在朱元璋身后;鉴此,此无名序必写于洪武之后。若此,国图本《辩疑》就不可能是洪武原刻或翻刻本了。或许无名氏正是《辩疑》的重编者。

(三)顾应祥《重修问刑条例》七卷、舒化《问刑条例》七卷、《刑书会据》三十卷

明代于弘治十三年(1500年)制定《问刑条例》始,其后作过大的修订有两次,一在嘉靖二十九年(1550年)由刑部尚书顾应祥奉诏定议;一在万历十三年(1585年)由刑部尚书舒化领衔重新校订。上引顾本、舒本均为单刻。只是,顾应祥《重修问刑条例》七卷本与《明律集解》合装一函,(今藏美国国会图书馆)。北京大学图书馆所藏《问刑条例》与《大明律》合装一函,合称《大明律附例》三十卷、《图》一卷、《附》一卷、《问刑条例》七卷,万历十三年刻本。①

比上述两次更重要的修例活动是弘治条例的制定,不当不加著录。弘治《问刑条例》单刻本今存。②至于《问刑条例》的删定则是依据了自天顺八年到弘治七年的《条例全文》,《条例全

① 《中国善本提要》:《史部》政书类。
② 已整理出版,见《中国珍稀法律典籍集成》乙编第二册。

文》之名归属于《明志》故事类，而没有放在刑法类的著录中。① 今存世有《条例全文》的抄本残卷。②

《刑书会据》系《刑书据会》之误，照录以《千顷堂书目》而讹传。此书有万历刊本，序称彭良弼所纂辑，非舒化。③ 今台湾有此本缩微胶片，称此书凡十册、十二卷，非三十卷。

（四）刘惟谦《唐律疏义》十二卷

众所周知，《唐律疏议》为唐代长孙无忌等撰，此处将它看成是明初刑部尚书刘惟谦所撰，显然张冠李戴了。刘惟谦编撰的是《大明律》，据《明史》卷九三《刑法志》所云：洪武六年"诏刑部尚书刘惟谦详定《大明律》。"《明史》卷九七《艺文志》承袭了焦竑《国史经籍志》的错误。

（五）张楷《大明律解》十二卷

《大明律解》书名，误。张楷之作当为《大明律疏议》，或称《明律疏议》、《律条疏议》、《律条疏义》。版本有多种且卷数不一，其中也不无书商重刻者。

沈家本在《〈律疏附例〉跋》中提到《大明律解》，他说："明律之以‘疏’名者，天一阁书目又有《律条疏议》，④ 成化

---

① 《明史》卷九七《艺文二》，中华书局，1974，第 2390 页。
② 参见拙作《〈条例全文〉残卷考略》一文，载杨一凡主编的《中国法制史考证》甲编第六卷，中国社会科学出版社，第 367 至 413 页。
③ 见《天一阁藏书经见录》。又，《中国古籍善本书目》编号 13371 存明刻残本，全名《鼎镌大明律例法司增补刑书据会》，中国国家图书馆有藏。此藏本有傅作雨、卢廷选叙。
④ 原注："原目十卷。新目作‘《疏义》存卷一至三十’。"

二年刊本，亦无撰人姓名。孙渊如《唐律疏议跋》称家藏有张楷《明律疏议》，不言卷数。《明志》载张楷《大明律解》十二卷。'疏'、'解'之名异。但孙氏因《唐律疏议》而及《明律疏议》，又系自藏之本，其名必不误，恐《明志》或有误。"①

　　沈氏所说《明志》，指的就是《明史》卷九七《艺文志》，《明志》之误是显然的。但是，孙星衍家藏《明律疏议》，而不称《律条疏议》，不知何故。说是私家著述之故，恐也只是一种臆测。

　　在唐枢《法缀》中著录有《大明律疏议》一书之名。《法缀》上说："本朝张公楷著《疏议》，则私所自成。故一遵朝制，不敢参附异同。"从其"考据沿革，详设问答"而言，体式全同，《大明律疏议》即《律条疏议》别称无疑。称《大明律疏议》的，又见日本《法律论丛》所引，称此本三十卷，为"成化七年南京史氏重刊本，欠卷十八、十九。台湾'国立中央'图书馆藏书"。

　　然而，台湾《中国法制史书目》木列《大明律疏议》一目，却列有张楷著《律条疏议》三十卷，三册。但是从册数看，此本也可能属于后出之重刻本。

　　由此可见，张楷所著《律条疏议》一书异名多出，且卷数不同，一说三十，一说十二，不一而足。但，笔者所见《律条疏议》天顺本，其明确题名作"律条疏议"（内页书口上简作"疏议"），三十卷，故应以此为正。

　　其他所见多为后来的重刻本，如：成化三年（1467 年）有王迪刻本，成化七年南京史氏重刊本，嘉靖二十三年（1544 年）

_____

① （清）沈家本撰：《寄簃文存》卷七。

又有重刻王迪本等。但已失原本面貌，难免有改头换面之嫌。如开头加上了"律条讲疑"、"大明律总目"、"五刑之图"、"狱具之图"、"丧服总图"、"例分八字之义"等。经笔者比照，今中国国家图书馆善本部所藏成化七年《律条疏议》之重刊本，也并非原刊的翻刻。

（六）范永銮《大明律例》三十卷

以《大明律例》为书名的法律书有多种：台湾"中央研究院"史语所所藏的嘉靖三十三年由江西布政使汪宗元辑的《大明律例》三十卷、附一卷本，书后有潘恩跋；中国国家图书馆藏万历六年由巡按山东监察御史王藻重刻《大明律例》三十卷本；[①]《善本目》编号13338，中国国家图书馆存明万历元年梁许刻本（残）；《善本目》编号13343，广州中山图书馆藏徐昌祚辑、明万历宝善堂刻本（残），此本添释有旁注。[②]

说到旁注，在《明志》上著录有林兆珂《注大明律例》二十卷。其下落不明。林兆珂，莆田人。万历进士，曾官刑部郎。如此看来，《注大明律例》是明代后期的一个明律注本。

《明志》上所载"范永銮《大明律例》三十卷"，取自《千顷堂书目》。但，今中国国家图书馆所藏则为明嘉靖范永銮所刻《大明律》三十卷，《善本目》编号13322；范氏此本为律例合编，按理不能只称大明律；或许也就是这个合编的原因，《千顷堂书目》和《明志》都称之为"大明律例"，与汪宗元、王藻、

---

①　此本为律例合编体例，条目之后加有按语，按语所引用的材料出自"直引"、"辩疑"、"疏议"、"集解"等，其后取"琐言"、"管见"材料采用直接引用法。

②　此版本的查考曾得到中山大学法学院徐忠明教授和他学生的帮助，在此诚表谢意。

梁许等刻本相混淆。

以"律"、"例"单独命名的法律书，理当不包括"注疏"、"集解"在内。但是事实上明代的注律著作也有只题名为"大明律"或"大明律例"的。如上引万历六年由巡按山东监察御史王藻重刻《大明律例》三十卷本，其中就加有大段按语，并大段引录《读律琐言》和《读律管见》中的材料。因此，明代法律书时有张冠李戴、名不副实的毛病，读者当谨慎待之。

(七) 孙存《大明律读法书》三十卷

此书至今未见。在明嘉靖十一年（1532年）荆州知府孙存上其所集《大明律读法书》。但是其后嘉靖皇帝以《大明律》乃圣祖钦定，孙存等乃敢擅自增释，辄行刊刻，以紊成典。为此受都察院查办，孙存获罪投狱，"书板毁之"。① 由此可见，在嘉靖年间此书就不行于世。不过在上引明嘉靖范永銮所刻《大明律》三十卷本中却附有《大明律读法引用诸书》和《大明律读法凡例》；今存《大明律》范永銮刊本载有"大明律读法凡例"，照录如下：

一 此书以《大明律》为主而附以见行条例，俱备录全文，一字不刊其旧。本例或误者、重出者，俱改正。

一 凡国朝御制如《大诰》等书，凡有关于刑名者俱引载律条之后，互相发明，仍以本书名冠之。

一 正德新例虽奉诏停止，中间有题行于弘治十八年以

① （明）徐学聚撰：《国朝典汇》卷一八一"律令"。

后者，以后续例亦有可以遵行不悖者，今俱小书分注于各条之下，以备参酌。其新旧例之重出当互见者，亦注其后，曰某例见某条下，总曰：附考。

　　一　嘉靖元年以后法司所议，我皇上所定，著于令甲者，皆大书于弘治条例之后，表曰：嘉靖新例。

　　一　凡解律诸书，人所易晓者，不复重出，惟隐奥难知者各采择简明数语，随律分注，标曰：集解。

　　据"凡例"可知，其名虽是"大明律读法"，其实还附有现行条例，此现行条例当指《弘治问刑条例》，而且他还采用加注的形式将弘治十八年以后的所谓"正德新例"也刊刻其间。毫无疑问，这有犯当朝刻书的大忌。至于"凡例"中所说的"嘉靖新例"，充其量也只是嘉靖初年的若干适应当时需要的诏令而已。现在存世的《嘉靖新例》是由萧世延、杨本仁、范钦所编、刻于嘉靖二十七年（1548年）的刊本，与"凡例"所说的"嘉靖新例"是两回事。

　　又，在陆柬的《读律管见》中引"读法"文字共有19处之多，在《大明律集解附例》中也引及"读法"。这又似乎是此书在嘉靖、万历时期并未全毁的明证。既然《明志》有载，是否表明清初此书也还存世？

（八）王樵《读律私笺》二十四卷、王肯堂《律例笺解》三十卷

　　万历四十年（1612年），王肯堂据其父所作《读律私笺》，参酌《会典》等书，选集有关大明律的诸家注释精华，并为现

行条例作注，成《大明律附例笺释》一书，简称《律例笺释》，非"笺解"。父子之名合署。因有《大明律附例笺释》传世，《读律私笺》反不为所重，此书见藏于中国国家图书馆，[①] 只是"二十九卷附录一卷"，不是二十四卷。

王樵（1521～1599年）字明远，江苏金坛人。嘉靖二十六年（1547年）进士。历任刑部员外郎。著《读律私笺》二十四卷，甚精赅。此书在律条条目之下不引律文，仅有标题，标题之下即作释文。王樵在序中说：

> 近年诸方刻本多附入私注，不无混错制书。窃考先儒释经，不连经文，自为一书。慕依此例，有律条指掌，有律令通旨，有律例通旨，有律中疑义，有引拟指诀，有律互见，有律无文，初各为卷，今分附各条之下。解说律意，多采诸家之长，不复识别。每篇依张氏《疏议》，备极历代沿革；唐之条目与今同异，因可见本朝增损精意。又总为《法原》一篇，以提其纲云。

末署："万历乙未秋九月资善大夫南京都察院右都御史王樵序"。其年为万历二十三年，即公元1595年。

其子肯堂（1549～1613年），字宇泰。万历十七年（1589年）进士，授检讨。

今多见为康熙顾鼎重辑《王仪部先生笺释》刻本，或称《大明律附例笺释》，或简称《律例笺释》。

---

① 《善本目》编号为13344。

（九）陆柬《读律管见》

《千顷堂书目》有记。《明志》则未著录。这可能就是《明志》所谓"疑信未定"，"宁阙而不详"而被删除者。

《读律管见》已佚。但在明代的其他律注文献中则时有引及。如在上引王藻重刻的《大明律例》中就直接引用此书释文，可见其一斑。在下文提到的陈省刊刻《律例附解》同样附注有《琐言》和《管见》。大庭脩在介绍德川吉宗订购明律书籍的书单中有《大明律管见》一书，他说："《大明律管见》未能查到，或为附刻于律文后的陆柬的《读律管见》"。① 可见，在日本也没有《读律管见》存藏，甚至不认为有过单行本。不过，今考附刻于律文后的《读律管见》88 处文字，包括在《大明律附例注解》《大明律集解附例》中的"管见"材料，是附刻所未收者。由此可见，《读律管见》是曾有过单刻本的。②

（十）王之垣《律解附例》八卷

垣，《千顷堂书目》误写作"恒"。《千顷堂书目》未将"王之垣"作为编著者看，黄虞稷在小注中只是这样写道："隆庆五年三月，刑科给事中王之恒（当作垣）奏请编辑。"显然，《明志》将王氏当作著者看，出错了。嘉庆《天一阁书目·史部》著录为："《律解附例》四卷"，不是八卷。沈家本在天一阁

---

① 〔日〕大庭脩：《江户时代中国典籍流播日本之研究》。杭州大学出版社，1998，第203页。
② 见本书《陆柬〈读律管见〉辑考》一文。

所见则称"胡琼《律解附例》四卷。"① 由此可见，此书全称为《大明律解附例》，胡琼纂。今中国国家图书馆所藏书名为《大明律附解》，三十卷，四册；正德十六年（1521年）刻本。

与之相近书名的有《律疏附例》八卷，台湾藏隆庆二年（1568年）重刻本，亦名之"大明律"。此本是否与北京文物局所藏陈省刻本《大明律》为同一书，② 待考。

今中国国家图书馆藏本三十卷，附录一卷。八册，两函。不详撰人姓氏，明隆庆二年重刻本。黑口，双框。半叶11行，每行26字。在重刻本序文中这样写道：

> 且本院自筮仕时购得《律疏附例》一部，不知出自何所，亦无刊订姓氏。中间引经断狱剖析精透，至于充类至义之尽，尤发前人所未发，诚老吏之断狱、法家之蓍龟也。开卷有益，谳狱宜明。为此案仰本府官吏照依案验内事理，即将发去抄誊《律疏附例》一部。再加校正，动支官银，责令高手匠役翻刊成书。

末署"隆庆二年九月日重刊"。

此本是自弘治问刑条例制定以后，也是律例合编本的较早一种。

此书中的"律疏"是以"谨按"的形式出现的，在"谨按"的文字中间间有双行小注，注中也时有问答。

书后有附录。附录中有"弘治十年定真犯死罪决不待时"等法律规定。附录之外又有"新例补遗"若干，其中有嘉靖二

---

① （清）沈家本撰：《历代刑法考》第2册，《律令九》，中华书局，1985，第1154页。
② 《善本目》编号为13326。

十三年、二十四年所定条例例文。由此可见，据补遗推定，正文最迟也应是嘉靖二十三年之前的刊刻本。

另外，薛允升《唐明律合编》所用明律底本是陈省刊刻的《律例附解》。《唐明律合编》自序云："前于坊肆购得嘉靖二十九年重修《明律》三十卷，并附例若干条，则隆庆元年巡按湖广御史陈省刊刻者也。"薛氏并且转录了陈省的《恭书律例附解后》。此本与《律疏附例》是否为同一书，待考。

（十一）苏祐《法家裒集》一卷

此书目取自《千顷堂书目》卷十，不载于《明志》。此书存藏于南京图书馆，明嘉靖三十年唐尧臣刻本。辑录者应是陈永，非苏祐；苏祐为此书写有题解而已，黄虞稷误。《四库全书总目提要》又称："无卷数。不著撰人名氏。"其实，卷数、作者都是明确的。存世的南图本今已收入《四库全书存目书》子部第37册中。

（十二）《大明律直引》

《千顷堂书目》、《明志》均不载此书。有说已佚，其实不然。嘉庆《天一阁书目》著录"五卷"。台湾今存藏八卷本，二册，辑者不详。今日本尊经阁文库藏有明嘉靖丙戌年（1526年）刊本。① 今《中国珍稀法律典籍集成》点校本写作《律条直引》。

《大明律直引》五卷。沈家本在记述天一阁藏本中见有此

---

① 杨一凡：《明代中后期重要条例版本略述》，载《法学研究》1994年第3期。

书，而且称：在《大明律读法》的引书中也有《直引》一名，只是已佚。

唐枢《法缀》介绍此书时说：

> 《大明律》成于洪武七年，凡六百六条（？）。而犯者不息，不足以副高皇帝善俗之意切，每因感而发覆，别升严禁以定明志，作《大诰》以昭示之。至洪武三十年，功化既孚，上下相孚（安？），乃重敕部院，将《大诰》内条目，撮其要略，附载律条，为《大明律直引》，共四百六十条。……即是而推高皇帝前日之心，所以别升严禁，皆予图今日作《直引》之心也。

又有说，此书辑者不详，刊印于嘉靖五年（1526 年），内附有弘治十三年后的条例，编排混杂。鉴此，已佚之说不能成立。

今日本尊经阁文库藏有《直引》嘉靖五年（1526 年）刊本；八卷，六册。撰者未详。据考：

> 该书字体稚拙，舛误疏漏散布全书，疑为民间书坊刊印。……各卷卷首所记书名与该书封面书名不同，卷一至卷七为《大明律直引增注比附条例释意假如》，卷八为《明律直引为政规模节要比互假如论》。《大明律直引》的内容，卷一至卷七除载《大明律》外，还将《问刑条例》和相应注释附于有关律条之后。①

---

① 杨一凡：《明代中后期重要条例版本略述》，载《法学研究》1994 年第 3 期。

（十三）《大明律讲解》

　　《千顷堂书目》、《明志》均不载此书。此书辑者不详，据谢国桢《晚明史籍考》称：《大明律讲解》，三十卷，明佚名，三册，藏可中国国家图书馆。但今未列入中国国家图书馆《善本目》。原刊本未见。在台湾所藏《大明律讲解》的书目介绍中说：律文后附有"解颐"、"辩疑"、"律条疏义"、"讲"、"解"等项，对律文诠释颇详。① 今所见为朝鲜光武七年（1903 年）法部奉旨印颁本（简称朝鲜本）。上海图书馆有藏。我们将朝鲜本书中的夹注"讲曰"（阴文）内容与何广《律解辩疑》中的"议曰"（阴文）内容相对照，发现前者多取材于后者，只是文字有所省减。据此，可以初步判定：朝鲜本《大明律讲解》对大明律律文作了解释，但是其"讲"和"解"的内容则大多取自于《律解辩疑》，② 了无新意，对明代律学的研究来说价值不大。但是，朝鲜本很可能是原本的简缩本，原版中的很多内容可能被后来的改编者删掉了。由此看来，前者的内容要比朝鲜本丰富得多。

　　以上对《明史》卷九七《艺文志》所载书目中的一些失实、缺漏的情况略作考异，仅是择要而已。

　　除《明史》卷九七《艺文志》"刑法类"的 46 部外，在其

---

① 张伟仁主编：《中国法制史书目》，台湾"中央研究院"历史语言研究所专刊之67，1976。

② 国图本《辩疑》中有"议曰"，有"讲曰"、有"解曰"，还有"问曰"、"答曰"，它们都用阴文标目。朝鲜本《讲解》中有"讲曰"和"解曰"，也都用阴文标目，但是其内容则大多取自于《辩疑》。说大多数，是因为笔者已经一一作了对勘，内容一致，仅有繁简不同而已，这一点无庸置疑。在此，只要举一个例子就能概见全豹，如《辩疑》中的有些"问曰"和"答曰"在朝鲜本《讲解》中则改成了"讲曰"（或"解曰"）。

他门类中也有法律书书目在，如《条例全文》三十卷、《增修条例备考》二百一十八卷、《宗藩条例》二卷（李春芳等辑）等则被收在史部"故事类"中。《条例全文》今有抄本残卷遗存于世，三十卷，凡四十册。[①]《增修条例备考》（史继辰等纂），二十四卷，今日本尊经阁文库有藏。《宗藩条例》二卷二册，嘉靖四十四年（1565 年）颁行，今存。理当归入"刑法"一类中。[②]《明史》卷九七《艺文志》分类不精，此为一例。

　　明代法律文献目录，《明史》卷九七《艺文志》"刑法类"中所著录的仅是极少的一部分。以《大明律》为例，存世的可能就有五六十种之多，甚至不止此数。沈家本在《律疏附例跋》中云："日本书库所藏《明律》凡数十家，多为中土所未见。"又云："吾友董绶金奉使东渡，曾观其国库所藏书，《明律》有六十余种之多，可为巨观。"[③]另外，诸如《皇明制书》、《嘉靖新例》、《皇明条法事类纂》等明代重要法律书未能著录，也是《明志》的不足。

---

① 参见拙作《〈条例全文〉残卷考略》一文，载杨一凡主编的《中国法制史考证》甲编第六卷，中国社会科学出版社，第 367 至 413 页。

② 明人焦竑撰《国史经籍志》将《大明律》、《大明令》归入"制书类"，将《问刑条例》、《宗藩要例》等归入"故事类"，将《律解附例》、《读律琐言》等归入"法令类"。各书分类不同，读者当兼而观之。

③ 《寄簃文存》卷七《日本享保本明律跋》。

十八　《读律佩觿》引注校考

　　王明德所著《读律佩觿》是一部解释清律、指导司法实践的律学著作，它对清代的法制建设有较大影响。但是，细读此书，我们发现书中的部分引文与原作不相符合。这种情况的出现是什么原因造成的呢？为此校读了文中引注，对一些主要问题作了初步的考察，希望能为作进一步研究提供帮助。

（一）《读律佩觿》及其作者

　　《读律佩觿》顾名思义是一部学律的入门书。觿，一种骨制的锥，用于解结，也用作佩饰。作者取名"佩觿"，意在随时携带，用作为阅读律书，解决法典中疑难问题的参考。撰写本书的目的，作者王明德在"本序"中说得明白，是鄙薄刀笔之传的世风，认为当时的司法官员并不全部懂法，他说："甚或身为民牧，职隶司刑，终其职，终其身，终莫别其科条之为鱼鲁亥豕者。"于是乎"昧不自揣"，"管窥其义，以辑斯编"。力图为《大清律集解附例》律文的诠释作出正确而有效的指导，或列读律提纲，或以同类罪行归并，或以刑徒为标目，以便司刑者采用正确而便捷的方法从事司法实践活动。因此，它不只是一部用作

"佩觿"的学律入门书，实际上它是一部解释清律、指导司法实践的律学著作。

作者王明德（约 1634～1681 年），字金樵，又字亮士。江苏高邮人。以父永吉官，荫监生官至汉阳府知府。清康熙年间曾任督理通惠河道、刑部陕西清吏司郎中。著有《治河图说》。《读律佩觿》一书编成于康熙甲寅（1674 年），其时约 40 岁左右。①

《读律佩觿》（以下简称《佩觿》）全书八卷。

卷首首列"读律八法"和"八字广义"。八法有：扼要、提纲、寻源、互参、知别、衡心、集义、无我。作者在"读律八法"中除指导阅读律文之外，还着重探讨了律意的内涵及其根源。"八字广义"的八义是：以、准、皆、各、其、及、即、若，作者称之为"律母"。在每一"义"之下，均加有"明德谨按"，详加诠释。

卷二至卷七，除卷四逐条解释"金科一诚赋"外，都是对法典用语作注，精细详慎，且附拟判或案例。

卷八附《洗冤录》和《洗冤录补》。《洗冤录补》为作者补编，列有辨周身骨脉法、辨检滴骨亲法、辨检验骨伤法等 23 目。②

以上约略介绍了王明德《佩觿》全书的内容。下面，我们

---

① 王明德在《读律佩觿》的跋中说："余年少不务学，及长稍知笔墨，即值寇氛肆集，血战元黄……寻遭鼎革，播越山河。"及长若以 10 岁计，估计生于明末 1634 年左右，据此推测，康熙甲寅时约年 40。据《高邮州志》卷之十上《忠烈》："王师进剿，谭逆（洪）珍灭，明德奔归本土……未几卒。"其时约 1680 年，终其年仅四十余，任官刑部时间不长。吴建璠在《清代律学及其终结》一文中说："作者王明德是一位有三十多年丰富工作经验的刑部官员。"《中国法律史国际学术讨论会论文集》，陕西人民出版社，1990，第 381 页。

② 在乾隆时藏书家周厚堉的藏本上有这样的评语："所作《洗冤录补》，杂记异闻，旁及鬼神医药之事，尤近小说家言。"价值不大。

仅对《佩觽》引注试作校考，从王氏的引注中看一下他的做法和用意。

按照王明德的说法，他所作《读律佩觽》小集是"上窥先贤一斑，非敢自谓有得"。"无不本正文以立言"。① 反复表明他作文的根据，均源本旧章，不信口自炫。然而事实并非如此。

（二）"八字广义"注

八字，指以、准、皆、各、其、及、即、若，即所谓律母。在疏解"律母"之先，列出明清律文和本注，然后引用《王肯堂笺释》，再加"明德谨按"四字，阐述律文，推究律意，明其旨归。

"八字"之说起自何时？照王明德的说法宋时已有。他说宋儒苏子瞻曾有言，云："必于八字义，先为会通融贯，而后可与言读法。"不过，在宋苏轼文集中未见此说，须待查。② "八字"之说最早见于何时？在明《律条疏议》王迪本的嘉靖重刊本中提到，"疏议曰：隋唐立八字之义，至傅霖《刑统赋》始著。有王元长卿用太史公诸表式为唐律横图，乃有例分八字之目"。③ 元徐元瑞的《吏学指南》，称作"八例"；八例均有解释，还有举例说明。现将徐元瑞的八例解释抄录在下面（举例说明从略），以便读者了解"八例"的来龙去脉并与王明德的解释相对照。

---

① 引文分别见《读律佩觽》"读律八法"、弁言和凡例。
② 书中所引苏轼"读书不读律，致君尧舜终无术"诗句，见《苏轼文集》卷三《戏子由》诗。原诗句为："读书万卷不读律，致君尧舜知无术。"
③ 此处的"疏议"文字不见于天顺本《律条疏议》。

以　罪同真犯谓之以。凡称以者悉同其法而科之。

准　止准其罪谓之准。凡称准者，止同以赃计钱为罪。

皆，罪无首徒（从？）谓之皆。凡称皆者，不以造意，随从人数多寡，皆一等科断也。

各　各主其事谓之各。凡称各者，彼此各主其事而已。

其，反于先义谓之其。夫犯罪之人，或先有事，而后无事；或先是而后非，文意相违而不相通，曲直相背而不相入，若此之类，故称其以别之。

及，事情连后谓之及。夫事陈于前，义终于后，进言数事而总之以一，若此类者，故称及以明之。

即　即者，条虽同而首别陈。盖谓文尽而后生，意尽而复明也。

若，若者，文虽殊而会上意，盖因其所陈之事而广之，以尽立法之意也。变此言彼，而未离乎此；舍内言外，而未离乎内。

在明代，例分八字继续延用，只是解释有所变化。如洪武年间何广在《律解辩疑》中就有这样的说明：

例分八字。问何？答曰：八字者，皆系上下律内招眼议拟、罪名轻重断决。

以者问何？答曰：以者，但有人招拟，罪合依盗论、以监守自盗论、以奸论、以谋反论律内，但有以者是也。

准者问何？答曰：准者，但有人招拟，罪合窃盗论、准盗论、准凡盗论律内，但有准者是也。

皆者问何？答曰：皆者，但有人招拟，罪合依不分首从，皆斩、皆杖、皆徒三年、皆凌迟处死律内，但有皆者是也。

各者问何？答曰：各者，但有人招拟，罪合依各杖一百、各笞四十、各从重□□□减等、各加凡人罪等律内，但有各者是也。

其者问何？答曰：其者，但有人招拟，罪合依其犯十恶、其子归宗、其养同宗之人、其遗弃儿三岁律内，但有其者是也。

及者问何？答曰：及者，但有人招拟，罪合依及应禁之物、及因人连累、及其役日满、及有过之人、及久占在家律内，但有及者是也。

即者问何？答曰：即者，但有人招拟，罪合依即同狱成、即时救护、即放从良、即是奸党律内，但有即者是也。

若者问何？答曰：若者，但有人招拟，罪合依若在徒年、若奉旨推问、若庶民之家、若追问词讼律内，但有若者是也。

以上是明代早期对"八字"的解释。其后虽时多开列，但流于形式，并未真正发挥作用。《佩觿》所引明律"旧注"，按王明德的说法是与王肯堂"笺释"相同的，均在"八字"故明旧注之后，写上"《王肯堂笺释》注：同前。"字样，但实际上却并不是这回事。例如在"以"字条下，《佩觿》有引："明律旧注：以字有二义，其曰以盗论、以监守自盗论、以枉法论、以常人盗仓库钱粮论、以谋叛论者，恶其迹而深治之也。如厩马〔牧〕律曰，如马栓不如法因而伤人者，以过失论。斗殴律曰，因公务急速而驰骤伤人者，以过失论，则矜其失而轻贷之也。"今查王肯堂《律例笺释》明刻本①所示，"以"字条下所言则与之不同："以者，非真犯也。非真犯而情与真犯同，一如真犯之罪罪之，故曰以。"这一解释不仅与所谓的"明律旧注"不同，而且与前引的"大清律本注"也不同，即以"以"字而言，这里说"非真犯也。非真犯而情与真犯同。"显然比"大清律本注"仅仅说"与真犯同"要细密得多。其他七字的情况也是如此。奇怪的是，在"明德谨按"一栏下却又将王肯堂的笺释内容在按语中加以阐说。其原因可能是他自作解人，随手改动王肯堂《律例笺释》的注文，或者是当时存在的刻本《律例笺释》不真；下文《金科一诚赋》据以引证的《律解辩疑》大致也是这种情况。

在较多的明代律书中都将"八字"之义例列成表格置于卷首，如应㮶的《大明律释义》列表同列于"二刑八礼图"之间。《大明律集解附例》中"例分八字之义"图的所注内容也与之相同。问题是《佩觿》所引"八字"的大清律本注，实际上与明律中"例分八字之图"的内容是完全一样的。不明白王明德为什么不把大清律本注取自明律原注的真实情况说清楚，反而要把王肯堂的解释当作"明律旧注"来误导读者？笔者估猜，之所以用王肯堂《王肯堂笺释》名而不真实地写上《大明律集解附例》这一书名，是有所避忌的。王肯堂是私人著作，而且他的"笺释"在康熙年间还流行，其后还曾重加编印，②而《大明律集解附例》则明确为"大明律"的注本，并出于某一地区的具

---

①　《律例笺释》明刻本，中国国家图书馆有藏。

②　有称《王仪部先生笺释》，明人王肯堂撰，清顾鼎重编。有清康熙三十年顾鼎刻本，见杨一凡编《中国律学文献》第 2 辑第 3 ~ 5 册，影印本，黑龙江人民出版社，2005。

有半官方的性质。

（三）《金科一诚赋》注

按王明德的说法，《金科一诚赋》备载于明嘉靖二十九年所颁的刑律内。王明德逐句分别附以《辩疑》解说于后。今用何广《读律辩疑》作校勘，① 略见不同，为读者阅读的方便起见，先将王明德《佩觽》14 句所引的注文分段照录于下，然后再将校勘文字加"＊"号、加按语写在下面。与《律解辩疑》相校勘，作校勘记如下（其中个别字句与句意无大碍者，从略）。

玉律贵原情　《明律》旧注：《辩疑》以玉者，国之信宝；律者，国之定法。与民视法，盖人君以信为宝，故云玉律。参之历代得中之无刑，斟酌轻重以为罪名，颁示天下。各守律己，期于无刑。但人心隐显万端，＊贵在执法之官究察其原，庶几无冤狱也。

＊【按】"但人心隐显万端"句，《辩疑》原文为"刑其所以犯。情或故讼，人心隐显豹变万端。"

金科慎一诚　《明律》旧注：《辩疑》以金者，刑也，曹也；科者，条也，断也。谓刑曹之官推断刑狱之际，惟当慎其一心之诚。否则＊致罪出入，可不慎欤？

---

① （明）何广：《律解辩疑》，国家图书馆有该刻本的缩微胶片，又见杨一凡、吴艳红整理《律解辩疑》，收入《中国珍稀法律典籍续编》第 4 册，黑龙江人民出版社，2002。

　　*【按】"之诚，否则"四字，《辩疑》原文为"若有已〔有〕。刑者，辅治之法。先王用弼五教。从急，不得已而施之大酷，则失之缓。贵乎其中小不衷。恐"。

　　夫奸妻有罪　《明律》旧注：《辩疑》以婚不以礼曰奸，谓居父母丧服内，与妻有孕，则是忘亲贪淫，故所得孕，合杖六十、徒一年之罪。

　　子杀父无刑　《明律》旧注：《辩疑》以子孙杀祖父母、父母者，凌迟处死，出于五刑之外，故曰无刑。*又曰：翁若黉夜欺奸男妇，子莫得知；及涂抹面目，遇晚行盗于子家，子不见闻，凡此繇而杀之，并合无罪。**

　　*【按】"无刑"与"又曰"之间，《辩疑》原文有这样一节文字："又曰，杀者，奉兵以讨曰杀。是言凡为人子各事一国，而两交□□，伤其父。为叛国之军卒，从捕寇贼而兵聚，其父得以无罪。如弟弑兄者，亦坐不义，罪入十恶。为罪非轻子，曰，管叔兄也，周公弟也。管叔以殷叛周公，杀之，此无罪也。"

　　**【按】"凡此繇而杀之，并合无罪"句。《辩疑》原文为"而杀之，故无罪。如，叔侄别处生长，素不相识，侄打叔伤，官司推问，始知是述。止□凡人论。故云无刑，未知孰是。依子孙杀父母凌迟处死，出于五刑之外，无刑载当。"

　　不杀得杀罪　《明律》旧注：《辩疑》以谋杀人造意者，身虽不行，仍为首论，坐斩是也。

流罪入徒縈　《明律》旧注：《辩疑》以先犯徒三年已役，又犯杖一百、流三千里，合杖一百、拘役四年。若犯徒年未满，亦总徒四年；又犯徒三年，亦杖一百、徒一年，总徒不过四年是也。

出杖从徒断　《明律》旧注：《辩疑》谓，如杖一百，加一等，杖六十、徒一年半。加徒减杖之类，此为从徒断也。

入徒复杖徵　《明律》旧注：《辩疑》谓，如被告＊该笞五十，诬轻为重，＊＊告人杖一百、徒三年者，反坐所剩。未论决，五徒通折杖二百，反坐原告杖一百五十，止杖一百，余五十听收赎钞三贯。此为复杖徵也。

＊【按】"被告"二字，《辩疑》作"诉讼律有人"。

＊＊【按】"诬轻为重"以下数句，《辩疑》原文为："告入徒者，以所剩论剩罪者，共折杖一百五十。反坐告杖一百，余听收赎。此名杖徵也。"

纸甲殊皮甲　《明律》旧注：《辩疑》谓，如盗军器，计赃以凡盗论。若盗纸甲价低；若盗皮甲价高，计赃定罪，日有轻重不同，故云殊也。

银瓶类瓦瓶　《明律》旧注：《辩疑》谓，如盗大祀御祭器皆斩，银、瓦虽殊其器，拟斩则同一。罪初＊不以赃计，银、瓦相同，故云类也。

＊【按】"罪初"二字，《辩疑》写作"此则"。

伤贱从良断　　《明律》旧注：《辩疑》谓，如奴婢殴良人加凡人一等，至笃疾者绞、死者斩。良人殴伤他人奴婢者，减凡人一等；若死及故杀者绞，故知有良贱之分矣。又云，相侵财物者不用此律，谓*盗贼相侵、劫财物伤贱者，合从良人一体断罪者，曰伤贱从良断者，**此也。

*【按】"谓"，《辩疑》作"惟"。

**【按】"伤贱从良断"处，《辩疑》原文为："盖临财，尊卑又且不分，何况贼乎？伤贱从良断，此也。奴婢杀伤人者，自有良贱之律。若殴奴婢至死者，亦得绞，故与良贱相殴一体科罪。及犯六赃并枪之类，亦是伤贱，皆无异律，但与良人一体是也。"

屠牛以豕名　　《明律》旧注：《辩疑》谓，如盗大祀未进神御之牺牲，合杖一百、徒三年。此牲字兼牛羊豕说。盖祀神祗用犊，仁祖配之，即加牛羊。虽供仁祖，若有盗杀豕者，罪与盗杀牛同科，皆坐满徒，无减等也。

【按】《辩疑》此句原注文为："律云，供大祀牺牲，养饲不如法，故有瘦损者一口，杖六十；每一口加一等，罪止杖一百。供大祠〔祀〕牺牲用犊，人帝配之，即加羊豕，虽供人帝，故得罪，与牛同。若盗杀者，罪得同科，并无减等例也。"

达兹究奥理　　《明律》旧注：《辩疑》，兹，此也，指上十事而言；究者，大也，深也。人能留心精察通晓以上此十事，则是于律内深大奥妙之理，皆知达矣。

【按】《辩疑》此句原注文为："究者，大也，深也。奥理之妙，但能举类而推，略知一二，吾齐小子识见□狭，□敏于事，岂能说哉。"

　　决狱定详明　《明律》旧注：《辩疑》，予以既能达兹究奥之理，吾知决狱之际，必能举类以推其余，原情定罪，岂有不详明哉。

【按】《辩疑》此句原注文为："凡决狱者，律而有条，情岂可以类推之。若不究心精察，岂无出入过误，故先圣见教如此也。"

经校勘，可见《佩觿》所引与《辩疑》原注文主要有这样几点变动：

（1）文字略有修改。明人有擅改原文的风气，此可谓明代文坛之遗风尚存。

（2）量刑起了很大变化。如"入徒复杖徵"条，王明德依据清初量刑作了改动，但仍以《辩疑》原注标目。

（3）删除了若干例子。如"子杀父无刑"句下的《辩疑》原注文被删除。此条注文的删除大半是出于作者对当时政治背景的认识。

（4）重写注文。如对"达兹究奥理"、"决狱定详明"句下的注文，基本上作了重写。

首先，王明德征引前贤律注，其本意还是出于对传统律学的尊重乃至膜拜，立志继承前人的律学成果。不过，他"不敢漫采时望以自炫"，认为"惟于重关政治，人所易忽，为《笺释》

所未详，则从及之"。① 如"屠牛以豕名"条中将"人帝"改作
"仁祖"，可能就是出于避忌。为此，注文作了些改动，不足为
怪。其次，之所以出现一些出入和改动，另一个原因是他"好
为驳难"，自认为有必要加以删改的地方他就擅自作了改动，无
论是《辩疑》原文，还是《律例笺释》的注释，都少顾忌；并
不像王明德自己说的只"止于训诂而已"。再次，王明德采用了
明后期转引的本子，《辩疑》刻本传至清初已有300年，版刻或
传抄本中多有讹误或脱漏，有出入在所难免。

总的说来，从内容看修改的地方不大，也无甚有价值的校
订；其根本原因在于《金科一诚赋》本身歌赋形式已经不适应
纷繁的司法实际所需，尽管王明德称之"意甚深远"，"是盖无
形之律眼也"，大有力挽律学颓势的气概，但就其实际效果而言
"鲜有不为炫然者"。②

（四）"名例"的解释

中国古代的法律制度发展至清代，从《法经》算起至少也
有两千多年的历史，无论是法典的体式，还是刑名、罪名的论定
尽管各个不同时代有各个不同时代的法律规范，但是，从总体而
言它们已成了一种成文法定式；法律条文的愈越繁琐又给司法断
案带来巨大困难，吏胥从中舞弊作伪而生冤情又难于杜绝。王明
德在本序中感叹道："呜呼！律学之不明久矣，时也，亦数也。
小人幸而君子之大不幸也。"为此"取律本注、旧注、笺释，注
而权衡之，绎义推情，简名核实，其有前注已载而义未明者，则

① （清）王明德撰：《读律佩觽》凡例。
② （清）王明德撰：《读律佩觽》卷四上。

畅其指归；若前注所未发，复为之反复寻求，要于确然不易而后已"，裒成《佩觽》一书。

在《佩觽》中有些作者的独到见解，给人有所启发。如对"名例"的解释，他就提出了自己的看法，他说：

> 乃律中，采《疏议》所注，于"名例"二字，止注曰：名者，五刑之正名；例者，五刑之体例，未免有举一遗百之谬。而愚则以名者，五刑正体、变体及律例中人所犯该以及致罪各别之统名。而例，则律例中运行之活法，于"至一"中，寓"至不一"之妙，更于"至不一"处，复返"至一"之体。……是则名例一篇，盖有舍"名"无以言"例"，舍"例"又无以副乎其"名"者焉。故不得止号之曰例，而必统之曰名例。世固有不容不为分注，更有不容克致其分注者，大约皆类乎此耳。（卷二"例"）

王明德把"名"和"例"的关系作了分析。

从法典列有"名例"一目始，至清初已有两千年之久，但对它的解释却纷纭不一，莫衷一是。律目"名例"最早起始于战国初。李悝《法经》的第6篇，即末篇，称之"具法"，"具法"是"名例"的前身。至北齐王睿等撰修，则将晋律中的"刑名"和"法例"合并成"名例"。自隋唐直至明清，承袭"名例"之名不变，并列于律目之首。王明德引《疏议》注，指的是《唐律疏议》。据清人吴坛《大清律例通考》卷四"名例律上"所言，"其小注二语原本《唐律疏议》，顺治年间律内集入。"这小注指的就是"名者，五刑之罪名；例者，五刑之体例也。"二语。《唐律疏议》上说的是"罪名"，而王明德却改写成

"正名"。"正名"二字并非笔误,从他对"正名"的解释中可以看出来。"正名"相对"罪名"而言,语义范围缩小了,他认为"名"应该包括各种罪行在内,是各种犯罪行为的"统名",仅仅说"正名"是远远不够的。这与他在《佩觿》卷四下中所罗列的"五刑正目"相应。"五刑正目"中有笞刑五、杖刑五、徒刑五、流刑三、死刑二。他说:"按五刑正目,自汉景以后止笞、杖、徒、流、死而已,是以《名例》特冠其例于首,以明刑之为法各有其正。"五刑之外,还有凌迟、枭示、戮尸等非常刑。此外,王明德在《佩觿》卷四下还列出不杖流、安置、迁徙、边外为民、边远为民、原籍为民、黜革为民等目,这大概就是在"名例"解释中所说的五刑的变体了。

(五)对大清律律注的斟酌

对大清律律注的斟酌主要表现在两个方面:一是以旧注为证;一是独抒己见。

1. 以旧注为证

在阐述法律术语时,《佩觿》时用明律旧注作为论据,增强了论证的说服力。如上文第二节所述,在对"八字"作解释的时候,王明德全标上了与《王肯堂笺释》注相同的字样,尽管,事实并不是这回事,其出入还不少;但是他这样的作法,主观上无疑是为的增强论据的力度。当然这样擅改前贤文字的作法并不足取。

又如:卷三"缘坐"条中提到律文"采生折割人"以下各条,其缘坐是及乎女,还是不及乎女与妾的问题,在大清律中没有明确注明。为此王明德用嘉靖二十九年所颁律文的旧注为据加以证明，在"采生折割人"条下注云："按《辩疑》谓，上条杀一家非死罪三人，与吏律'交结近侍'一条，女并不在流限，惟此与下条'造畜蛊毒杀人'者，皆有并流之制，女亦合流云云。"查《律解辩疑》的确是这样说的；"采生折割人"条下议云："女亦当流，难同杀一家三人。交结近侍，女不流。讲者当知。"又，"造畜蛊毒杀人"条下议云："同居及家口虽不知情，并流二千里安置。"此明律旧注当指《大明律例》注。王明德根据《辩疑》旧注指出"采生折割人"、"造畜蛊毒杀人"条女在缘坐之列，而"杀一家三人"、"交结近侍"则不当在流限之内。而且，他同时将"同居家口"四字的义域作了明确的界定："同居家口"包括父母、祖孙、兄弟、妻妾在内，而不缘及女。

读其后的《大清律》及注，大致已采纳了上述意见。在《大清律》"杀一家三人"条下有云："财产断付死者之家，妻、子（不言女，不在缘坐之限。）流二千里。"又，"造畜蛊毒杀人"条下有云："造畜者，财产入官，妻、子及同居家口虽不知情，并流二千里安置。"

2. 大胆提出修律的建议

如，卷三"谋杀人因而得财条"下引《大清律》卷一九《人命·谋杀人》条"若因而得财者，（无论杀人与否），[①]同强盗不分首从论，皆斩。"将其注与明律旧注相校核，多出了23字，即："行而不分赃，分赃而不行，及不行又不分赃，皆仍依谋杀论。"[②]王明德认为它自相矛盾；如果加上个"若"字还说得过去。但在后文的阐述中又认为增注的23字是指"为造意共谋时之从，及杀人得财时其未经共为谋财之从。"其目的是开一

---

① 此小注当为顺治三年增入。
② 《读律佩觿》中国律学丛刊本，法律出版社，2001，第67页。

线好生之路。不过，它作为注文是不妥的，若将它改作增例
则可。

今查《大清律例》，雍正三年馆修清律，删去"无问杀人与
否"和"分赃而不行"二句，适度地采纳了王氏的建议。

3. 关于"收赎图"问题

明代法典中多列有"收赎图"。收赎图在实际司法中究竟有
多少作用，王明德之前很少有人思考过这个问题。王明德在
《读律佩觿》卷三"剩罪余罪"中举例说，《大清律》内"诬告
赎罪"条下所开，则云仍依古制收赎，而《收赎图说》又云用
例赎，每一十杖赎银一钱。"然近日所行，绝亦未之概见，大约
似乎多用全抵之例，而实则逐出免供，全未为之抵算者居多。固
亦因仍明末之例，而葫芦以行之。"由此，他得出剩罪收赎之
例，置而不讲，成为具文，非自今日始的结论。他说，"明二百
余年以迄我清定鼎以来，遂无有过而问之者。"主张删除。

查《大清律》，乾隆五年律内凡例有云："纳赎各条并冠名
例之首，其应否准其纳赎，开载末能详悉，易至高下其手。今依
律例中已经开明各例，因类比附，并查照《读律佩觿》所载不
准纳赎罪名，详加酌定，于各条下注明，以免畸轻畸重之失。"
充分肯定了王明德的主张，作为一条凡例列出，可见其重视程
度。此凡例又列于乾隆三十三年律凡例的第八条。

尽管说王明德在斟酌大清律律注的基础上大胆提出了修律的
建议，有些律文的改动可能就吸收了他的意见，或者说是他吸收
了法司的某些主张。从总体而言其价值差强人意，时见穿凿附会
之处。在乾隆时藏书家周厚堉的藏本上有这样的评语："（《读律
佩觿》）每门先载大清律本注，次明律旧注，而以己意辨证之。
其说好为驳难而不免穿凿。"此评颇有见地。

　　有人曾为《读律佩觿》作过注释，书名就叫"读律佩觿注释"，作注者为陈瑄，事见《高邮州志》。① 陈瑄，字仲宣，高邮人。曾任刑部主事，监督通州大西仓。据记载："仓故多猾吏，善以利惑上官，恣意侵渔。瑄至，定斛面，革科派，簿籍清明，无毫发私。擢户部郎中。历官二十年，橐无私积。"② 很可惜，陈瑄《读律佩觿注释》一书今已不存。

①　《三续高邮州志》卷六《艺文志上》。
②　《重修扬州府志》卷四八《人物三》。

十九　东周刑书考略

　　自周平王（名宜臼。公元前 770～前 720 年）东迁洛邑始，至公元前 221 年秦灭六国建立秦王朝止，史称东周，即春秋战国时期。其间以越灭吴、公元前 475 年周元王元年为分界，前期为春秋（公元前 770～前 476 年），后期为战国（公元前 475～前 221 年）。春秋战国时期是诸侯争霸、相互兼并的时代，从中国法制史的发展来看，诸侯各国为适应当时政治、军事和经济的急剧变动和发展，法的意识和观念日益增强，"法"普遍受到重视；在"法"与"礼"的消长变化中，法制改革则成为时代的大势；春秋战国时期的法制逐渐从秘密法走向公开化、完成了从习惯法向成文法的转化。成文法的公布标志着法律在政治生活中重要地位的确立，它对中国二千年封建法制建设的历史进程有着深刻的影响。

（一）刑书解说

　　春秋战国时期各国的立法情况如何？史书时有记载，古人间或还作过归纳，如《汉书》卷二三《刑法志》上说，齐桓公任用管仲，"作内政而寓军令焉"；晋文作"被庐之法"；战国时

"吴有孙武，齐有孙膑，魏有吴起，秦有商鞅，皆禽敌立胜，垂
著篇籍"。几乎各诸侯国都有过立法、制作刑书的活动。当然这
些立法活动的范围很广，不限于律令意义上的法律规范。张斐在
《律序》中作了归纳，他说："郑铸《刑书》，晋作《执秩》，赵
制《国律》，楚造《仆区》。兹述法律之名，申、韩之徒各自立
制。"① 今日本学者堀毅先生整理出当时的各国法典有 18 种。②
这可能是迄今为止罗列东周刑书较为详备的一种。不过，他没有
将近年出土的秦律、魏律列入。秦律、魏律的制定应该说也是当
时重要的立法活动，它们也是刑书之一种。此外，就堀毅所提到
的这 18 种能否都统管为春秋战国时期的"法典"？还有再加考
察的必要。

　　刑书，最早出于《尚书·吕刑》，《吕刑》中说："哀敬折

---

① 又见《玉海》卷六五。
② 〔日〕堀毅：《秦汉法制史论考》，法律出版社，1988，第 345－346 页。引原表如下：
　　公元前 650 年前后，齐·宪法，见《管子·立政》。1（此指原表行数，下同）
　　公元前 622 年前后，晋·常法，见《左传》卷一九《文公六年》。2
　　公元前 660～590 年前后，楚·茅门之法，见《韩非子·外储说右上》。3
　　公元前 561 年，宋·刑器，见《左传》卷三○《襄公九年》。4
　　公元前 547 年，晋·被庐之法，见《左传》卷一六《僖公二十七年》。5
　　公元前 537 年，郑·刑鼎，见《左传》卷四三《昭公六年》。6
　　公元前 536 年，楚·仆区之法，见《左传》卷四四《昭公七年》。7
　　公元前 514 年，晋·范宣子之刑书，见《左传》卷五三《昭公二十九年》。8
　　公元前 507 年，晋·戎索，见《左传》卷五四《定公四年》。9
　　公元前 502 年，郑·竹刑，见《左传》卷五五《定公九年》。10
　　公元前 500～490 年前后，赵·国律，见《律序》《韩非子·饰邪》。11
　　公元前 500～490 年前后，楚·鸡次之典，见《战国策·楚策》。12（以上春秋）
　　公元前 400～390 年前后，魏李悝·法经六篇，见《晋书》卷三○《刑法志》13《唐律疏议》。
　　公元前 350 年前后，秦商鞅·秦法经，见《晋书》卷三○《刑法志》、《魏书》卷一一一《刑罚志》。14
　　公元前 340 年前后，韩申不害·刑符，见《孟子》注。15
　　公元前 320 年前后，魏·大府之宪，见《战国策》：《魏策》。16
　　公元前 300 年前后，楚·宪令，见《史记》卷八四《屈原列传》。17
　　燕国之法，见《汉书》应劭注。18（以上战国）

狱，明启刑书胥占，咸庶中正。"《吕刑》指的就是西周穆王命司寇吕侯所作的赎刑。《逸周书·尝麦解》云："维四年孟夏，王初祈祷于宗庙，乃尝麦于太祖。是月，王命大正正刑书。"《左传》卷四三《昭公六年》上说："周有乱政而作《九刑》。"《九刑》是西周末期的刑书名。把刑书的制定看作是拯救衰世的手段，或者按旧贵族的说法，国家有难，制刑是它的征兆。当时，刑书是"藏于秘府"，不予公开的。即所谓"周公寓刑于礼，不制刑书"。[①]"先王议事以制，不为刑辟"。[②] 也就是说，以往断狱都是借托旧事，随事议断。

　　我们一般将"刑书"看作为古代法律书的通称；不过，这里所说的东周刑书又不能与今天所说的完备法律书（法典）等量齐观。有人认为古代的"刑书"一词是指刑法的条文。[③] 用的例证是晋国铸刑鼎的事。《左传》卷五三《昭公二十九年》上说："（晋）铸刑鼎，著范宣子所为刑书焉。"范宣子著的是刑书，"刑者，法也"。[④] 在鼎上铸刻刑书，不可能是完整的法典内容，铸的只能是法律条文。因此，"刑书"只是指刑法的条文。这样的理解，似乎过于宽泛了。应该说，古代刑书中确也包括有定罪量刑的法律条文，这是毫无疑义的。有的可能是单行条规，如楚的"鸡次之典"；有的连行政管理、官吏任免均包括其中，如《管子·立政》所引齐国的"宪令"；还有的，则将法律的解释书也包括在刑书的范畴之内，如秦简《法律答问》。不一而足。由此可见，完整地理解"刑书"这一概念，应该说它不单

① 《唐律疏议》序。
② 《国语·晋语九》。又见《左传》卷四七《昭公十四年》。
③ 陆心国：《晋书刑法志注释》，群众出版社，1986，第 102 页注。
④ 《左传》卷三二《襄公十三年》"刑善也夫"句杜预注。

指刑法的条文，而是刑法条文（包括解释）的全部。相反，有的将"刑书"限在成文法的范畴之内，似乎又过于偏窄了点。

《晋书》卷三〇《刑法志》上说："魏文侯师李悝，悝撰次诸国法，著《法经》。"此句中的"诸国法"三字，在《唐律疏议》卷一《名例》中则写成是"（集）诸国刑典"，在《唐六典》卷六《刑部》则又写成"（集）诸国刑书"。从"法"到"刑典"到"刑书"的改动说明什么？最简单的结论是："法"、"刑典"和"刑书"表示同一意思。尽管今天看来国法的"法"与"刑书"有内涵宽窄的不同，但是从理解东周时期制订"刑书"的实际而言，国法的"法"似乎更合宜一点；这样看来，把当时的"刑书"一词理解为成文法或刑法的条文，毫无例外的都应包含在国法的"法"的范畴之内。

至于有将"刑书"理解为"术数"、"刑名之书"，那是汉代之后的事。

（二）东周的刑书

1. 春秋时期

（1）楚"仆区之法"。

《左传》卷四四《昭公七年》云："周文王之法曰：有亡荒阅。所以得天下也。吾先君文王，作'仆区之法'，曰盗所隐器，与盗同罪。"杜注："荒，大也。阅，蒐也，有亡人当大蒐其众。"周文王所指是对逃兵的搜索及惩罚，而楚文王指的是"盗"，前后二者不相应。文王，楚文王，公元前689年至公元前677年在位。杜注："仆区，刑书名。"注引"服云：仆，隐也；区，匿也。为隐匿亡人之法也。"《说文通训定声》"仆"字条下引服虔注，云："仆，隐也。"并加按语说："隐者，区之训。"但是，《左传》正义："名曰仆区，未知其义。"据此，"仆区之法"可视为单行条规，而不宜作刑书论。

上引"盗所隐器"一句，杜预解释为："隐盗所得器"。此注似乎不合原意。"所隐器"可能有特指，非一般器物。待考。

（2）晋"被庐之法"。

《晋书》卷三〇《刑法志》称作"执秩"之法。

《左传》卷五三《昭公二十九年》云："（鲁）文公是以作执秩之官，为被庐之法，以为盟主。"注："僖二十七年（公元前633年），文公搜被庐，修唐叔之法。"《汉书》卷二三《刑法志》："齐桓既没，晋文接之，亦先定其民，作被庐之法，总帅诸侯，迭为盟主。"应劭注："搜于被庐之地，作执秩以为六官之法，因以名之也。"晋文公在被庐检阅军队，"作执秩以正其官"，规定了官司的职权和秩禄。"被庐之法"的主要内容是关于行政、军事官员及其职掌、秩禄方面的法律规范。

唐叔，晋之始祖。"修唐叔之法"指的就是历史上说的"戎索"（见下文）；把"被庐之法"作为传统的继承，增强威摄力。

有说"被庐之法"即"郭偃之法"。[①]

（3）晋赵盾"常法"。

《左传》卷四三《文公六年》（公元前621年）："宣子（赵盾）于是乎始为国政，制事典，正法罪，辟狱刑，董逋逃，出质要，治旧污，本秩礼，续常职，出滞淹，既成，以授大傅阳子与大师贾佗，使行诸晋国，以为常法"。正义曰："制事典者，正国之百事，使有常也。正法罪者，准所犯轻重，豫为之法，使

---

① 《中国法制史国际学术讨论会论文集》，陕西人民出版社，1990，第110页。此说早见于蒙文通《儒学五论》。

在后依用之也。辟狱刑者，有事在官未决断者，令于今理治之也。董逋逃者，旧有逋逃负罪播越者，督察追捕之也。由质要者，谓断争财之狱，用券契正定之也。治旧污者，国之旧政污秽不洁，理治改正之也。本秩礼者，时有僭逾贵贱相滥，本其次秩使如旧也。续常职者，职有废阙任贤使能，令续故常也。出滞淹者，贤能之人沈滞田里，拔出而官爵之也。"以上九个方面的内容，包括法律的修订，刑狱的处断，契约的使用，官司的职权和人才的选拔等。相对于公元前 633 年晋文公时的"被庐之法"来说，涉及面要广泛得多，具有综合性的特点。其间相隔仅 12 年。

《史记》卷三九《晋世家》上引孔子的话，称赵宣子为"良大夫也"，是"为法受恶"。"常法"是指正常实施中的法律规范。因此，把"常法"一词看作为晋刑书的名称只是一种借代（其后的郑铸刑鼎也称常法）。有称宣子"常法"，即夷之蒐也，"且夫宣子之刑，夷之蒐也，晋国之乱制也，若之何以为法?"①这样的等同是从"乱制"这个角度来说的，说的是范宣子制定的法，而不是说是赵盾（宣子）的"常法"。把赵盾的"常法"说成是"夷之蒐"，这样的等同是缺乏根据的。

《尔雅》：蒐，"聚也"。蒐，通"搜"，搜索；也引申作聚集。另一义引作"春猎为蒐"，指田猎和习武。可见有关"蒐"之法，都只是田猎和习武方面的规则，乃至"蒐乘补卒"方面的法律规范。

"夷之蒐"杜注云："僖三十一年晋蒐清原，作五军。今舍二军，复三军之制。夷，晋地。前年四卿卒，故蒐以谋军帅。"②

---

① 《左传》卷五三《昭公二十九年》。
② 《左传》卷四三《文公六年》杜预注。

由此可见，"夷之蒐"是一次军事方面的阅兵活动，只是，因为多次变动了主帅，造成混乱，"一蒐而三易中军帅，贾季、箕郑之徒遂作乱，故曰乱制"。①"夷蒐"被看成为"乱制之法"。而赵盾的"常法"呢？把它跟"夷之蒐"合在一起说成"乱制之法"，风马牛不相及；我们从它所制订的法制中可以看出它并不是这回事，"常法"涉及治政的九个方面，较全面地进行了一场有效的法制改革。这二者是性质完全不同的两码事。前者，一再易中军，自乱其军；后者"行之晋国，以为常法"，何乱之有。

（4）楚"茅门之法"。

《韩非子·外储说右上》云："荆庄王有茅门之法，曰群臣大夫诸公子入朝，马蹄践霤者，廷理斩其辀，戮其御。……楚国之法，车不得至于茆门"。一说作茆。也有可能"茅"是"弟"之误。②

《说苑·至公》云："楚庄王有茅门者，法曰……"内容与上略同。陈奇猷注云："茅门即雉门也。""茅门之法，廷理掌之。即《周礼》秋官朝士掌建邦外朝之法也。"如是，此"茅门之法"属职掌制度。

（5）宋"刑器"。

《左传》卷三〇《襄公九年》："九年春，宋灾。……使乐遄庀刑器，亦如之。"杜预注："乐遄，司寇。刑器，刑书。"刑器，与"铸刑鼎"不同，可能还不是写在竹简上的刑书。《左传》正义："恐其为火所焚，当是国之所重，必非刑器，为刑书也。"认为只说是刑器，必定不是刑鼎，一定是写在某种器物

---

① 《左传》卷五三《昭公二十九年》杜预注。
② 《太平御览》卷六三八引作"弟"。

上，由官府掌管着。"不知其在何器也。或书之于版，号此版为刑器也。"

"庀刑器"中的"庀"是具备的意思。尽管已经书写在器物上了，但它并不象"铸刑鼎"那样明示下民。其中必有缘故。其时是襄公九年，即公元前564年，早郑国"铸刑鼎"28年。

（6）郑子产"刑书"。

"三月，郑人铸刑书。"（《左传》卷四三《昭公六年》）注："铸刑书于鼎，以为国之常法。"叔向表示反对，他在给子产的信中说："今吾子相郑国，作封洫，立谤政，制参辟，铸刑书，将以靖民，不亦难乎？""民知争端矣，将弃礼而征于书。"（同上）清人王先谦补注云："惧民知争端也，后世作为刑书惟恐不备，使民之知所避也。其为法虽殊而用心则一，皆欲民无犯也"。[1]

此为我国成文法之始。礼与法的争论、内部掌握还是公布于众的争论从一开始就十分的激烈。这是法律发展的必然历史，正如《晋书》郭璞云："臣愚以为子产之铸刑书，非政事之善，然不得不作者，须以救弊故也"。[2]

"刑书"铸成于昭公五年。《左传》卷四四《昭公七年》上记载：在"铸刑书之岁二月"发生有梦见伯有鬼的事情。其注："在前年。"即昭公五年（公元前537年）。子产昭公二十年卒，即公元前522年。[3]

叔向认为："权移于法，故民不畏上。"《左传》正义："刑

---

[1] 《汉书补注》，中华书局，第498页。

[2] 《晋书》，中华书局，1982，第1905页。铸刑书"非政事之善"的说法反映出郭璞对"刑法"认识上的局限。

[3] 《史记》称子产病死于声公五年，即公元前496年。

不可知，威不可测，则民畏上也。今制法以定之，勒鼎以示之。民知，在上不敢越法以罪己；又不能曲法以施恩，则权柄移于法，故民皆不畏上。"子产复信说："侨不才，不能及子孙。吾以救世也。"当时郑国的情况是"断狱不平，轻重失中"，之所以作此书以令之，是用以救世也。郑人铸刑书，刑书没有具体名称，一般书上都不加书名号。虽然刑书已经铸成，而且公布于众，但是未留下刑书名称。

（7）晋范宣子"刑书"。

晋"铸刑鼎，著范宣子所为刑书焉"。[①]　对此，孔子认为："今弃是度也，而为刑鼎；民在鼎矣，何以尊贵？贵何业之守？贵贱无序，何以为国？且夫宣子之刑，夷之蒐也，晋国之乱制也，若之何以为法？"[②]　认为范宣子（？~公元前547年）所著的刑书实际上跟夷蒐之法并无区别。"范宣子所用刑，乃夷蒐之法也。""一蒐而三易中军帅，贾季、箕郑之徒遂作乱，故曰乱制。"[③]　把"夷蒐"看成为"乱制之法"。其实，孔子的看法是形而上学的。文公六年（公元前621年）时的赵盾到昭公二十九年（公元前513年）的赵鞅相距108年，时势已发生了很大变化，法的内容也不同于"夷蒐之法"。[④]　而且，立法权的争夺也很激烈："中行寅为下卿，而干上令，擅作刑器，以为国法，是法奸也。又加范氏焉，易之，亡也"。[⑤]　赵鞅铸刑鼎"本非赵鞅意"，是不得已而为之。

---

① 《左传》卷五三《昭公二十九年》。昭公二十九年，即公元前513年。
② 《左传》卷五三《昭公二十九年》。
③ 《左传》卷五三《昭公二十九年》杜预注。
④ 有说乱制之法就是指赵宣子"常法"中的九个方面，不妥。这一问题已在"晋赵盾'常法'"一节中作了说明。
⑤ 《左传》卷五三《昭公二十九年》杜预注。

《左传》正义："（范宣子制作的刑书）未尝宣示下民"，而现在赵鞅、荀寅等则认为"宣子之书可以长为国法，故铸鼎而铭之，以示百姓"。刑书从秘密到公开是一次法观念上的大飞跃，是法的历史必然。

（8）郑邓析"竹刑"。

《左传》卷五五《定公九年》："郑驷歂杀邓析而用其竹刑"，注："邓，郑大夫。欲改郑所铸旧制，不受君命而私造刑法，书于竹简，故言竹刑。"《左传》正义："杀之不为作此书也。"其理由是下文中的"弃其邪可也"一句，表明邓析不是因为私作刑书而被杀的，"盖别有当死之罪"。定公九年，即公元前501年。

《吕氏春秋·离谓》上说邓析为子产所杀。此说不能成立。但是，书中说到"子产治郑，邓析务难之"。又，《列子·力命》上说："（邓析）数难子产之治。"又，《淮南子》卷一三《氾论训》上说："邓析巧辩而乱法。"邓析有能言善辩的能力，对当时的法制不会少议论；不受君命而私造刑法的可能性不大，而对法律的严厉驳难，加以私自解释是可能的。鉴于此，所谓私造"竹刑"，很可能是邓析对郑国旧制的个人解释。

邓析被杀一事还有另一说法："对《左传》驷歂杀邓析而用其竹刑，正值鲁定公九年，孔子为司寇之岁，岂少正卯乃由邓析误传欤？"（钱穆《先秦诸子系年》卷一）此说提出至今尚无力证支持。

今存《邓析子》一书，属伪书。[①]

---

① 罗根泽在《〈邓析子〉探源》一文作过详细考证，他说："窃疑邓析之书，散佚盖久，今本二篇，出于晋人之手，半由捃拾群书，半由伪造附会。"他列举出八条证据。最近陕西人民出版社出版有刘建国《先秦伪书辨正》一书，书中第14章论及《邓析子》，可参阅。

2. 战国时期

（9）李悝《法经》。

李悝（约公元前455～前395年），魏文侯相。《史记》卷三〇《平准书》："魏用李克〔悝〕，尽地力，为强君。自是之后，天下争于战国。"在《汉书》卷二四《食货志》中记载更详细："李悝为魏文侯作尽地力之教……治田勤谨则亩益三升，不勤则损亦如之。……故大熟则上籴三而舍一，中熟则籴二，下熟则籴一，使民适足，贾平则止。……行之魏国，国以富强。"制订经济法规，推行"平籴"政策，稳定社会秩序。

《晋书》卷三〇《刑法志》："是时承用秦汉旧律，其文起自魏文侯师李悝。悝撰次诸国法，著《法经》。"《唐律疏议》卷一《名例》："魏文侯师于里〔李〕悝，集诸国刑典，造《法经》六篇：一盗法、二贼法、三网法、① 四捕法、五杂法、六具法。"其篇目名称有极强的概括力，并突出了"王者之政，莫急于盗贼"的王者急务；其篇目主次分明，结构谨严；并且首创"具法"一目，以之统凡刑罚，具其加减。完成了由"刑名"向"罪名"的转化，如《通典》卷一六三《刑制》的夹注中称："著《法经》，皆罪名之制也。"

《汉书》卷三〇《艺文志》："《李子》三十二篇。"《李子》、《法经》均已失传。《七国考》中的《法经》引文、黄奭《汉学堂丛书》所辑《法经》条文均为后人所作。

---

① 有说"网"为"囚"字之误；囚法，有关拘禁关押的法律。从《法经》严密的体例而言，立"网"、"捕"二法顺理成章；如果作"囚"，则理应在"捕法"之后，方合自然情理。李悝不至于连这样起码的常识也会搞颠倒。认为"网"为"囚"字之误的依据是《唐六典》、《唐律疏议》，它们都作"囚"；笔者以为用后出的材料来校正以前的记载，当谨慎为之。其实，《唐六典》日本近卫本则作"网"，反倒可以校订通用本之误。这一点日人小川茂树早在《李悝法经考》一文中作过论证。

又，史有李克者，与李悝是一人，还是二人，说法不一。

李悝的《法经》可视为当时最为系统的法制总结，对后世影响最为直接。《法经》制订于战国初期。毫无疑问，它是吸取了春秋时期制订法律的经验和教训之后创制的，又予战国各国以极大的借鉴；仅就春秋战国数百年而言，它起到了承上启下的历史作用。

（10）秦商鞅"变法令"。

商鞅（公元前390～前338年）受之《法经》以相秦，并改法为律。有称之为"秦法经"。从《睡虎地秦墓竹简·法律答问》所示，尚无法确定所引律文就是"秦法经"；李悝《法经》不存，也无可比照。

商鞅的变法令大多属于"刑书"的内容："孝公初，卫鞅请变法令。令人为什伍而相收（一作牧）司连坐。不告奸者，腰斩；告奸者，与斩敌首同赏；匿奸者，与降敌同罪。人有二男以上不分异者，倍其赋。有军功者，各以律受上爵；为私斗者，各以轻重被刑大小。戮力耕织，致粟帛多者，复其身。事末利及怠而贫者，举以为收孥。宗室非有军功论，不得为属籍。明尊卑爵秩等级各以差次，名田宅臣妾衣服以家次；有功者尊荣，无功者虽富无所芬华"。① 主要是这样几个方面：定连坐法、严惩奸邪、分户、奖励军功、严禁私斗、鼓励耕织、严明爵秩等。

前349年，商鞅又制"为田阡陌令"。《汉书》卷二八《地理志》："孝公用商君，开仟伯〔阡陌〕，东雄诸侯"，张晏注："周制三年一易，以同美恶。商鞅始割列田地，开立阡陌，令民各有常制。"

----

① （唐）杜佑撰：《通典》卷一六三《刑制上》。

　　值得注意的是《史记》本传所载"变法令"，只说"令既具，未布"、"卒下令"、"令行于民"、"秦人皆趋令"等，并不称"律"。

　　（11）秦"为田律"（青川木牍）。

　　1979～1980年出土青川郝家坪木牍，记述了秦武王二年（公元前309年）更修田律一事。"为田律"（或称田律）是农田道路规划的法令。如"为田律"中记载："更修'为田律'：田广一步，袤八，则为畛。亩二畛，　陌道；百亩为顷，一阡道，道广三步。"秦武王时对农田和道路的规划及亩制的改革从中可见一斑。

　　云梦秦简中有"田律"一目，也有"田令"一词。① 青川木牍称"律"，作为重要法律规范的一部分。商鞅曾制"为田阡陌封疆"令，此青川"为田律"可说是在商鞅"为田阡陌令"基础上的发展。

　　（12）秦《法律答问》与魏《户律》、《奔命律》。

　　秦《法律答问》于1975年在湖北云梦睡虎地秦墓出土。秦简《法律答问》中所引用的律文是秦称王前制定的。一般认为《法律答问》可定为秦昭王（公元前306～前251年）至秦始皇之前所制的律。它是一部法律解释的书，而且它很可能是私家的著述。有说：秦自商鞅变法，实行"权制独断于君"，主张由国君制订统一政令和设置官吏统一解释法令。② 此句出于《商君书·修权》。原句为"人主失守则危，君臣释法任私必乱，故立法明分而不以私害法则治。权制断于君则威，民信其赏则事功成，〔不〕信其刑则奸无端"。这里说的"权制（独）断于君"

————————

① 睡虎地秦简《语书》。

② 《睡虎地秦墓竹简》，文物出版社，1978，第150页。

有两点值得斟酌：其一，不能肯定为商鞅变法时的律；其二，原文中"君臣释法任私必乱"一句，释法是放弃法制的意思，"释，犹去也。"与法律解释无关。"（独）断"指的是律的制订，不包括法律解释，不能把独断的"断"理解为解释，任意增加"断"的内涵。除此之外，在《法律答问》中有"廷行事"作参照，以及列出解释中的不同意见。鉴此，笔者更倾向于《法律答问》是非官方解释的观点。①

魏《户律》、《奔命律》（公元前252年）见湖北云梦出土的睡虎地秦墓竹简。《七国考》引桓谭《新论》云："秦、魏二国深文峻法相近。"魏此二律残简出土于秦墓中不无道理。

（13）齐《田法》、《库法》、《市法》。

此三篇为临沂银雀山汉墓所出竹书。裘锡圭先生在《啬夫初探》一文中说：从三篇法的内容来看，它们显然都是战国时代的作品。《田法》有"如此则外无诸侯之患，内无□□之忧"、"什八人作者王"、"什七人作者霸"等语，《库法》有"战国应敌……"、"万乘之国，郭方万里，城方九〔里〕……"等语，《市法》有"王者无市，霸者不成肆，中国利市，小国恃市"、"诸侯财物至则小国富"等语，都是战国人的口气。《田法》讲到授田制度和"三岁而壹更赋田，十岁而民毕易田"的换田制度，还讲到罚生产粮食少的农民为"公人"，给公家服役，以至"黥刑为公人"的规定。这些内容说明其时代不会晚于战国。但是，如果想确定这三篇作品的国别，就缺乏足够的线索了。

裘文初步推测这三篇法是齐国的作品。在注文中，裘先生又说，三篇法也许是三晋的作品。

---

① 参见本书《〈法律答问〉与"秦律说"》一节。

在临沂银雀山汉墓所出竹书《田法》、《库法》、《市法》中，有具体的刑事处断或行政管理方面的规定。如：《田法》中说："卒岁少人三百斗者，黥刑以为公人。"《库法》中有"长斧、连棰、长椎、枋七尺。椎首大十四寸，长尺半。连椎长八寸。"《市法》中有"国市之法，外营方四百步，内宫称之"等规定。

3. 春秋战国时期的其他立法活动

（14）魏《大府之宪》。

见《战国策·魏策四·秦攻管而不下》篇。有云："安陵君曰：'吾先君成侯，受诏襄王以守此地也，手受《大府之宪》。宪之上篇曰：子弑父，臣弑君，有常刑不赦。国虽大赦，降城亡子不得与焉。'"《通鉴》："手授大府之宪"，胡注："大府，魏国藏图籍之府。宪，法也"。[1]

魏襄王在位的时间是：公元前318至公元前296年。沈家本认为：高诱注以襄王为赵襄子，计其年在李悝之前，是魏国本有法令之书，不自悝始。[2] 史学界还有另外一种说法，认为：鲍注谓此当秦昭王时；秦昭王在位的时间是公元前306至公元前251年。吴师道正之曰："时不可考"。[3] 我们以为，从上篇所示的内容看，子弑父，臣弑君一类的事多发生于战国之前，不赦降人这一点又明显与商鞅"赦用降人"不同，魏《大府之宪》可能早于商鞅变法；沈氏的推断当可成立。

（15）韩申不害《刑符》。

韩国有《刑符》，[4]《韩非子·定分》上说："申不害，韩昭

---

① （宋）司马光撰、（元）胡三省音注：《资治通鉴》卷六《秦纪一》，中华书局，1987。
② （清）沈家本撰：《历代刑法考》第2册，《律令一》，中华书局，1985，第842页。
③ 参见《战国策考辨》。缪文远：《战国制度通考》引《周季编略》卷八称，黄式三曰："安陵本魏地，魏相以封其弟。"也认为是指魏之法令。
④ 有说见《孟子》刘瑾注。

侯之佐也。韩者，晋之别国也。晋之故法未息，而韩之新法又生；先君之令未收，而后君之令又下。"

韩昭侯自公元前 362 年至公元前 333 年在位。

符，《说文》云："信也，汉制以竹长六寸，分而相合"，是传达命令的凭信。如《秦简·法律答问》："诣符传于吏是谓'布吏'"。符，古代也指一种下行的公文，如《商君书·定分》上说："诸官吏及民有问法令之所谓也于主法令之吏，皆各以其故所欲问之法令明告之。各为尺六寸之符，明书年、月、日、时、所问法令之名，以告吏民"。从"符"字的本义而言，"刑符"之名有指下行公文的可能性。

（16）楚屈原"宪令"。

《史记》卷八四《屈原列传》："怀王使屈原造为宪令，屈平属草稿未定。上官大夫见而欲夺之，屈平不与，因谗之曰：'王使屈平为令，众莫不知，每一令出，平伐其功，以为非我莫能为也。'王怒而疏屈平。"

"宪令"可以理解为法令，一般的行政法规；不是确指。如《韩非子·定分》上说："法者，宪令著于官府，刑罚必于民心"。"宪令"二字，在《史记》中华书局本上未加书名号，这表明今天的史学家也不认为"宪令"是楚国的刑书名。

文中又说"每一令出"，"令"是律令的"令"还是命令、号令的"令"？

《屈原列传》中说："（屈原）入则与王图议国事，以出号令。"明确是下发的号令。而且，此一令出的"令"相对说来是公开的，即所谓的"众莫不知"。"令"是一条一条发布的，一旦发布又能较快地收到成效，也就是《屈原列传》中说的"伐其功"。这样三点与刑书的特点显然不合。

楚怀王在位的时间是：公元前 328 至公元前 299 年。

（17）楚"鸡次之典"。

《战国策·楚策一》："（蒙谷）遂入大宫，负鸡次之典以浮于江，逃于云梦之中。昭王反郢，五官失法，百姓昏乱。蒙谷献典，五官得法而百姓大治。"鲍本云：楚国法也。"鸡"一作"离"，是所以治离局者。"是时典守者皆离其局，故负其典以逃。"离局，擅离职守的意思；鸡次之典就是这一方面的法规。从"五官得法"看，鸡次之典可能是包括官吏不能擅离职守在内的行政管理方面的法律规范。

（18）燕国之法。

《汉书》应劭注，不明所指。今中华书局本《汉书》应劭注中无法找到这一内容。堀毅可能另有所据。一说燕有《奉法》。

（19）赵制"国律"。

见《玉海》卷六五，注引张斐《律序》云。

《韩非子·饰邪》："当赵之方明国律，从大军之时，人众兵强，辟地燕赵；及国律慢，用者弱，而国日削矣。"此"国律"泛指国家法令。

有人认为"饰邪"篇非韩非之作；即或是，必成于晚年。[①]

（20）齐"宪令"。

见《管子·立政》，有云："正月之朔，百吏在朝，君乃出令布宪于国；五乡之师，五属大夫，皆受宪于太史"，"宪既布，有不行宪者，谓之不从令，罪死不赦。"

上引用的只是"首宪"中的一段，其校正有云："（首宪）岁朝之宪"，"宪，谓月朝之宪"，"宪所以察时令，籍所以视功

---

① 见《伪书通考》。

过"。由此看来，这里的"宪"、"宪令"属于朝仪、考官等礼仪或行政管理一类，与刑法意义上的"宪"或"宪令"有些差别，充其量属礼制或某些行政法规。

4. 东周之外的有关立法活动

（21）晋"戎索"与鲁、卫"周索"。

《左传》卷五四《定公四年》上记载："（晋灵公使子鱼会盟）子鱼辞曰：臣展四体，以率旧职，犹惧不给而烦刑书，若又共二，徼大罪也"，"（子鱼云）命以《唐诰》，而封于夏虚，启以夏政，疆以戎索。"杜预注："索，法也"，"大原近戎而寒，不与中国同，故自以戎法。"

《方言》卷三："廋，隐也"，郭璞注："谓隐匿也。音搜，索也。"廋，通"蒐"，指搜索隐匿。《尔雅·释天第八》："春猎为蒐"，注云"索不孕者。"《玉篇》索部："索，法度也。"今《词源》在"索"字下无"法也"、"法度也"这一义项。有鉴于此，理当列入。上引《左传》卷五四《定公四年》的一段文字后，孔颖达疏云："索之为法，相传训耳。"是流传下来的一种解释，其言外之意对作"法"解有所保留。

鲁、卫"周索"，见《左传》卷五四《定公四年》云："（子鱼云）皆启以商政，疆以周索"，杜预注："皆，鲁、卫也。启，开也，居殷故地，因其风俗，开用其政。疆理土地以周法。索，法也。"

定公四年，即公元前506年。但是，晋"戎索"、鲁、卫"周索"的制定要早得多。

（22）周"国法"、"国令"。

《周礼》卷二六《春官·内史》："（内史）执国法及国令之贰以考政事"，"（御史）掌邦国都鄙及万民之治令，以赞冢宰，凡治者受法令焉"，沈家本有按语称："此周有令之证"。① 其实，这是泛指。这里所说的"周"，其时间跨度较大，所指的"法"、"令"又未免宽泛。

（23）齐"七法"。

有称齐制"七法"，但未见根据。估计依据的是《管子》的"七法"篇。但是，管子所谓的"七法"是指治军原则的七个方面，即则、象、法、比、决塞、心术和计数。这里的"法"作规范解，不能看成是立法活动，更不是刑书的制订。

（三）东周刑书的特点

上面我们粗略地考察了东周各国刑书的大致面貌和相关问题，介绍了当时各国制定刑书的时代背景，为此，概括出它们总体上的特点有如下几个方面。

1. 对立法乃至刑书的重视是时代的必然

刑书是古代刑法的载体。在本文的开头，我们举例说过东周时期各诸侯国都有立法、制作刑书的活动，如《汉书》卷二三《刑法志》上说，齐桓公任用管仲，"作内政而寓军令焉"；晋文作"被庐之法"；战国时"吴有孙武，齐有孙膑，魏有吴起，秦有商鞅，皆禽敌立胜，垂著篇籍"等等。春秋战国时期是一个社会激烈变动和社会形态的转型时期，势必会引起对"法"的功能的思考。

考察西周乃至春秋时期各国的立法活动及刑书的制订，最初大多与治军、军法密切相关。周文王之法曰："有亡荒阅"。注

---

① （清）沈家本撰：《历代刑法考》，中华书局，1985，第834页。

云：“荒，大也；阅，蒐也。有亡人当大蒐其众。”春秋时期楚的“仆区之法”、晋的“被庐之法”、晋“夷蒐之法”等与之一脉相通，与当时诸侯争霸的形势有直接联系。立法为了治军；治军、战争又推动了立法。由此可见，战争是东周各国立法活动的推动力。①

铸鼎与冶铁业的发展直接有关。铁制工具的使用极大地提高了劳动生产力。劳动生产力的提高，促使土地分配制度的改革，与之相应的法律规范随之出台，是时势所使然。各国的统治者为了维护其既得利益，又岂能逆潮流而动？郑子产是这样，晋赵鞅铸刑鼎也是这样。法律公开化的论争就此激烈展开。

另外，当时出现了各种不同的思想和学说，百家争鸣的学术空气促进了“法”思想的广泛宣传，魏文侯以李悝为师就是最有代表性的一例。

2. 法与礼的思想在变化消长中，礼与法的融合是中华法系的显著特点之一

晋楚城濮大战前，晋文公在“被庐”检阅军队，设置官司的职权和秩禄，“示民以礼”，完全是出于“礼”。问题是“礼”在“弑君三十六，亡国五十二，诸侯奔走不得保其社稷者，不可胜数”②的情况下，已显得无能为力了。叔向与子产、孔子与赵鞅的论争表明：贵族等级、宗法观念的维护者在“法”的面前显得理屈词穷，疲于招架。

春秋战国时期的“法”逐步占居了主导地位；但也不排除

---

① 例如，《公羊传》卷二二《昭公四年》上说：“秋，蒐于红。蒐者何？简车徒也。”《桓公六年》注云：“比年，简徒谓之蒐；三年，简车谓之大阅；五年，大简车徒谓之大蒐。”都是诸侯国加强武备，进行有计划军事活动的记载。

② 《史记》卷一三〇《太史公自序》。

"礼"的根深蒂固的广泛影响；礼与法的融合是当时思想的大势。尽管当时的思想家们都有所侧重的在宣扬自己的思想和学说，但是都无法逃避"法"与"礼"的交锋，直至渗透、融合。

《尚书·大禹谟》上说："刑期于无刑，民协其中。"制刑是为了去刑，这种认识是很深刻的；《周礼》卷二《天官·大宰》上说："五曰刑典，以诘邦国，以刑百官，以纠万民。"充分揭示了制刑的巨大功能。但是，这种"法"思想受到阻遏。

秦"繁刑严诛，吏治刻深，赏罚不当，赋敛无度，天下多事"以至于亡。秦亡被视为"法"治的结果，以至于汉董仲舒"春秋决狱"以降，封建"礼"制又始终如一的处于崇高地位。即使如此，礼与法的融合应该说仍然是我国封建时代统治者治政的基本。

3. 东周刑书从单行向综合发展

以秦为例。在春秋之初，秦文公二十年（公元前746年）秦国采用了西戎的"三族法"，秦武公三年（公元前695年）"诛三父等而夷三族"。[①] 当时的秦国在刑法的采用上相当落后和野蛮，而且是单一的。即使是《周礼》上说的"五刑"，后人对它作了解释，也还属于单行的条规性质。商鞅所制订的法律今天虽然无法得见全貌，但就据上文所引"变法令"而言，就足见它所包含的内容要比《法经》"六法"广泛得多。再看秦简《法律答问》，其中包含有贼盗、钱粮（第32简）、捕亡、受赃、诬告（第38、39简）、造谣惑众、伪造官印、官吏失职、盗徙封、关津（第65简）擅杀、斗殴、不孝（第102简）、纵囚、告诉（第95、100简）、职制（第144简）、借贷（第148简）、仓库

① 《史记》卷五《秦本纪》。

（第 149 简）、田赋（第 157 简）、徭役、匿户、婚姻（第 166、169 简）等，不一而足。正因为上述内容中既有刑事方面的内容，又有民事方面的法律规范或规章制度，因此，秦律诸法合体，民刑不分的特点是鲜明的。秦律中民事方面的法律规范或规章制度也是对《法经》"杂法"的极大丰富，表明法律对时势激烈变动的适应以至于到了"杂法"无法包容的时候，《汉律》中的"兴律"、"厩律"、"户律"也就必然地要剥离出来，这是法律自身发展的规律决定的。事实上，在秦律中已见端倪。

4. 东周刑书完成了从习惯法向成文法的转化

如《周礼》卷三六《秋官·司刑》注引《尚书大传》云："决关梁、逾城郭而略盗者，其刑膑；男女不以义交者，其刑宫；触易君命，革舆服制度，奸轨盗攘伤人者，其刑劓；非事而事之，出入不以道义而诵不详之辞者，其刑墨；降畔寇贼，劫略夺攘挢虔者，其刑死"。① 可见当时刑制大体。西周时有"九刑"。但是，"九刑"是"临时置刑，不豫设法"。② "《春秋传》曰'在九刑不忘，然则刑书之作久矣。盖藏于官府，惧人知争端，而轻于犯"。③ 即使是在"铸刑鼎"的当时，以叔向为代表的旧贵族还依然故我，用习惯法断案。如：昭公十四年（公元前 528 年）"（晋）邢侯与雍子争田，雍子纳其女于叔鱼以求直。"一事，叔向就这样说过："先王议事以制，不为刑辟"。④ 也就是说，以往断狱都是借托古事，随事而议的。言下之意我也是随事而议，不为刑辟。韩宣子问叔向该如何处断这个案子时，

---

① 引文中"触"字杨树达说承上。见《积微居小学金石论丛》卷五。
② 《左传》卷四三《昭公六年》杜预注。
③ 《隋书》卷三二《经籍志》。
④ 《国语·晋语》。

叔向回答："《夏书》曰，'昏、墨、贼、杀'，皋陶之刑也，请从之"。① 于是就处死了邢侯，还把雍子、叔鱼的尸体暴于市。处刑随事而议，而且不公开。

子产"铸刑书"、赵鞅"铸刑鼎"遭到了叔向、孔子的反对。叔向说"权移于法，故民不畏上。"正义："刑不可知，威不可测，则民畏上也。今制法以定之，勒鼎以示之。民知，在上不敢越法以罪己；又不能曲法以施恩，则权柄移于法，故民皆不畏上。"孔子说："贵贱无序，何以为国？"正义："贵者断狱不敢加增，犯罪者取验于书，更复何以尊贵？威权在鼎，民不忌上，贵复何业之守？"春秋时期封建地主阶级要求打破旧贵族的立法特权和司法垄断，争取贵贱不易、尊卑不侵的法律条文公开化，让官民知晓法律。以至于其后的郑国邓析制订《竹刑》，并为之献出了生命。

战国时期顺应急剧的社会变革，成文法典的制订成了历史的必然。

---

① 《左传》卷四七《昭公十四年》。

二十　"秦令"考

"令"是一种基本的法律形式。在秦，"秦令"的是否存在，一直是个悬而未决的问题。本文就"令"与"诏令"、"令"与"秦律"的关系以及它的补律功能等角度作些初步的探索，试图给"秦令"有一个比较明确的说法。

（一）从"令"说起

我们还得先从"令"字说起。

众所周知，"令"是个多义词，有号令的令，有政令的令，有法令的令，有律令的令，有诏令的令等等，不胜枚举。但它的最基本的词义则是发布命令，许慎《说文》上说："令，发号也。"《尔雅·释诂第一》邢昺疏："令，发号以告也。"在春秋战国时期，各国诸侯争霸，攻城略地，战争频繁，"令"常用作命令，发号施令；或特指君王发布的命令，君命至高无上。这是最常见的用法。

"令者，人主之大宝也"。① 君王用以发号施令的"令"，就是

----
① 《管子》卷六《法法》。

权力至高的体现，也可以说它相当于诏令的"令"。《管子》上说："法者，所以兴功惧暴也；律者，所以定分止争也；令者，所以令人知事也。法律政令，吏民规矩绳墨也"。① 在这里，法、律、令三者并列用在一起，都有约束、规范吏民行为的作用，但它们各有侧重，令侧重在"令人知事"，使人服从，而且与"政"相提并论，显然，它与"令者，人主之大宝也"句中的令表示同样意义，与"法"和"律"有所区别。《周礼》上说："犯令陵政则杜之"，"令"与"政"相并举。《周礼》上又说："凡民同货财者，令以国法行之，犯令者刑罚之"。② "令"凌驾在国法之上，"令"的实施以及违犯行为，这都得用"法"和"律"加以处理。显然它们都是靠人君发布的文书，这里的"令"与诏令几近。

至于"令"能作律令的"令"讲，那是指它的引申义。《说文》"令"字条下段注："使者，令也，义相转注。引伸为律令，为时令。"

(二) "令"与诏令

这里，我们还得要解决"诏"与"令"的关系问题。"诏书"，是古时上级给下级发布的命令文告，秦汉以后，专指帝王发布的文告。或称"诏令"、"诏制"、"制"，有时也直接称作"令"；但是，从法律的形式而言，诏令意义上的"令"与律令意义上的"令"是有所区别的。区别的关键在于"天子诏所增损，不在律上者为令"③ 和"前主所是著为律，后主所是疏为

① 《管子》卷十七《七臣七主》。
② 分别见《周礼》卷二九《夏官·大司马》和《周礼》卷三五《秋官·朝士》。
③ 《汉书》卷八《宣帝纪》文颖注。中华书局，1983，第253页。

令。"这两句话。① 两句话，它有这样几层意思：其一，"诏"成为"令"有一个"增损"即修正的过程。其二，律与令的内容不相重复。其三，"令"作为国家法令下达，皇帝是名义上的决策者；只是名义上，实际上"令"与"律"具有同样的法律功能；当然"令"的颁行有更多的灵便性。其四，由"后主"颁布"令"，包含有补充之意；相对律而言，更具有适时性。后代在这些问题上分得较为清楚，例如唐代的"诏令"与"令"分开，传世有《唐大诏令集》，另有作为法律规范的"令"，日人仁井田升就整理有《唐令拾遗》一书。明代的"律"、"例"中也有少量的"诏敕"，是经删改增饰过的，是"律"或"例"，而不再是诏令意义上的"令"，除明初的《大明令》外不再制"令"，另制"例"以代之。

（三）"令"作为法律规范的一种基本形式起于何时

"令"作为法律规范的一种基本形式，起于何时？回答有许多种，说法也有许多不同：一说秦汉时有诏令文告，要到曹魏以后，"令"才作为法典与律并行；一说则认为要到隋唐时期"令"遂正式成为基本的法律形式；② 还有另外一种说法认为"令"的起源是很早的，其依据是秦墓竹简《语书》："十分清楚，秦法有律有令。令的起源，据郡守腾的口气，不是在他发布文书的秦始皇二十年，时间还要早一些。律令都是秦律的内容。

---

① 《史记》卷一二二《杜周传》。
② 分别见《中国学术名著提要》（政治法律卷）第348页和《中国法律史论》第87页。他们将"诏令文告"看作是"令"的全部，都以是否汇编成法律文件（"法典"或"基本的法律形式"）为立论的依据。

两者的区别，从产生时间来说，律在前，令在后。就内容而论，令是补'律未足'"。①

前两种说法因为不是专题讨论这个问题，未有论证。其实，汉代自萧何"捃摭秦法"制订"九章律"始，汉代在制定"律"之外，还制订有"令"。皇帝在"律"之外颁布文告，对"律"加以修正或补充；或者说对皇帝已颁布的诏书加以修改，或增或删以成相对稳定的法令条文。这就是"天子诏所增损，不在律上者为令"。"令"按颁发时间的先后，有"令甲"、"令乙"、"令丙"，正如《贾子》所云："等齐天子之言曰令，令甲、令乙是也。"今天我们幸运见到的汉简《二年律令·津关令》就是最好的实物例证。②

既然汉承秦制，那么回视秦代，秦是否在制定"秦律"之外，也已经制订有"秦令"？

《史记》上说："命为制，令为诏"，《史记》上又说："明法度，定律令，皆以始皇起。同书文。"唐张守节《正义》云："六国制令不同，今令同之"。③ 这里的制令就是制诏的意思，"令"指的是秦；秦统一了六国，诏令的发布自然也就同一了。那么，在秦代，"令"是否能表示狭义的"法令"之意，即律令意义上的"令"？换句话说，也就是从法律的基本形式而言，秦王有没有完成从诏令意义上的"令"向律令意义上的"令"的转化。诏令的法律化是否自秦王始？

看秦墓竹简《法律答问》。《法律答问》第 123 款有云："何

① 吴树平：《云梦秦简所反映的秦代社会阶级状况》，载《云梦秦简研究》，中华书局，1981。

② 《张家山汉墓竹简》[247 号墓]。文物出版社，2001，第 205~210 页。

③ 分别见《史记》卷六《秦始皇本纪》和《史记》卷八七《李斯列传》。

如为犯令、废令？律所谓者，令曰勿为，而为之，是谓犯令；令曰为之，弗为，是谓废令也。廷行事皆以犯令论。"规定不要做的事，做了，称为犯令；规定要做的事，不去做，称为废令。其实，这里的"犯令"与上文第一节中所引《周礼》："犯令陵政则杀之"，"凡民同货财者，令以国法行之，犯令者刑罚之。"句中的"犯令"是同义的，与云梦龙岗秦简"田不从令者，论之如律"句中的"不从令"也是同义的。显然它们都表示君王发布的文告，这里的"令"与诏令或王命同义。我们之所以这么认为，是因为条文中有"律所谓者"这四个字，这四个字表明条文中所说的"令"与秦律之间是一种主从关系，"令"可以凌驾于"律"之上；能凌驾于"律"之上的命令，唯独王命或"诏令"。

再看秦墓竹简《语书》中的"令"。此文告颁布于始皇二十年（公元前 227 年），晚于《法律答问》。《语书》中说："故腾为是而修法律令、田令以及为间私方而下之，令吏明布"，"法律未足，民多诈巧，故后有间令下者"，①"今且令人案行之，举劾不从令者，致以律。"这里引了三句话，这三句话很重要。第一句中有"法律令"、"田令"的提法，"法律令"与上文所引的《管子》"法律政令，吏民规矩绳墨也"句义相近；"田令"在秦墓竹简中仅此一见。对所制法律的命令、对有关土地管理方面的法令进行整理公布。第二句尽管是对干扰法令行为的指责，

---

① 间私，就是奸私；为间者，就是为奸者。间，与奸相通用。这里下的是为惩办有"奸私"行为者的法令。正因为上文有"间令"下者，所以下文有"为间私方"下之。因此，我主张，"间令"的间就是"为间私方"的间，间与"奸"字相通，上下文且相应。间令，就是奸私的法令。它是承接"古者"、"圣王作法"来说的，由于法律不够完备，百姓中多诡诈取巧，所以后来颁发有奸私的法令。奸令，见《韩非子·定法》："赏存乎慎法，而罚加乎奸令者也。"

但是从"令"能补律之不足这一点来说，秦人似乎对此已经有所认识。第三句中的"不从令者"指不服从法令的人，对这样的人，就要"致以律"；从这一点看违令这种的违法犯罪行为，与上文所引《周礼》"犯令者刑罚之"句句义是相通的。"令"起着补律行之不足的功能。但是要指出的是：腾的"修令"是对令的整理而不是制订，《说文》云："修，饰也。"《广雅》卷三下《释诂》云："修，治也"，地方长官有整理、抄存律令之职，却无权制订"令"。从"令"与诏令之间的密切关系和"令"所具有的权威性决定它不可能由郡守等地方官吏来制订。

上面所提到的"令"，是不是律令意义上的"令"？是不是与汉代"天子诏所增损，不在律上者为令"有相同的指称？尽管《史记》卷八七《李斯列传》说："明法度，定律令，皆以始皇起。同书文。"按照太史公的说法，"定律令"表明在始皇时期"令"跟"律"已经成为自能独立制作的基本法律形式了。但是我们还不能据此作出肯定的结论。因为《史记》是汉代人的著作，不自觉地将汉代人的看法流露在史学著作中这是很自然的事。显然这里合称"律令"，"令"与"律"相并提，与上面《语书》中提到的"法律令"、"法律政令"是一样的。说"定律令"只是概而言之而已。我们仍只能这样说：秦王已逐步完成从诏令意义上的"令"向律令意义上的"令"的转化，或者说"令"逐步从诏令中剥离出来；诏令的律令化进程可以说自秦王始。

（四）"秦令"在诏令的律令化进程中

在汉代，按不同的法律适用，制订有"田令"、"戍卒令"、

"水令"、"公令"、"功令"、"养老令"等。《二年律令》中的"津关令"也是。

下面，以《二年律令》"津关令"第十三则为例，看一看它的面貌：

> 十三、相国上内史书言，诸以传出入津关而行□子□未
> 盈一岁，与其母偕者，津关谨案实籍书出入。？御史以闻，
> 制曰：可。

这是关于管理津渡关塞方面的法令。适时而具体。"传"是当时出入津关的凭证。"凡传皆以木为之，长五寸，书符信于上，又以一板封之，皆封以御史印章，所以为信也。如今之过所也。"① 对于未满一岁的小孩出入津关怎样处理？按照实际情况写明就可以了。

这一条"令"原来是由相国上奏的，最后还写上了它得到皇帝的允准。从形式上看，在 23 则"津关令"中，大都有"御史言"、"制诏御史"、"相国上"、"相国议"、"丞相上"等起首语，最后有"制曰可"字样作结。从形式上看，就足以表明汉"令"与"诏令"的千丝万缕的联系。即使在已经明确颁发为"令"的法律文件的时候，在"令"的条文中还依然保留着原来诏书的痕迹。②

---

① 《古今注》下《问答释义》。

② 《文物》1993 第 10 期，第 39 页。值得注意的是：1989 年甘肃武威旱滩坡出土汉简 17 枚，简文中有"御史挈令"、"兰台挈令"等。结合古文献考证，可以认为："挈令之实质当为中央有关机构根据需要从国家法令中提起与自己有关的部分，以地域命名的挈令则是根据地域提起。国家法令是以皇帝的名义制诏签发的，各部门仅是编录而已，故曰挈令。"由此可见，"御史挈令"、"兰台挈令"等令名又只是以发布者或发布地域为名称，并不是法令意义上的"令"。

战国时期，楚屈原大夫造为"宪令"，此宪令可理解为诏令、政令，甚或宽泛意义上的法令，而非法律，非律令之令。①《韩非子》上说："先君之令未收，后君之令又下"，"令者，言最贵者也"。② 都是指人君或帝王对臣民发布的命令，即诏令。

秦国也不例外。青川郝家坪出土的木牍秦更修"为田律"，是秦武王二年（公元前 309 年）作为王命而发布的，这是诏令的雏形，也显示出"令"嬗变的初始状态。秦墓竹简中有"田令"的名称，可惜却并没有留下"田令"的具体条文；但既然有"田令"之名，也就表明秦王曾发布过有关土地管理方面的政策法规。秦墓竹简中有"田律"，是关于农业生产和田猎方面的法律规定。"田令"之名虽与其重复，内容上自是有新的调整或补充，否则就没有另立"田令"的必要了。

竹简中的"田令"会是以怎样的一种形式出现呢？依据汉令形式的推测，它很可能就跟《二年律令》中"津关令"的形式大同小异，或许其中还包含有更多的诏制成分。

银雀山竹简中有"守令"，又有"守法"，都与兵备有关；而且有"田法"，但是不称"令"，没有"田令"之名。汉律中"田律"、"田令"的名目都有，只是汉律中的"田令"也不详其实。其他有关重农抑商或发布有关土地管理方面的政策法规都未明确为"田令"，如《后汉书》卷七六《秦彭传》中记载：山阳太守秦彭拟了"稻田三品条式"，"彭乃上书，宜令天下齐同其制。诏书以其所立条式班令三府，并下州郡。"对此，沈家

---

① 有些法制史教科书上将楚屈原大夫造为"宪令"的事看成是楚国的制律活动，笔者以为证据不足。
② 分别见《韩非子》卷一七《定法》和《韩非子》卷一七《问辨》。

本将它列入"田令"范畴，他说："诏令班下州县，即与令无异"。① 但他只是说无异，并不肯定作《田令》看。沈家本认为，汉令当在律中。"《田令》则《田律》中之令也"。② 这一说法是很有见地的。汉令如此，"秦令"更是如此。

（五）再说令的起源及其补律功能

按照本文第（三）部分提到的后一说法，认为令的起源是很早的；不仅很早，而且又要在"律"产生之后；因为其功能在于补充律之不足。其实，令的起源有个渐进的过程。当然这里是确指律令意义上的"令"的起源。1929年在洛阳马坡出土的青铜器《令方彝》，我们不认为它就是早期（或昭王或成王）制定的"令"的法律形式，而只能说《令方彝》的出现表明："令"的产生孕育在王命中。

探讨令的起源至少与这样三个因素有关：

1. 与军令有关

军令虽然不全同于军法，但是军令的主要特点在于绝对的服从；军令则是军法的一部分。如银雀山汉墓出土的齐《守法、守令十三篇》中的"守令"、"兵令"就是实证。

2. 与诏令有关

上文中所引《管子·法法》、《周礼》卷二九《夏官·大司马》中的文字可以说明。有说秦始皇接受了李斯提出的改皇帝之"命"为"制"、改"令"为"诏"的建议，也就是上文所引《史记》卷六《秦始皇本记》上说的："命为制，令为诏"

---

① （清）沈家本撰：《历代刑法考》第3册，《汉律摭遗》卷一八，中华书局，1985，第1707页。
② （清）沈家本撰：《历代刑法考》第3册，《汉律摭遗》卷一，中华书局，1985，第1380页。

那句话。把这句话说成是修改的建议，恐怕是不确的。

3. 与政令有关

商鞅变法之初公布的"垦草令"等就是。"令行于民期年，秦民之国都言初令之不便者以千数"。[①] 从发布开垦荒地的政令到形成法律条文得有个过程，无论是黎民百姓，还是执政者，都得要解决好一个适应与应变的问题。《商君书》中还有"靳令"一篇，"靳令"犹如郡守腾的"修令"。靳，饬也，整肃法令。

鉴于以上二点，说令的起源是很早的，这是事实，但是一概而论"律在前，令在后"和补律之不足与起源很早的说法就产生了矛盾。"律在前，令在后"的惯常说法可能受"前主所是著为律，后主所是疏为令"的影响。

在前面我们说过秦"令"起着补律行之不足的功能，但是并不是说在"令"形成之初就出于这一目的。[②] 事实恰恰相反，因为"令"处在王命或诏制形式的时期，它凌驾于一切之上，也包括法律在内，它无须考虑补律之不足。法律形式的发展变化也不以人的意志为转移，"令"一旦从王命或诏令形式中剥离开来，它补律之不足的功能也就自然而然地被凸显了出来。

（六）结语

总括上面说的，秦王时期已逐步完成从诏令意义上的"令"向律令意义上的"令"的转化，或者说"令"逐步从诏令中剥离出来；诏令的律令化进程自秦王始。"令"补"律"之不足的功能也已显露。

---

① 《史记》卷六八《商君列传》。
② （清）沈家本撰：《历代刑法考》，中华书局，1985，第834页。

二十一 关于"田律"若干问题的再探讨

1979 年在四川青川郝家坪出土木牍二件。其中一件为秦更修"为田律"（有称"田律"），计 121 字。今据发掘简报移录如下：

> 二年十一月己酉朔朔日，王命丞相戊（茂）、内史匽，□□更修为田律：田广一步，袤八则为畛。亩二畛，一百（陌）道。百亩为顷，一千（阡）道，道广三步。封，高四尺，大称其高。埒（埒），高尺，下厚二尺。以秋八月，修封埒（埒），正疆畔，及登千（阡）百（陌）之大草。九月，大除道及除浍（浍）。十月为桥，修陂堤，利津□。鲜草，（虽）非除道之时，而有陷败不可行，相为之□□。
>
> 背面四行，共 33 字：
>
> 四年十二月不除道者：
>
> □一日，□一日，辛一日，
>
> 壬一日，亥一日，辰一日，
>
> 戊一日，□一日。

此木牍发表之后引起学术界的广泛关注，因为它可能与先秦田制有关，特别与井田制可能有关，所以发表了为数不少的关于更修"为田律"的文章。① 除在释读方面作了补订之外，② 学术界一致的意见认为：此木牍为秦武王二年（公元前 309 年）所更定的"为田律"，抄写于武王四年。戊（茂）即甘茂。"为田律"的主要内容是：规整田亩。规整田亩的目的一是保护农田生产，一是加强田间管理，再有就是采取措施整顿道路交通。

今再读更修"为田律"，尚有若干问题，需要提出来向知者请教。

（一）"田律"的内容问题

"田律"，一般都把它理解为有关农田生产方面的法律；不过，秦汉律中"田律"的"田"，究竟是指农田生产还是指田猎，或者二者兼而有之？因为《周礼》卷三五《秋官·士师》"五禁"有注云："野有田律。"这里指的就是狩猎之律，并不是农田生产方面的法律。沈家本在《汉律摭遗》中加按语也这样说："'田律'谓田猎之律，非田亩之事也。观后所引军礼，郑注大司马云犯田法之罚，彼所言者，蒐田之法也。"沈氏当时没有见到有关出土文献资料，仅从《周礼》中勾稽出"无干车无自后射"一句，据贾疏"以为汉'田律'者"。③ 程树德《汉律

---

① 《文物》1982 年第 1 期发表四川青川县战国墓发掘报告《青川县出土秦更修田律木牍》等。在发掘报告中称："牍文似属追述记事性质，叙述了新令颁行的时间及过程。大意是：更修田律，律令内容，修改封疆，修道治洦，筑堤修桥，疏通河道等六件大事。"

② 释读方面的补订，如：在更修为田律之前二字为"民臂"；及登的"登"为"芟"字；及除洦（洦）为"及口险"；鲜草口（虽）为"鲜草离"；相为之口口为"辄为之"。不过对"更修为田律"前之二缺字，有释作"民愿"，有释作"取臂（臂）"，有释作"民臂"。"利津"之下一缺字，有作"口（梁）"，李零释作"口（岸）"；"相为之口口"释作"辄为之"。

③ （清）沈家本撰：《历代刑法考》第 3 册，《汉律摭遗》卷一、卷一八，中华书局，1987，第 1380、1717 页。

考》同样据此列"田律"一目。以上数家把汉律中的"田律"完全看成是田猎之律。

睡虎地秦简《秦律十八种》上有"田律"一目，原简上均写有"田律"二字。秦简整理小组作注时留有了余地，说："这里简文的田律，主要是关于农田生产的律文。"特地加上了"主要"二字，言外之意是秦"田律"简内除农田生产还有其他的内容。这其他的内容是指什么？注释中没有明确说，但提到了汉田律，说"（汉田律）其内容是关于田猎的规定。"其义隐含有秦田律中次要方面的内容是有关田猎方面的法律规定。

之所以要加上"主要"二字，是有道理的。因为在《秦律十八种》"田律"中也有田猎方面的规定，如"春二月"一条中就有"百姓犬入禁苑中而不追兽及捕兽者……其他禁苑杀者，食其肉而入皮。"的法律规定。禁苑是狩猎的地方，追兽、捕兽当然与狩猎有关。①

上面提到《周礼》注、贾疏、《汉律摭遗》、《汉律考》数家把汉律中的"田律"完全看成是田猎之律，是有些片面的，因为今天我们从张家山汉简《二年》"田律"中看到了并非全是田猎之律文的情况。《二年律令》"田律"共13条，其中主要是关于农田生产和出赋交刍稾税的法律规定。当然，除此而外也有一些田猎方面的禁令，如"春夏毋敢伐材木山林……取产麛卵𣫭；毋杀其绳重者，毋毒鱼。"（第249简）要求对幼鹿和怀孕的野兽加以保护。"诸牛马到所，皆毋敢穿阱……"（第252简）

---

① 1989年在湖北云梦的龙岗城关镇6号墓出土有秦简283枚（据出土登记号），即龙岗秦简，内容是秦代的法律。这些法律行用的时间大约在始皇二十七年（公元前220年）到二世三年（公元前207年）间。制订的时间可能还要早些。龙岗秦律，大部分是关于禁苑方面的法律规定，是称之"禁苑律"还是称之"田律"，尚不可知。

不能随处设陷井和机关伤及牛马等。这两条法律规定在《秦律十八种》的"田律"中也同样存在。[①] 汉承秦制，由此可见一斑。因此可以说，秦汉"田律"中主要的是关于农田生产的法律规定，另外还有田猎方面的内容。

其实，田猎与农田生产可能并不像我们今人想象的那样是截然分开的。汉代有田律，主要的是关于农业生产方面的法律规定，从立法这一侧面，反映了秦汉时期是以农业生产为主要经济手段的时代特征。与此同时，田猎活动也不能排除在他们的经济生活之外。不过，旧说单纯地将"田律"的"田"理解为田猎，恐怕与当时以农业生产为主要的经济活动不符。而新说把"田律"全部看成是关于农田生产的法律规定，也与实际情况不符。我以为，说兼而有之可能相对要符合实际些。

在这里，我们要还要提出的是：青川木牍"为田律"主要的不是田制，也不是农田生产的法律规定，而是有关阡陌道路的管理制度，尽管阡陌道路的管理与田制不无关系。

（二）置"封"的作用问题

封，金文写成 📷、封形，作"丰"（树形）、作"田"或"土"的形状，如植树于土堆的样子。又加"又"形，从手，作植树的形状。在甲骨中，作"📷"形，释作邦，[②] 邦、封原出同一字形，原意是封疆，分封土地建立国家。或封邑田，如《战国策·燕策三》："国之有封疆，犹家之有垣墙。"又如《散氏

盘》记载了矢人舍予散人眉田就井邑田之后，两国的封界重新作了划定，在封土上种植了树木。这指的是封邑。堆聚封土，并植树以为表识。

早些年前曾发现一份秦封宗邑瓦书的铭文。时间是秦惠文王四年（公元前334年），早"为田律"仅20多年。瓦书上说："□以四年冬十壹月癸酉封之，自桑障（郭）之封以东，北到于桑匽之封，一里廿辑"。① 确定了封邑的范围，可以说这是一份"封疆"的最实际的材料。原有"封"的表识在桑障（郭）和桑匽，于秦惠文王四年十一月癸酉日在原封的东、北方一里廿辑处加新的邑界表识，"封"之。毫无疑问，"封"是邑界表识，这与上引《散氏盘》记载有相类似的地方。由此看来，"封"作为封疆、邑界的表识，所"封"无论是食邑还是采地，其由来已久，而且沿袭了相当长的时间。

值得注意的是：惠文王四年封邑瓦书只言"封"，"封"即邑界。但瓦书未言及"阡陌"；未曾言及"阡陌"，并不等于说当时没有"阡陌"，而且我认为既有"封"，接近"封"的地方一定有道路，或许就是现在说的阡道和陌道，否则，作为邑界的"封"就无法表示出它的方位。封邑瓦书之所以未及"阡陌"，只是因为封宗邑的双方都明白"封"即邑界的意思。实际上，邑界即"阡陌"。

上面指的是封邑，甚或称封疆，而"为田律"中的"封"，则具体指田土中的土台，其四周及高均为四尺，它作为田界的一种标志。西周直至战国时期，封疆的"封"与用作田界标志的"封"相仿佛，起着划定疆界或田界、路界的作用，只是体现在

① 《古文字研究》第14辑。

不同的背景和时空之下，在性质上有着很大差别。

既然如此，能不能直接把"封"说成是阡陌？能。其依据是睡虎地秦简《法律答问》中有关对"封"的解释：

> "盗徙封，赎耐。"何如为"封"？"封"即田千佰。顷半（畔）"封"也，且非是？而盗徙之，赎耐，何重也？是，不重。①

"封"即田千佰。把"封"直接解释成阡陌，是会引起质疑的，因为在青川木牍"为田律"中是明确把它们分开来说的，"亩二畛，一百（陌）道。百亩为顷，一千（阡）道，道广三步。"意思是按一定的规制确立陌道和阡道。对阡陌的理解不是以往认为的田间羊肠小道，而是比较宽阔的道路。

对"封即田千佰。顷半（畔）封也"一句的理解，学术界的争论的确存在；其中比较多的主张将"千佰"后的句号删去，认为"'封'即田千佰。顷半（畔）'封'也"句应该连读。这样就能把"千佰顷畔"分解成"千佰畔"和"顷畔"的并列词组。不过，这样的并列词组在我们看来很别扭。即使不论"千、佰"（名词）与"顷"（量词）的并列很勉强，就是它们同时修饰"畔"的这种词组构成在秦简中也是绝无仅有。

其实，封与阡陌的关系是很密切的，阡陌道路有南北、东西的不同走向，阡陌道路又要保持一定的宽度，都由"封"作为坐标和界线。我以为，"封"在这里也起着阡陌的路标、田界作用；从这个意义上说"'封'即田千佰"，"封"为阡陌作标志，

---

① 《睡虎地秦墓竹简》，文物出版社，1978，第178页。

阡陌为"封"作田界，二者相依存。如果我们再回到上面说的邦、封原出自同一字形这一点上来看，邦、封都可以看作是疆界或地界；封即田阡陌也不难理解。

不过，据《周礼》记载，"封"当有"封沟"，《周礼》卷一〇《地官·大司徒》云"制其畿疆而沟封之。"然而，今秦时的田界未及沟。青川木牍《为田律》未说及沟，睡虎地秦简"徙封"更未说及沟。是什么原因？恐怕这就是封疆的"封"与封埒的"封"的不同处；其不同的主要原因，一是自然的地理条件，二是不同的性质所决定。

在1983年12月张家山汉墓出土的《二年律令》中有"田律"一目，其中有与青川郝家坪出土木牍相类的律文，律文如下：

> 田广一步，袤二百卌步，为畛，亩二畛，一佰（陌）道；百亩为顷，十顷一千（阡）道，道广二丈。恒以秋七月除千（阡）佰（陌）之大草；九月大除道□阪险；十月为桥，修波（陂）堤，利津梁。虽非除道之时而有陷败不可行，辄为之。乡部主邑中道，田主田道。道有陷败不可行者，罚其啬夫、吏主者黄金各二两。□□□□□□及□土，罚金二两。

这是在出土简牍中秦汉律律文相对应得最为切合、最能说明其承袭关系的材料了。唯有少数地方不同，如释文，青川木牍中"袤八则"三字在《二年》中作"袤二百四十步"；青川木牍中"道广三步"四字在《二年》作"道广二丈"。计算单位略有不同外，所表示的度量是一样的。

在张家山汉简《二年》未发表之前，学术界对"畛"的理解讨论也不少，经过讨论意见逐步达到一致："畛，谓地畔之径路也。"① 对照上引"田律"中的"田广一步，袤二百四十步，为畛。"可知，也就是宽 1 步，长 240 步，立一畛；每一亩两侧各一畛。

百亩间有一陌道，千亩间有一阡道，纵横交错，构成四通八达的交通网络（并非全是直线）。阡道的宽度是 3 步，陌道的宽度未及（有说 1 步，或 3 步）。3 步，《二年》作 2 丈，以一步6 尺计算，三六一十八，1 丈 8 尺，与 2 丈相近。② 以一尺相当于今 0.23 米计，合 4.6 尺，1.8～2 米。

正如上文解说的那样，是可以把阡陌看作田界的，事实上应该也是这样。阡陌不仅仅是道路，在陌道、阡道边上的田土毫无疑问很自然地成了田土的界线，既然已经有阡陌存在，田土也就没有必要另外再去划出一条田界来。上文提到秦律对"徙封"行为作了法律规范，"徙封"者主要是对陌道、阡道规制的破坏，直接扩张田土、侵占道路，影响交通的畅通，毫无疑问这是一种违法行为。这些也同时说明以往认为"开阡陌"是开裂田界，是对井田制的破坏，是土地私有的表征的说法，有片面性。

---

① 《诗经·周颂·载芟》"徂隰徂畛"句孔疏。又，《说文》："畮，六尺为步，步百为畮，秦田二百四十步为畮。"与"为田律"相对勘，畮为"畛"字之误。

② 关于秦汉尺的长度问题，学术界一直认为是基本相等的。现在从秦之一丈八与汉之二丈而言，差别还是存在的。在拙作《"三尺法"与律令简牍》一文中曾经这样提出：睡虎地秦简上的标准布幅宽度是二尺五，秦简《秦律十八种》"金布律"上说："布袤八尺，幅广二尺五寸。"而到了汉初，《二年律令》中的标准布幅宽度是二尺二，"□市律"上说："贩卖缯布不盈二尺二寸者，没入之。"（第 258 简）在张家山汉简《算数书》中得到证实，"缯幅广廿二寸，袤十寸。"（彭浩：《张家山汉简〈算数书〉注释》）一宽二尺五，一宽二尺二，什么原因？布幅改变了宽度，还是布幅并没有改变而是尺的标准改变了？笔者的意见倾向于后者。现在"为田律"道宽作一丈八，而汉"田律"作二丈；将它跟布幅的二尺二寸和二尺五寸相比，其比率基本相同。也可以证明秦汉尺的标准有所不同，其比率是 0.9 比 1。

（三）汉代有无"封"的问题

如上所述，青川木牍"为田律"中有"封，高四尺，大称其高。"的内容。史籍上能得到印证，如上文所引《周礼》卷一〇《地官·大司徒》中句。又如《墨子·尚贤》："裂地以封之。"然而，两相对照，在《二年》中却未及"封"，把"封，高四尺，大称其高。"一长句话，从原"为田律"的文字中删去了，难道说汉初已经把作为路界、田界标志的"封"给铲除掉了？在《二年》中有"盗侵巷术、谷巷、树巷及垦食之，罚金二两"。（第245简）的法律规定，却丝毫不及"徙封"，可见汉初确实已经把作为路界、田界标志的"封"给铲除了。

"封"是田界的标志，没有了标志，田土的主人难免担心，还可能会引起混乱；现在没有了标志，没有引起担心，也没有引起混乱。是什么原因？是因为有"阡陌"存在；有了阡陌，即使没有"封"，田土的主人也照样明白田界的所在，就像现在农村的宅基地、自留地没有树立石界或什么标志，谁都认错不了。不仅如此，而且从法律上给"阡陌"以保护，更没有必要担心田土会受人侵占。阡陌的存在，"封"逐步并已经失去了实际存在的价值。

从时间上说，《二年》是吕后二年（公元前186年）及其之前施行的法律，与青川郝家坪出土木牍《田律》相距120多年；一是先秦，一是汉初；从地域上看，一在四川青川，一在湖北江陵，相距数百公里。会不会是因为时空的原因而起了变化？问题是时空虽然起了很大变化，但是在《二年》中确实将青川木牍"为田律"所记载的同样一段文字作为"田律"的内容确定了下来。只是将"封"删掉了；与此同时《二年》也把"埒（埒），高尺，下厚二尺。""修封埒（埒），正疆畔"两句被删去了。看来随着"封"的消失，"埒"也消失了。这说明汉初的"封埒"在现实生活中趋于消亡，与实际规划中的田制已没有多大的关系了。

值得注意的是：旧注汉有"封"。《周礼》卷一二《地官·封人》："掌诏王之社壝，为畿封而树之。"郑注云："畿上有封，若今时界矣。"说"封"就跟现在（东汉）的田界一样，为此，孔疏更进一步："云畿上有封，若今时界矣者，汉时界上有封树，故举以言之。"据此认为在汉代也存在以"封"为地界的标志，这一推论影响至今，但是这样的推论缺乏根据。"若今时界"并不说明今时的地界上一定有"封"。这是唐人对"汉时界上有封树"的臆断。比如说，今天划界用石界作为标志，据此就说"若今时界"也是可以的，但是决不会将石界看成"封"。史籍中所引证的"封"多见于先秦史籍，如上引《周礼》外，有《左传》、《国语》、《礼记》，以及《吕氏春秋》等。而汉代历史文献中则少见，《史记》所记唯商君"开阡陌封疆"而已。

"封"在汉时消失的原因可能是多方面的。李学勤先生在《青川郝家坪木牍研究》认一文中认为，由于商鞅变法后实行军功奖田政策，允许土地买卖，所以到秦昭王时土地兼并，富者田连阡陌，他们的土地内部往往只有阡陌而无封埒。在他看来，不仅汉代没有封埒，而且早在秦昭王时封埒就已经消失了。①

我们注意到汉代"封疆"的范围在日益扩大，出现了"提封"现象。如《汉书》卷二八《地理志》："提封田一万万四千

---

① 《李学勤集》，黑龙江教育出版社，1989，第274页。

四百一十三万六千四百五顷"，师古注："提封者，大举其封疆也。"提封，是指封疆界内的总数。"提封"的封就是地界的标志。《汉书》卷二四《食货志》上曾提到过李悝尽地力"提封九万顷"，则无法可比。在张家山汉简《算数书》的"里田"题下就有"直（置）提封以此为之。"一句。由此看来，"封"在更大的田土范围内依然存在。"《算数书》的成书年代极可能在秦代，即公元前三世纪后段，秦统一中国前不久"。① 如此说来，"封"在秦汉间消失，而更大范围内的"提封"却在日益膨胀。

从总的趋势上看，阡陌已成为实际上的田界，"封"在秦汉间逐渐消失，失去了实际存在的必要。

（四）对啬夫、吏主失职的处罚问题

对啬夫、吏主失职的处罚未能见于青川木牍中；秦律着眼于对"徙封"的惩罚，保护田界和道路，《答问》规定"盗徙封，赎耐"；而汉初《二年》则着眼于对啬夫、吏主失职的处罚，着眼于对主管部门责任的追究。这种对管理者的惩处条文，是对田制、道路管理制度的加强，更是对私有土地以及农业劳动者权利的保护。显然，这种法制的逐步确立和加强经历了这样一个渐进而漫长的过程。同时，我们从中也看到立法者认识上的升华：从王命，到惩罚犯罪，再到对行政责任的追究，从而达到加强中央集权统治的目的。

首先，明确责任对象和职责范围："乡部主邑中道，田主田道"。邑中道、田道也包括阡道陌道在内，对阡陌的管理，也就

---

① 彭浩：《张家山汉简〈算数书〉》，科学出版社，2001，第11页。

是田制实施的保障。即使是田连阡陌的富者也同样要保证邑中
道、田道的畅通无阻，这就是啬夫、吏主者所承担的法律义务。
其次，对违犯者律条作出的惩罚措施，采用罚金，并确定了罚金
的具体数额，使律条的订立完整，有约束力。相比之下，比青川
木牍秦武王时期的立法要进了一大步。虽然这只是个个案，但是
有观一斑而知全豹的意义。

青川木牍最后是否还有漏抄的内容？未及抄写的内容是否可
能就是对啬夫、吏主失职的处罚？笔者的意见是：未必。因为在
此木牍的背面写了"四年十二月不除道者"的日期，这就表明
此木牍重在除道。而且与木牍正面末尾的"非除道之时"前后
相应。早先因为木牍背面的字迹模糊，释文多有分歧；经过研
讨，意见逐步趋于一致：背面是不当除道的日期，与占日吉凶有
关，近年出土的多部《日书》可供验证。

还值得一提的是，"为田律"是作为王命而发布的，这是诏
令的雏形，也显示出"令"的嬗变以及与律的必然联系。

（五）开阡陌与井田制的关系问题

以前我们一直认为，阡陌与井田制有关。一般的说法是：井
田制的基本单位是"田"，周制100步为一亩，100亩为一田。
井田中有沟洫道路，阡陌交错，构成井字形的井田，分公田和私
田。其时是土地国有制形式（有称农村公社），奴隶在土地上集
体从事无偿劳动，劳动成果为奴隶管理者占有。这里的"沟洫
道路，阡陌交错"无疑指的就是"开阡陌"的阡陌。但是，我
以为有这样三点必须说明：一阡陌并不是井田制的构成形式；二
开阡陌的"开"是开立而不是开裂；三开裂阡陌是废除井田制

为目的的看法，至今其理由不足。

1. 阡陌不是井田制的构成形式

《周礼》卷一〇《地官·大司徒》上说："夫间有遂，遂上有经；十夫有沟，沟间有畛；百夫有洫，洫上有涂；千夫有浍，浍上有道；万夫有川，川上有路，以达于畿。"这是对当时井田制下田垄沟墙、平川道路情况的描述。在这些描述中没有涉及阡道陌道、南北纵横交错的形式构成。

《孟子·滕文公上》上对井田制下赋税制度的描述是这样的："夏后氏五十而贡。殷人七十而助，周人百亩而彻，其实皆什一也。""请野九一而助，国中什一使自赋。""经界既正，分田制禄，可坐而定也。"孟子对井田制下生产、生活状况的描写，多少带有美好想象的因素。这是早已为学者所认同的看法。尽管他提到"经界"（土地、疆域的分界），也同样没有提到阡道陌道的存在。

对"阡陌"的理解，旧说中以朱熹的《开阡陌辨》影响最大，他认为："所谓阡陌，乃三代井田之旧，而非秦之所制矣。"① 但是缺乏文献根据。他没有见到青川木牍"为田律"，不知"阡陌"一词出现较晚而得出这样的结论，是无可厚非的。

谈及井田制的先秦古籍中没有提到阡陌，不能绝对说现实生活中就不存在阡陌。这话是对的。问题是在《周礼》中已经相当详细地介绍了遂沟洫浍、经畛涂道，而不言及作为井田标志性的阡道和陌道，则不可思议。《孟子》既然说及"经界"而不言及阡和陌，只能证明这样一点：当时有"经界"之名，而阡道、陌道的名称尚未出现。

---

① （元）马端临撰：《文献通考》卷一《田赋一》。

据考,"阡陌"一词最早出现是在战国晚期的文献中。具体见于《管子》、《墨子》。《管子·四时》中管子认为"正阡陌"是行政管理之一:"端险阻,修封疆,正千伯";《墨子·杂守》中的"阡陌"称名,与山林、沟渎、丘陵等相并列。

2. 开阡陌的"开"是开立而不是开裂

在以往"井田"问题的讨论中,"开阡陌"被理解为开裂原有的田间道路,也就是说阡陌被看成是秦国井田制存在的标志,开阡陌也就被理解为对井田制的破坏,乃至废除。其史证有《汉书》卷二四《食货志》云:"及秦孝公用商君,坏井田,开阡陌",引董仲舒所言:"(秦)用商鞅之法,改帝王之制,除井田,民得卖买,富者田连仟伯,贫者亡立锥之地。"《汉书》卷二八《地理志下》上说"孝公用商君,制辕田,开仟伯,东雄诸侯。"张晏注云:"商鞅始割列田地,开立阡陌,令民各有常制。"师古注云:"南北曰仟,东西曰伯,皆谓开田之疆亩也。"制辕田,开阡陌,这是商鞅之法,改帝王之制,而废井田。认为:商鞅在经济上采取措施开裂了旧贵族原有田地(即"井田")的阡陌(纵横道路)和封疆(疆界),在法律上公开承认土地私有和允许买卖。无疑这是我国古代经济史上的大事件。

不过,这些"坏井田,开阡陌"的史证都晚出,多是概括性的陈述,与前文所引《周礼》、《孟子》上的记载又存在较多不同,史证很难说是符合实际情况的概括。上面我们已经不把阡陌看成是井田的构成形式,自然也就不存在开裂的问题。即使没有这个前提,从现存的晚出史证中也不足以说明"废井田"与"开阡陌"之间的必然联系。

除废井田、开阡陌的史证外,也有文献上只提开阡陌,而不提废井田的。如《史记》卷五《秦本纪》记载,在孝公十二年

"为田，开阡陌。"《战国策·秦策》云："夫商鞅为孝公平权衡，正度量，调轻重，决裂（?）阡陌，教民耕战"但是，它们都只是从建立邑县和采取统一度量衡、加强农耕的角度提到开阡陌，未与"井田"有所联系。[①]

开阡陌，是开裂还是开立？至此应该有个结论，但事实上，在"为田律"出土后，两种意见依然存在。其间，睡虎地秦简《答问》中出现有"阡陌"一词可能是其主要的依据。整理小组在考定睡虎地秦简时代的时候，是这样作结论的："《法律答问》所引用的某些律文的形成年代是很早的……看来律文应形成于秦称王以前，很可能是商鞅时期制订的原文。"说是商鞅时期制订的律文，还只是可能，不能肯定。只能说在秦称王以前已出现"阡陌"一词。即使是商鞅时对"徙封"（封即田阡陌）行为采取的惩罚措施，也不能把它看作为商君废井田，开阡陌的根据。直到汉初《二年》"田律"的出土，意见应该会逐步趋向统一，此时离商鞅变法已经160多年，"开阡陌"仍被列入汉律，显然，开阡陌的开是"开立"意思；不可能到了汉初还会出现为破坏井田制（假设存在）为目的而"开阡陌"的举措的。

李零在《论秦田阡陌制度的复原及其形成线索》一文中对"开阡陌"加评论说："更早的文献中是没有的，《周礼》所记沟洫制的'五沟五途'系统中也没有，在没有新的材料发现以前，我们宁可倾向于'立'的说法。"[②]可以得出结论：开阡陌的"开"是开立而不是开裂。

---

① 又如《史记》卷一五《六国年表》："（孝公十二年）初聚小邑为三十一县令，为田开阡陌。"《史记》卷七九《范睢蔡泽列传》："（商鞅为孝公）平权衡，正度量，调轻重，决裂阡陌，以静生民之业而一其俗。"分别见中华书局，第923页、第2422页。

② 《李零自选集》，广西师范大学出版社，1998，第178页。取用李解民《"开阡陌"辩证》中的说法，《文史》第11辑。

3. 开立阡陌的目的是为废除井田制的看法，其理由不足

我们必须重新审视"废井田，开阡陌"问题。主张开裂阡陌者认为破坏原有的阡陌田界，也就是废除了井田制；现在主张开立阡陌者则认为，开立阡陌、重新规整土地之后，井田制就被废除了；给人的印象是，无论前者还是后者，无论是开裂还是开立，都认为"开阡陌"与"废井田"都有着必然的联系。因此，青川木牍的出土所引起的轰动效应，就不足为怪了。但是我们从青川木牍中看不到对旧有田制的否定，也很难说"开阡陌"就是田制，就是针对井田的，就是要废除井田制。其实，仅凭"为田律"中有"田广一步，袤八则为畛"一句，就认定这是秦田制，其理由是不充分的。《秦会要订补》在"田制"一栏下引了《玉海》称："周制，步百为亩，百亩给一夫。商鞅佐秦，以为地力不尽，更以二百四十步为亩，百亩给一夫。"在"为田律"中缺少了"百亩给一夫"五字，就只剩下"步百为亩"、"二百四十步为亩"了，这是对田土的计量方式和规整而已，没有授田或井田制之类的管理制度可言。

"为田律"前再加上了一个"更"字，又给今人无限想象，因为有了这个"更"字，似乎在"为田律"之前就一定存在着一个不同于"为田律"的老"田律"，而且这老"田律"就直接与井田有关，正因为与井田有关所以要更修。史证就是《史记》，在《史记》卷六《秦始皇本纪》后面引用的《秦纪》明确地说，昭襄王"立四年，初为田开阡陌"。武王二年在昭王四年前六年，由此看来，《秦纪》记载昭襄王时"为田，开阡陌"基本是可信的。但是这里有个"初"字，若说"更"是更修，那么"初"呢？问题就出在把它们看成是针对井田说的，以至产生了矛盾。我以为，如此推断法，首先是以"阡陌"是井田

制的标志为前提的；前提不成立，则结论自然就不能成立了。其实"更"也好，"初"也好，都是出于规整田土，开辟道路而已。

对西周以降井田制生产方式的否定，是不是以"开阡陌"为标志？这是后人的想象。如果确实存在井田的话，那么，井田制生产方式也应有它历史的必然性，也应是一个渐变渐进的过程，各国的改革措施和力度也随国力的强弱有所不同，其退出历史舞台的原因也应是多方面的，非一举"开阡陌"就能了得。

正如我们在本文第一部分中说的：青川木牍"为田律"主要的不是田制，也不是农田生产的法律规定，而是有关阡陌道路的管理制度，尽管阡陌道路的管理与田制不无关系。现在看来，《二年律令》表明汉初一直沿用的《田律》"开阡陌"条就是秦武王二年采用的《为田律》。从"为田律"的这一内容出发，它一直延续到汉初，成为汉律"田律"的一部分，也就是很自然的了。相反，其内容若是以废井田为目的而开的阡陌，显然会不合时宜，毕竟此时已是经历楚汉战争后的大汉帝国。

由此看来，开阡陌与井田制无直接关系。

二十二 尹湾汉牍中法律用语解说

1993年2月，江苏连云港市东海县尹湾村发现汉代墓葬，出土了木牍24方和竹简133枚。其主要内容是西汉晚期东海郡的行政档案。在这些行政档案中没有法律条文和司法状况的直接记载，但是在档案中也不可避免的出现一些法律用语，如捕格、捕群盗、不道、罚戍等。本文试图对它们做一些疏理和解说，明确在当时特定的地区和时期内它们所表达的意义。

本文引例均以《尹湾汉墓简牍》（以下简称《尹牍》）① 一书为依据，引例木牍、竹简的编号以及在《尹牍》中的页码附在它们的后面。

（一） 捕格

在《尹牍》东海郡下辖长吏名籍中提到"捕格"的有7处，举3例如下：

---

① 《尹湾汉墓简牍》，中华书局，1997。

故豫州刺史从事史以捕格山阳亡徒将率（三正/85）

故假亭长以捕格不道者除（三正/86）

故亭长以捕格山阳亡徒尤异除（三正/88）

捕格亡徒，追捕亡徒并与之格斗。"格，斗也"。① 如云梦秦简《法律答问》："求盗追捕罪人，罪人挌（格）杀求盗"（第66简），张家山汉简《二年律令》有云："所捕格斗而杀伤之"（第152简）。居延简"都拔刀剑斗，都以所持剑格伤"（合校148·45）。追捕逃亡者，此为县尉之职，《后汉书·百官志五》："尉大县二人，小县一人"，"尉主盗贼"。从尹湾牍《集簿》得到证实，县定员大凡是"尉二人，秩二百石。"也有尉一人，或空缺的；不过，即使空缺的也配置有属吏尉史。捕格亡徒是不是都要县尉亲自出马？未必，从上列三方尹湾木牍可知：一是豫州刺史从事史，一是亭长，一是假亭长。凭此我们也可以这样看，刺史从事史、② 亭长包括代理（兼摄）亭长都有参与追捕亡徒的义务。州刺史掌巡察。亭长，司奸盗，《汉官旧仪》上说："设十里一亭，亭长、亭候……司奸盗。亭长持三尺板以劾贼，索绳以收执盗。"此外，《汉官旧仪》又有记载："更令吏曰令史，丞吏曰丞史，尉吏曰尉史，捕盗贼得捕格"，作为县级长吏的属吏都有捕格盗贼的责任。

---

① 《资治通鉴》卷七《秦纪二》："民莫敢格者"胡注："格，斗也。"

② 参见《汉书》卷七六《王尊传》："刺史从事"如淳注："《汉仪注》刺史得择所部二千石卒史与从事。"《后汉书·百官志五》："（刺史）皆有从事史、假佐。"

（二）亡徒

在《尹牍》东海郡下辖长吏名籍中提到"亡徒"的有 2 例，如上则所引。

如果是从亭长"司奸盗"言，山阳亡徒之"徒"可以是指刑徒。秦律有"捕盗律"，在秦律中对服劳役刑的人逃亡了，监管不力者将处"赀一甲"及至"耐"（《法律答问》第 127、128 简）。汉律有"捕律"、"亡律"，汉律中的处罚数额要比秦律重，如，居延简中有"□□□□□部卒亡不得，罚金四两。"（合校 27·24）处罚金四两，与《奏谳书》第 13 例中处罚相同。相反，《二年》"捕律"："亡人……弃市罪一人，购金十两。刑城旦舂罪，购金四两。完城□二两。"（第 137、138 简）对捕亡者的购赏措施是根据所捕对象的身份来决定的，捕捉到犯有弃市罪的逃亡者奖赏十两，捕捉到犯有刑城旦舂罪的逃亡者奖赏四两，捕捉到犯有完城□罪的逃亡者奖赏二两。

不过，《尹牍》中揭示的不是奖赏，而是在行政上做出"除"的决定，[①] 另行任命新职，显然是提拔，是另一种奖励手段。

关于"亡徒"的徒，也泛指人众也。可以是有罪服劳役刑者，如居延简中有"□山斛得二人送囚昭武⊠□四月旦见徒复作三百七十九人"（合校 34·9）。见徒，新来之刑徒。复作，劳役刑。"亡徒"的徒，也可以是给徭役者，如《周礼》卷一《天官·冢宰》："徒百有二十人"郑玄注："此民给徭役者"，《史

---

① 《汉书》卷五《景帝纪》："初除之官"如淳注："凡言除者，除故官就新官也。"与"迁"有所不同。

记》卷八《高祖本纪》："（高祖）送徒骊山，徒多道亡"。

亡徒与"亡命"一语相近。《汉书》卷三二《张耳传》"亡命"师古注："命者，名也。凡言亡命，谓脱其名籍而逃亡。"此"亡命"既指脱其名籍而逃亡者，也可指负罪"已论命"而逃者。《汉书》卷二三《刑法志》中仅言亡逃，其义较"亡命"尤广。文帝曾颁减罪令，然而对负罪逃亡者或犯耐罪以上罪行的人，不适用减罪令。

山阳，郡名，汉射阳县地。山阳可能是当时有罪服劳役和给徭役者从事繁重劳动较集中而且是最艰苦的地方。

（三）群盗

在《尹湾》东海郡下辖长吏名籍中提到"群盗"的有4处，举2例如下：

　　　故长沙内史丞以捕群盗尤异除（三正/85）
　　　故游徼以捕群盗尤异除（三正/87）

在汉初，称"群盗"，当在五人以上，张家山汉简《二年·盗律》云："盗五人以上相与攻盗，为群盗。"（第62简）而不是像《晋书》卷三〇《刑法志》上说的"三人为之群，取非其物谓之盗。"云梦秦简《法律答问》对"群盗"一语加注时，以《晋书》卷三〇《刑法志》"三人为之群"为例证，[①] 现在看来当以《二年》"盗五人以上相与攻盗，为群盗"句为据才是，因

---

① 《睡虎地秦墓竹简》，文物出版社，1978，第200页注3。由此说明：不同时代对法律术语的解释有所不同，法律术语具有鲜明的时代性特征。

为它与"什伍"之制相吻合。

负责捕盗的是内史丞、游徼。武帝改汉内史名，"改汉内史为京兆尹"，至"成帝省内史治民，更令相治民"；[①]成帝更名在绥和元年（公元前8年），据此可以推定东海郡下辖长吏名籍的登录当在公元前8年之前。此与发掘报告所推定的墓葬时间的上限应为元延三年（公元前10年），是相吻合的。丞，为其属官。关于游徼，见下文。

捕群盗之捕，与捕格之捕当无甚区别，但与"捕斩"相比，程度较弱。

（四）不道

在《尹牍》东海郡下辖长吏名籍中提到"不道"的有3处，举2例如下：

> 咸左尉鲁国鲁史父庆故假亭长以捕格不道者除（三正/86）
>
> 山乡相鲁国鲁旦恭故亭长以捕格不道者除（三反/92）

不道，罪名，《唐律》为"十恶"大罪之五。"五曰不道"疏议云："谓杀一家非死罪三人及支解人，造畜蛊毒，厌魅。"日本学者大庭脩专文讨论了"不道"问题。居延简中有"部界中毋诏所名捕不道亡者☑"（合校116·23）与此《尹牍》"捕格不道者"情况相近。《资治通鉴》卷三〇《汉纪二十二》："（石

显失倚离权，丞相等被劾）阿谀曲从，附下罔上，怀邪迷国，无大臣辅政之义，皆不道。"不道之罪，非一般犯罪可比。由《尹赏》对"不道"的重视程度看，尽管汉初《二年》中没有列出"不道"之罪，但是从《尹赏》对不道者的捕格看，至迟在西汉成帝时期"不道"已列为罪名之一。以上2例虽然没有指明具体的犯罪行为，但无疑是重犯性质，"律：大逆不道，父母妻子同产皆弃市"。此律条出自《汉书》卷五《景帝纪》如淳注，据此还不能确定"不道"罪名列入汉律的时间。而就"杀一家……造畜蛊毒，厌魅"为不道之罪的行为而言，今见张家界古人堤出土木牍中就有"贼杀人"、"□蛊人（第四栏）"残字，属于"贼律"的内容，不道之罪就在"贼律"中。①

秦制：十里一亭。"亭有亭长，以禁盗贼"，"亭长，主求捕盗贼，承望都尉"。②刘邦曾为亭长。任安，先为求盗、亭父，后为亭长。这里，戚县吏员定额中亭长27人（二正/83），从引例看而且还有代理亭长；而山乡县吏员定额中亭长仅4人（二反/83）。亭长的定员数额相差悬殊，当然他们担任亭长不一定就在戚县或山乡县。

居延简中有"诏所名捕平陵长蘿里男子杜光……因坐役流亡□户百廿三，擅置田监史，不法不道，丞相、御史□执金吾家属所二千石奉捕"（合校183·13）。杜光身份不同一般，与杜氏家族有关，案情严重，是个大案，故特下诏令，二千石官亲自出马。《尹赏》"捕格不道者"3例则为地方治安，均由亭长职掌。

---

① 《湖南张家界古人堤简牍释文与简注》，《中国历史文物》2003年第2期。
② 《后汉书》卷九〇《志第二十八·百官志五》。

（五）捕斩

在《尹牍》东海郡下辖长吏名籍中提到"捕斩"的有 2 处：

> 故啬夫以捕斩群盗尤异除（三正/88）
>
> 故督盗贼以捕斩群盗（三反/90）

在汉简《二年》"盗律"中有律条云："知人为群盗……其能自捕若斩之，除其罪，又赏如捕斩。群盗法（发），弗能捕斩而告吏，除其罪，勿赏。"（第 63、64 简）先说一下句读问题。笔者主张将"又赏如捕斩群盗法"连成一句，在《二年》中见有"斩群盗"，如"捕律"中规定："斩群盗，必有以信之，乃行其赏。"（第 149 简）。这里的 2 枚尹湾木牍就是"捕斩群盗"连用的最好例证。"捕斩群盗"无须断开，"法"字也无须解作"发"。①

居延简中有"群辈贼杀吏卒……有能捕斩严韵、君阑等渠率一人，购钱十万；党与五万。吏捕斩强力者比三辅。"（合校 503·17，合校 503·8）此赏格以钱。以严韵为首领的群盗活动相当活跃。此居延简可能是发布的诏令或通缉令的一部分。相比之下，尹湾牍中"捕斩群盗"的情况没有这样严重。未有重赏，只是升职而已。

---

① 其理由是：法，指法律，毫无疑义，这是一。法，又用作"废"，见秦简《法律答问》："何如为'犯令'、'法（废）令'？""令曰为之，弗为，是谓'法（废）令'也。"（第142 简）这是二。在秦汉间的法律文本中除此二种外，没有见到有"法"释作"发"的情况。《二年》中表示发生、发现义的"发"字当直接写作"发"，见"捕律"："盗贼发，士吏、求盗捕者及令、丞、尉弗觉知……"（第 144 简）

又，《二年》"盗律"："徼外人来入为盗者，腰斩。吏所兴能捕若斩一人，拜爵一级。不欲拜爵及非吏所兴，购如律。"（第61简）按照法律规定，象这样捕斩一人当按规定予以加爵。而在尹湾木牍中就既没有拜爵一级，也没有重赏的内容，可见在西汉晚期，汉成帝对捕斩群盗的奖励重在任职上面。当然，这只是从东海郡下辖长吏的迁、除角度所做的记载，并不是全方位的。不过，换个角度看，如果说上引《二年》中的法律规定在成帝之时并未废止的话，那么，法律文本与法律实施之间所存在的不一致，是相当严重的，或许这正是"有法不依"的历史陈迹。

啬夫，这里没有点明是田啬夫还是县啬夫。在东海郡吏员簿中有官啬夫、乡啬夫（官啬夫与乡啬夫的定员比例是1∶2）；负有捕斩群盗之责的，当指县啬夫，即官啬夫，或称吏啬夫。《管子·君臣》上说："吏啬夫任事"，任事包括捕盗，维持社会秩序在内。

"督盗贼"也是一职务名，"督盗贼"者身上备有武器，主要任务是保卫公卿等官员的安全。见《后汉书·舆服志上》："公卿以下至县三百石长导从，置门下五吏：贼曹、督盗贼、功曹，皆带剑，三车导；主簿、主记，两车为从。"此前不知有"督盗贼"之职，所以中华版《后汉书》将"督盗贼"与"功曹"连读，今知其误。

（六）罚戍

在《尹牍》东海郡下辖长吏不在署者名籍中提到"罚戍"的有3处，举1例如下：

送罚戍上谷（五正/97）

秦律中有"戍律"，见《秦律十八种》所抄载，戍律规定有同居者不能同时征发戍边等。被征发去戍边的任务是筑城或修城。戍者，一是罚，一是徭。秦律中有"戍一岁"、"戍二岁"的劳役刑，罚戍边一年、罚戍边二年。汉初《二年》律中有"戍边二岁"（第144、323简）、"戍二岁"（第186简）的劳役刑。在《尹牍》中无法知道罚戍的年限，可能是一年，也可能是二年。

罚戍的原因有多种可能，如不如实申报财产，缴足缗钱，就将罚戍一年。《史记》卷三〇《平准书》："匿不自占，占不悉，戍边一岁"等。

上谷，地名，战国时赵公子嘉自立为代王，军上谷；秦灭代，置上谷郡，今属涿县。燕地，当时可视为边地，《汉书》卷二八《地理志》上说过："上谷至辽东，地广民希，数被胡寇。"看来，此时的上谷还是有"戍"防匈奴侵扰的必要。

（七）徒民

在《尹牍》东海郡下辖长吏不在署者名籍中提到"徒民"的有：

送徒民敦（？）煌（？）（五正/97）

徒民，是指服徭役的人，不是刑徒。徒民与上面所说的罚戍者有所区别。《荀子·王霸》："人徒有数"杨倞注："人徒，谓胥徒给徭役者也。"称徒民，又与上则"罚戍"者相区别。一说徒者刑徒，民者百姓。①

"敦（？）煌（？）"二字不很清楚，所以整理者给它打上了问号。把敦煌与上谷相比较，敦煌要偏远得多，相对于送罚戍者至上谷要远得多，尽管敦煌边陲地区"迫近戎狄"，要堤防匈奴的侵犯，但从罚戍与服役而论，情理上应将罚戍远送。然而，送徒民至敦煌这也不是不可能的。敦煌汉简中就有这样一枚简可以证实：

河平四年十一月□

□

各郡遣卒敦煌

此简编号是 1314。② 河平，为汉成帝年号，即公元前 25 年，到元延年间仅十余年。由此可见，在当时朝廷有要求各郡遣送平民（更多的是奴）至敦煌边陲的指令的，东海郡当然不能例外。被遣送者的身份是"卒"，不能是刑徒。

在五正第二栏中注有"●右十三人繇"五字，《说文》段注："繇，亦用为徭役字。徭役者，随从而为之者也。"在这十三人中间除了押送的之外，还有"市鱼"的，"上邑计"的，"市材"的，也都是在这"十三人繇"中，显然，这"繇"通徭，作力役讲。在汉初《二年》规定"岁上繇员及行繇数二千

---

① 《〈尹湾汉墓简牍东海郡下辖长吏不在署、未到官者名籍〉释证》，《简帛研究 2001》，广西师范大学出版社，2001，第 428 页。

② 《敦煌汉简释文》，《敦煌悬泉遗址采集的汉简》，甘肃人民出版社，1991，第 136 页。

石官。"（第416简）征徭由各郡的最高行政长官负责，可见其重要性和重视程度。

上文第（一）则中有"亡徒"一语，亡徒与徒民的身份不同。正如上面所说，被遣送的徒民更多的是奴。如居延新简中有这样一枚简：

　　☑尤异绝异。其手斩捕渠率者又加秩四等，民卒徒奴斩捕渠率皆予购钱卅万与十五万，徒奴又免。
　　☑八（《新简》ESC·1–3AB）

这是一份捕斩渠率者的赏格。这里称呼的"民卒徒奴"、"徒奴"可以看做是徒民的同义词。

（八）上邑计

在《尹牍》东海郡下辖长史不在署者名籍中提到"上邑计"或可能是"上邑计"的共有3处：

　　朐邑丞杨明十月五日上邑计（五正/96）
　　况其邑左尉宗良九月廿三日守丞上邑计（五正/97）
　　厚丘丞王恁十月廿（？）日☐☐邑☐（五正/97）

没有直接称"上计"，而是作"上邑计"，在上计二字中间加上一个"邑"字，区别于郡国向朝廷呈报的上计。《后汉书·百官志五》"上计于所属郡国"胡广注："秋冬岁尽，各计县户口垦田，钱谷入出，盗贼多少，上其《集簿》。"上邑计，也就是县邑最基层一级的上计，秦时县邑直接向朝廷上计，现在看来汉时有一个逐级上报的过程，尹湾木牍中的"上邑计"就是例证。上计，由周秦上计考绩制度发展而来。如《汉书》卷六《武帝纪》有注云："计者，上计簿使也，郡国每岁遣诣京师上之。"① 居延简"奏闻趣报至上计☑"（合校 484·39）。九月计断，秦制以十月为正。汉制年终上计，这里《尹牍》"上邑计"所表明的时间分别是九月廿三日和十月五日、廿（？）日，上邑计计断时间当在秋冬岁尽，九月、十月都在年终之前。

廖名春先生给"上邑计"做了详细的考证，认为：它是向其邑主（在京师之皇太后或皇后或公主）上计。②

汉《二年》无"上计律"，《汉律摭遗》列出"上计律"一目。③

（九）劾

在《尹牍》东海郡下辖长吏不在署者、未到官名籍中提到"劾"的有：

曲阳长陈宫有劾（五正/98）
阴平尉毛云有劾（五正/99）

劾，揭发罪状。《说文》："劾，法有罪也。"

---

① 与上计相关的有"计偕"一语，如云梦《秦律十八种》"仓律"云："县上食者籍及它费太仓，与计偕。"计偕，与地方上每年上呈的计簿同时上报。
② 《〈尹湾汉墓简牍东海郡下辖长吏不在署、未到官者名籍〉释证》，《简帛研究2001》，广西师范大学出版社，2001。
③ 上计律，按沈氏的说法，"疑此律为《朝律》之一目"（《摭遗》卷一）。

举劾的对象是曲阳长陈宫和阴平尉毛云。都是长吏。如毛云所在阴平县，阴平吏员 54 人，其中尉 1 人，秩二百石（二反/83）。此二人因被揭发罪状而未到官。如果说仅仅是被举劾，罪行尚未确证，何以不到官？

在居延简中有这样一枚吏员定员名籍简：

吏员百八人　　　其二人候尉不食　　　百四人见□
　　　　二人有劾系（合校 271・22）

此简末尾有"二人有劾系"五字，也可以说是未到官人员情况的记录。《尹牍》的"有劾"可能是"有劾系"的省写。正因为既"劾"且"系"，方始未到官。

被告劾者必须登录名籍。如居延简有："告劾副名籍　　　元康元年尽二年"（合校 255・21AB）按照汉代公牍，都有正本、副本各一。《汉书》卷七四《魏相传》："故事诸上书者皆为二封，署其一曰副。"

再说被告劾后，当移送郡国。如居延简："袭一领，臧直五百以上。士吏昌劾移郡。"（合校 562・29）移郡，其臧五百，似是一条界线。东汉时与西汉时的二百五不同。

而且必须上报给所属二千石官。"囚律：告劾毋轻重皆关属所二千石官"（新简 EPT10・2A），关者，通也。又如"居摄三年十月甲戌朔庚子，累虏燧长彭敢言之。谨移劾状一编，敢言之"（合校 25・4），"□官劾曰右□□"（合校 111・1），由此可证，被告劾者大多是官吏。曲阳县长陈宫（秩二百石）、阴平县尉毛云（秩二百石）就是。

另外，《尹牍》中有"曲阳长沛郡相陈宫故□□以功迁"

（三反/89），表明陈宫曾被提拔。"阴平尉山阳郡薄毛云故有秩以功迁"（三反/91），表明毛云也曾被提拔。有劾与升迁的前后时间无法确定。如果按五正、三反木牍排列的次序看，劾当在后；不然，若先受此劾系再予升迁可能成了问题。陈宫牍中缺字，参照毛云牍的情况，可以推测为"有秩"二字。

（十）贼

在《尹牍》东海郡下辖长吏名籍和元延二年日记中提到"贼"的有：

故亭长以捕格山阳贼尤异除（三上/89）
逐贼宿襄贲传舍（简六/140）

贼与盗同还是不同？贼、盗二字本义初不相通，如《荀子·修身》："害良曰贼"，"窃货曰盗"。唐之前分别甚明，并不相蒙。汉初《二年》律令"盗律"与"贼律"是分别开列的，而且是"盗律"与在前，"贼律"置后。直至唐律方将"贼"置于"盗"之前，称"贼盗律"。在《尹牍》中有用"群盗"一词的，有用"贼"一词的，但是没有出现"盗贼"连用的情况。可见在西汉后期，盗与贼之所指还是不同的。

此处称山阳贼，在上文第（一）则中引有"捕格山阳亡徒"例，事同出山阳县。在上文第（二）则中说到：山阳，郡名，汉射阳县地。山阳可能是当时有罪服劳役和给徭役者从事繁重劳动较集中而且是最艰苦的地方。实际上，其背景情况是在山阳曾发生过一桩震惊全国的铁官徒造反事件，据史载：在永始三年

（公元前14年）十二月，"山阳铁官徒苏令等二百二十八人攻杀长吏，盗库兵，自称将军，经历郡国十九，杀东郡太守、汝南都尉"。①《尹牍》中出现对山阳亡徒、山阳贼的追捕，可以视为这一事件的余波。

如果从汉初的《二年律令》律目看，上文第（四）则中的"不道"在汉律里也当归属于"贼律"。

（十一）故事

在《尹牍》东海郡属吏设置簿多处出现"故事"一语，如：

□亭长一人以故事置（五反/100）
□掾史八人以故事置（五反/101）

故事，也是个法律用语，专指旧例。如《资治通鉴》卷三○《汉纪二二》："今释令与故事而假不敬之法。"

如《汉书》卷八三《朱博传》记载，朱博认为出身于武吏的司法官员不通法律，担心他们断狱出差错，就招来正监典法掾史共同编撰"前世决事吏议难知者数十事"。用此类成例来断案，"为平处其轻重，十中八九"。这是一则用先例审案，并取得极好效果的典型材料。如居延简"□丑死，谨案故事□"（《新简》EPT43·208）。以上居延简则可以补充证明，在汉代已经用"故事"之名指称成例。据简文内容，故事与旧例、成案同义。时采用成案比附判断，即使在边陲地区也得以施行，可

---

① 《汉书》卷一○《成帝纪》。又见《天文志》："山阳铁官亡徒苏令等杀伤吏民，纂出囚徒，取库兵，聚党数百人为大贼，逾年，经历郡国四十余。"

见成例法的普遍适用。

故事，在《尹牍》中是行政编制按照惯例安排的意思。

除上列 11 例法律语词外，在职官方面与法有关联的，尹湾汉牍中还有官啬夫、乡啬夫、游徼、狱史、牢监等。

关于啬夫。在当年云梦秦简出土时，讨论啬夫问题已相当充分，意见也趋于一致。上文第（五）则已经做了简要的说明，对此李解民先生有专文论证。① 在郡太守吏员中还有"小府啬夫一人"（二正/79）。所谓"小府啬夫"，当秩斗食，属于官啬夫一类。

关于游徼。在睡虎地秦简"法律答问"中有律条云："害盗别徼而盗，加罪之。"（第 1 简）注引《史记》、《汉书》句例，一作"求盗之属"，捕盗的小官；一作巡逻解。② 的确，《说文》："徼，循也。"其本义为循行，巡逻的意思。如《封诊式·群盗》有"徼循"一语，与游徼义近。徼，解作"求盗之属"，捕盗的小官。游徼，是负责巡逻的捕盗小官。《汉书》卷八三《朱博传》师古注："游徼，职主捕盗贼。"

还有狱史、牢监。丞之属吏不称丞史，而称狱史"是相当合理的"，"《吏员簿》都平、都阳两侯国无狱史，恰好也无牢监。牢监专司监牢，将其视为狱史之下的佐史级小吏，也是比较

---

① 《〈东海郡吏员簿〉所反映的汉代官制》，《简帛研究 2001》，广西师范大学出版社，2001，第 410、409 页。

② 《睡虎地秦墓竹简》第 150 页注①，文物出版社 1978 年版。笔者以为：作巡逻解与律文中的"别徼"不合。"别，读为背。"背着巡逻，不成理。害盗，即宪盗，是一种捕盗的职名；"害盗背着游徼去盗窃"，游徼与害盗实际上同为捕盗的小官，害盗去干盗窃的事必定是背着人去干的，何以还要提背着"游徼"呢？问题出在对"别徼"的理解上。徼，可以理解为边徼，边境。别，《玉篇》"别，离也。"别徼，也就是出边关；与《二年·盗律》中的"徼外"、"盗出……关徼"的意思相近。

适宜的"。①

游徼、狱史、牢监，各县定员不一。一般是配备2人，1人，多的是下邳：狱史4人、游徼6人、牢监1人，郯：狱史5人、游徼3人、牢监1人。也有不设牢监一职，设有牢监的均只1人。由此可见，除发生过山阳铁官造反的事件外，在东海地区的当时狱事并不严重。

① 《〈东海郡吏员簿〉所反映的汉代官制》，《简帛研究2001》，广西师范大学出版社，2001，第411页。另外，有守属，为专司监狱囚犯之吏。《汉书》卷七六《王尊传》："署守属监狱"如淳注："令监狱主囚也。"

作 者 简 介

张伯元　男，1942 年生，江苏无锡人。华东政法学院法律史研究中心、法律古籍整理研究所研究员。曾担任华东政法学院法律古籍整理研究所副所长、基础部副主任等职。主要从事中国古代法律文献的整理和法律制度史的研究。在明代条例的整理和研究方面，发表了《〈条例全文〉残卷考略》、《〈皇明条法事类纂〉与〈条例全文〉的比较考述》等论文，出版了《皇明弘治六年条例》等整理成果；为建立法律历史文献学这门学科积极探索，出版专著《法律文献学》（浙江人民出版社 1999 年 8 月出版，获司法部优秀成果三等奖）；发掘、考证新出土的法律文献和法律史资料，出版专著《出土法律文献研究》（商务印书馆 2005 年 6 月出版）；致力于古代法律文献中注疏的系统考察，撰写专著《律注文献丛考》一书，为我国古代法律解释学、古代律学的研究展示了一个崭新的视角。

中国法制史考证续编·第二册（全十三册）

律注文献丛考

主　　编／杨一凡

著　　者／张伯元

出 版 人／谢寿光

总 编 辑／邹东涛

出 版 者／社会科学文献出版社

地　　址／北京市西城区北三环中路甲 29 号院 3 号楼华龙大厦

邮政编码／100029

网　　址／http：//www.ssap.com.cn

网站支持／（010）59367077

责任部门／人文科学图书事业部（010）59367215

电子信箱／bianjibu@ssap.cn

项目经理／宋月华

责任编辑／魏小薇

责任校对／吴小云

总 经 销／社会科学文献出版社发行部

　　　　　　（010）59367080　59367097

经　　销／各地书店

读者服务／市场部（010）59367028

印　　刷／三河市文通印刷包装有限公司

开　　本／787mm×1092mm　1/16

印　　张／25（全十三册共 365 印张）

字　　数／290 千字（全十三册共 4351 千字）

版　　次／2009 年 8 月第 1 版

印　　次／2009 年 8 月第 1 次印刷

书　　号／ISBN 978-7-5097-0821-7

定　　价／4600.00 元（全十三册）

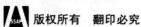